大连海关年鉴
2023

《大连海关年鉴（2023）》编纂委员会　编

中国海关出版社有限公司
·北京·

图书在版编目（CIP）数据

大连海关年鉴 . 2023 /《大连海关年鉴（2023）》编纂委员会编 . — 北京：中国海关出版社有限公司，2024.5
（中国海关史料丛书）
ISBN 978-7-5175-0810-6

Ⅰ．①大… Ⅱ．①大… Ⅲ．①海关－大连－2023－年鉴 Ⅳ．① F752.55-54

中国国家版本馆 CIP 数据核字（2024）第 110841 号

大连海关年鉴（2023）
DALIAN HAIGUAN NIANJIAN（2023）

作　　者：《大连海关年鉴（2023）》编纂委员会	
责任编辑：熊　芬	
责任印刷：孙　倩	
出版发行：中国海关出版社有限公司	
社　　址：北京市朝阳区东四环南路甲 1 号	邮政编码：100023
编 辑 部：01065194242-7528（电话）	
发 行 部：01065194221/4238/4246/5127（电话）	
社办书店：01065195616（电话）	
https://weidian.com/?userid=319526934（网址）	
印　　刷：北京新华印刷有限公司	经　　销：新华书店
开　　本：889mm×1194mm　1/16	
印　　张：20	字　　数：484 千字
版　　次：2024 年 5 月第 1 版	
印　　次：2024 年 5 月第 1 次印刷	
书　　号：ISBN 978-7-5175-0810-6	
地图审图号：GS 京（2022）1441 号	
定　　价：240.00 元	

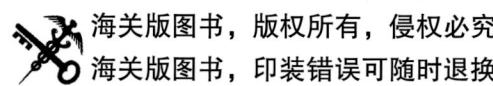

图书在版编目（CIP）数据

大连海关年鉴 . 2023 /《大连海关年鉴（2023）》编纂委员会编 . — 北京：中国海关出版社有限公司，2024.5
（中国海关史料丛书）
ISBN 978-7-5175-0810-6

Ⅰ.①大… Ⅱ.①大… Ⅲ.①海关－大连－2023－年鉴 Ⅳ.① F752.55-54

中国国家版本馆 CIP 数据核字（2024）第 110841 号

大连海关年鉴（2023）
DALIAN HAIGUAN NIANJIAN (2023)

作　　者：《大连海关年鉴（2023）》编纂委员会	
责任编辑：熊　芬	
责任印刷：孙　倩	
出版发行：中国海关出版社有限公司	
社　　址：北京市朝阳区东四环南路甲 1 号	邮政编码：100023
编辑部：01065194242-7528（电话）	
发行部：01065194221/4238/4246/5127（电话）	
社办书店：01065195616（电话）	
https://weidian.com/?userid=319526934（网址）	
印　　刷：北京新华印刷有限公司	经　　销：新华书店
开　　本：889mm×1194mm　1/16	
印　　张：20	字　　数：484 千字
版　　次：2024 年 5 月第 1 版	
印　　次：2024 年 5 月第 1 次印刷	
书　　号：ISBN 978-7-5175-0810-6	
地图审图号：GS 京（2022）1441 号	
定　　价：240.00 元	

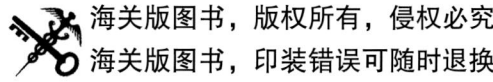
海关版图书，版权所有，侵权必究
海关版图书，印装错误可随时退换

大连海关年鉴

2023

《大连海关年鉴（2023）》编纂委员会 编

中国海关出版社有限公司
·北京·

《大连海关年鉴（2023）》编纂委员会

主 任 委 员　居　峰　刘大立

副 主 任 委 员　曹建华　吴志秀　曲　罡　裴宏林　张　军
　　　　　　　　戴文涛　朴明华　陈和建　巴一武

编纂委员会委员（按姓氏笔画排序）

马　勇　马全宇　王　伟　王　兵　王　亮
王　喆　王　煜　王文卉　王立新　王思越
王晓巍　方　丽　任宏明　刘　颖　刘吉林
刘忠兴　那瀚文　孙　晶　孙亚军　孙庆华
李　炜　李大海　李治国　杨　林　邹　涛
张　军　张　莉　张　涛　张　娟　张　猛
张　策　张茂盛　张宝峰　张富慧　林　源
周培荣　赵凤奇　郝彦洪　娄　攀　顾　丽
唐　屹　黄大亮　黄心航　梁丽丽　梁贵洲
程小林　潘凤城　薛　芳

《大连海关年鉴（2023）》编辑部

总　　　编　曹建华

副 总 编　孙庆华

执 行 主 编　赵凤奇

编辑部成员（按姓氏笔画排序）

王　宁　王　永　王　翊　王　鑫　王雨葳　王明慧
王洪涛　王爱茹　王翰实　历胤宏　孔祥鑫　邢　彦
刘　凡　刘　丰　刘　欢　刘　琼　刘昌伟　汤志坚
安路萍　孙　宇　孙　凯　孙　亮　孙泽宇　孙晓彦
纪　嘉　杜　宇　李汪洋　李晓楠　邹存武　宋志超
宋锋林　张　琳　张冠义　张晓声　陈　宇　陈　朋
陈成贵　陈鸿华　周　玲　周大鹏　郑　勇　房　雨
孟繁立　赵　越　赵书仪　赵喜文　郝桓宇　郝晓然
钟金宇　饶文斌　姜　雪　类成平　姚志刚　秦晓辉
徐茂林　高　硕　梁译文　靳晓妍　熊国华

编写说明

一、《大连海关年鉴》由大连海关组织编纂，是全面、客观、系统记载大连海关发展历程的编年史料，是集权威性、综合性、实用性为一体的资料性工具书，每年出版一卷。

二、《大连海关年鉴（2023）》以习近平新时代中国特色社会主义思想为指导，载录2022年度大连海关工作的基本情况，包括大连海关改革发展的重要举措、重大事件以及成绩和经验，以资政育人，凝心聚力，为建设社会主义现代化海关提供精神动力和史实支撑。

三、《大连海关年鉴（2023）》记述时限为2022年1月1日至12月31日。为保持内容资料的完整性、连续性，根据记述需要，部分资料适当上溯或下延，凡在文中直书月、日的，均指2022年内的日期，"年内"和"年末"均指2022年。

四、《大连海关年鉴（2023）》记述范围为大连海关及所属部门、隶属海关单位、事业单位和群众团体管辖事务。

五、《大连海关年鉴（2023）》采用分类编辑法，设类目、分目、条目3个层次，以条目为基本记述单元，设特载、专记、大事记、党的建设、业务建设、综合保障、隶属海关、事业单位、群众团体、荣誉·名录及附录。卷首设专题图片。撰稿人按姓氏笔画排序。

六、《大连海关年鉴（2023）》统计数据和单位名称以及标点符号均按国家有关规定执行，计量单位采用国家法定计量单位和国际单位，技术规范、专业名词从规范要求。

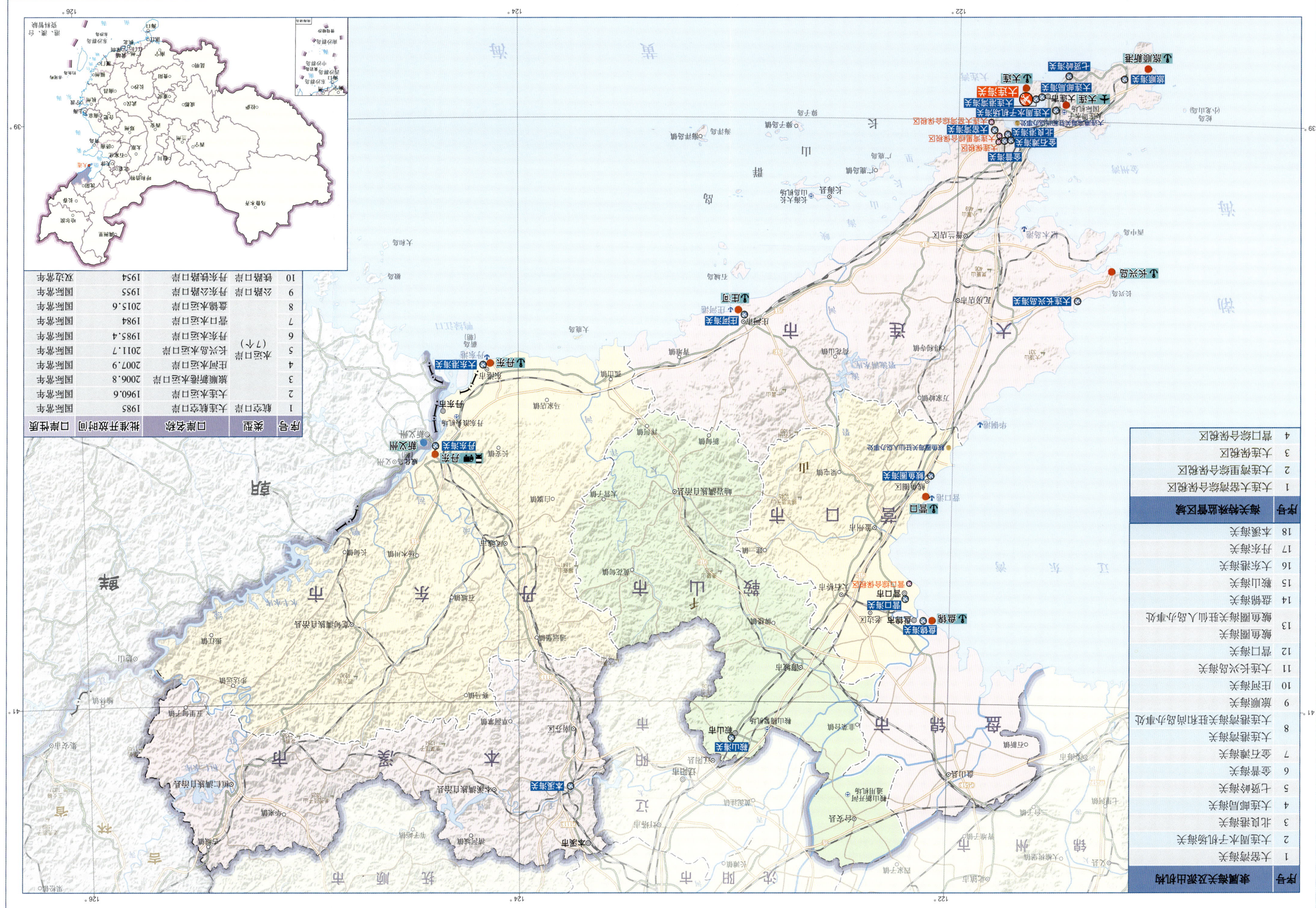

海关专题图片

领导活动

△ 2022年1月27日，大连海关工作会议暨全面从严治党工作会议召开，大连海关党委书记、关长居峰（左四），党委委员曹建华（右四）、吴志秀（左三）、曲罡（右三）、戴文涛（左二）、孙大为（右二）、陈和建（左一）、邹峰（右一）参加（大连海关办公室 供稿）

△ 2022年11月14日—18日，大连海关组织召开2022年第四季度党委理论学习中心组（扩大）学习暨各部门（单位）主要负责同志学习贯彻党的二十大精神培训班，大连海关党委书记、关长居峰（中），党委委员曹建华（右三）、吴志秀（左三）、曲罡（右二）、张军（左二）、戴文涛（右一）、陈和建（左一）参加（大连海关办公室 供稿）

图　例

⊗	直属海关单位	⊙延布	外国首都	-------	地级市界
⊙	隶属海关	———	自治州行政中心 地区、盟行政公署驻地	....	县（区、市）界
•	派出机构	⊙东城区	县（区、市）政府	≡≡≡≡	铁路
⊚	海关特殊监管区域	○庞各庄镇	乡（镇）政府、街道办事处	─⑤─	高速公路及编号
●	口岸	✈北京首都 国际机场	机场	———	国道
🚆	铁路口岸	▲青木尖 1528	山峰 高程	———	省道
⚓	水运口岸	⊢·⊣·⊢	国界	———	其他道路
✈	航空口岸	⊢ ⊣ ⊢	未定国界		河流 湖泊
🚚	公路口岸	--------	地区界		沟渠
●	境外口岸	....	军事分界线		桥梁 渡口
◉北京市	首都	—·—·—	省界		港口 码头
◎石家庄市	省府	— — —	未定省界		长城
◎廊坊市	地级市政府	- - - - -	特别行政区界		珊瑚礁

　　注：本书中的关境图，不包括香港，澳门，台湾、澎湖、金门、马祖单独关税区。

∧ 2022年7月15日，大连海关党委书记、关长居峰（左一）到技术中心、保健中心检查安全工作（大连海关办公室　供稿）

∧ 2022年8月18日，大连海关党委书记、关长居峰（右二）到鞍钢集团有限公司调研（大连海关所属鞍山海关　供稿）

∧ 2022年10月26日,大连海关党委委员、副关长曹建华(中)到营口国际快件监管中心和营口综合保税区调研(大连海关所属营口海关 供稿)

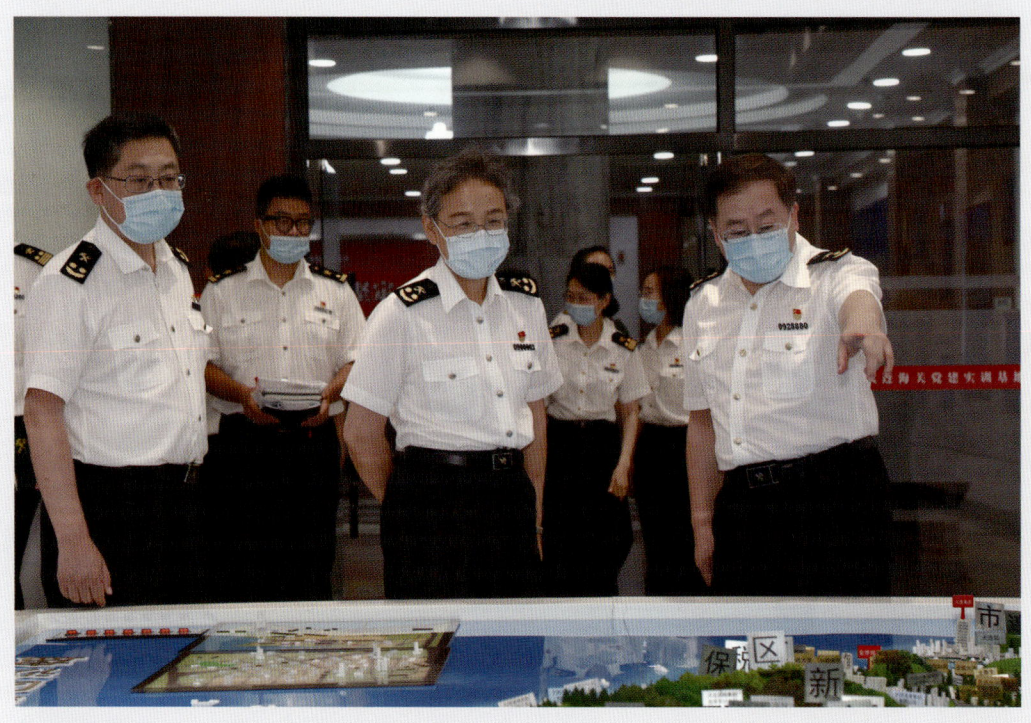

∧ 2022年8月25日,大连海关党委委员、副关长吴志秀(中)在所属金普海关调研(大连海关所属金普海关 供稿)

︿ 2022年6月17日，大连海关党委委员、副关长曲罡（右）在口岸监管处进行专项整治工作督导调研（大连海关口岸监管处 供稿）

︿ 2022年11月24日，大连海关党委委员、党委纪检组组长张军（后排左）参加监察室党支部主题党日活动并开展学习宣传贯彻党的二十大精神宣讲（大连海关监察室 供稿）

∧ 2022年7月28日,大连海关党委委员、政治部主任戴文涛(前排右一)参加2022年大连海关"科技活动周"活动 (大连海关科技处 供稿)

∧ 2022年2月15日,大连海关党委委员、党委纪检组组长孙大为(中)参加监察室党支部党史学习教育专题组织生活会暨支部委员会换届选举党员大会 (大连海关监察室 供稿)

∧ 2022年9月29日,大连海关党委委员、缉私局局长陈和建(左二)赴"DJ2205"专案组督导专案工作 (大连海关缉私局 供稿)

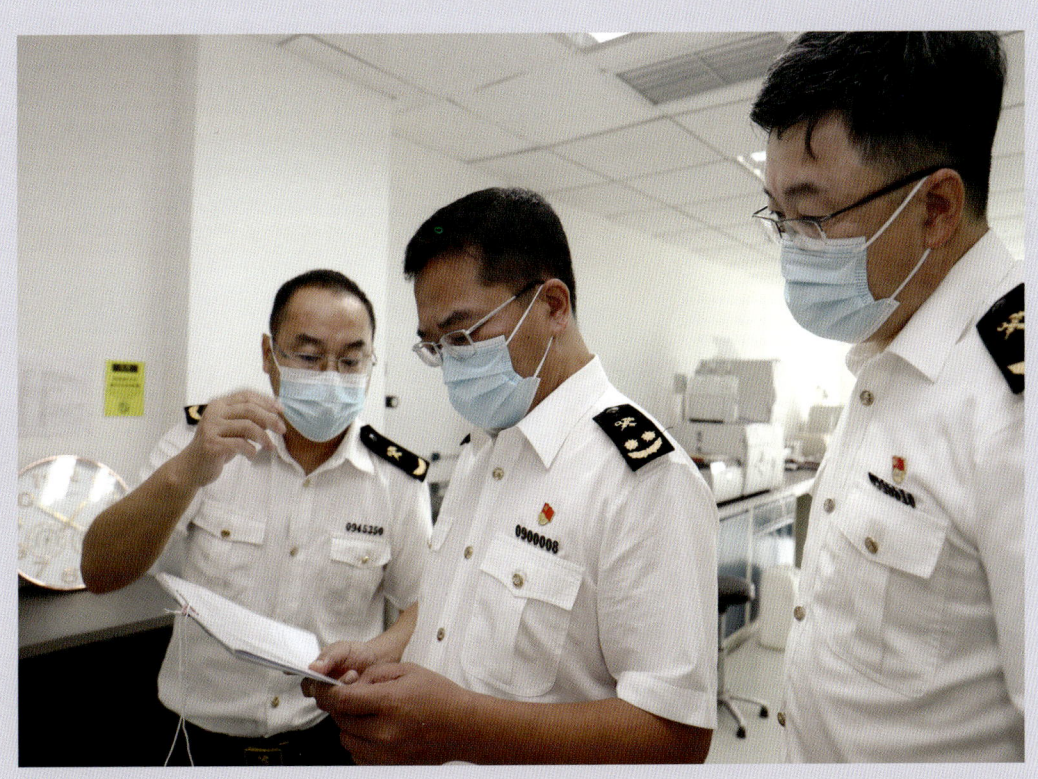

∧ 2022年9月30日,大连海关党委委员、副关长邹峰(中)带队开展节前安全检查 (大连海关办公室 供稿)

党的建设

> 2022年3月10日,大连海关财务处党支部开展廉政警示教育,参观大连市廉洁人生体验馆(大连海关财务处供稿)

ˇ 2022年6月3日,大连海关所属大连港湾海关迎"七一"参观旅顺博物馆(大连海关所属大连港湾海关 供稿)

∧ 2022年6月22日,大连海关自贸区和特殊区域发展处党支部开展"不忘初心迎七一"主题党日活动,青年党员代表诗朗诵《百年答卷》(大连海关自贸区和特殊区域发展处 供稿)

∧ 2022年7月8日,大连海关综合技术服务中心党支部参观"大连市庆祝中国共产党成立100周年主题展"(大连海关综合技术服务中心 供稿)

∧ 2022年8月19日，大连海关所属大东港海关与丹东海事局东港海事处联合开展廉政教育活动（大连海关所属大连港海关　供稿）

∧ 2022年8月29日，大连海关所属鞍山海关党员干部参观鞍山市政治性警示教育馆（大连海关所属鞍山海关　供稿）

∧ 2022年9月2日，大连海关所属营口海关开展青年关员讲廉政活动（大连海关所属营口海关 供稿）

∧ 2022年9月26日，大连海关所属本溪海关开展警示教育月活动打造廉洁文化长廊（大连海关所属本溪海关 供稿）

∧ 2022年10月17日,大连海关离退休干部办公室党委组织老党员在家收听收看党的二十大直播盛况 (大连海关离退休干部办公室 供稿)

∨ 2022年10月17日,大连海关监察室党支部集体学习党的二十大精神 (大连海关监察室 供稿)

∧ 2022年10月18日，大连海关统计分析处统研青年理论学习小组学习党的二十大精神（大连海关统计分析处 供稿）

∧ 2022年10月18日，大连海关所属旅顺海关青年理论小组组织开展党的二十大精神专题学习研讨（大连海关所属旅顺海关 供稿）

> 2022年11月1日，大连海关商品检验处党支部、大连海关技术中心危包实验室党支部与大连海关所属大连港湾海关查检三科党支部联合开展"居安思危化风险，勇于担当强使命"学习党的二十大精神主题党日活动（大连海关商品检验处 供稿）

> 2022年11月29日，大连海关所属金石滩海关组织开展党的二十大精神宣讲活动（大连海关所属金石滩海关 供稿）

疫情防控

∧ 2022年4月15日,大连海关所属大东港海关关员开展进境船舶登临检疫准备工作（大连海关所属大东港海关　供稿）

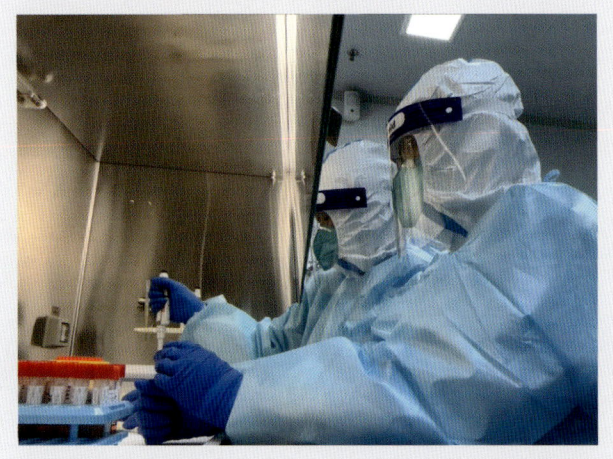

∧ 2022年4月20日,大连海关所属丹东海关P2实验室检测人员开展新冠病毒核酸检测样本处理（大连海关所属丹东海关　供稿）

∧ 2022年5月19日,开展进口冷链食品监管工作的大连海关所属鲅鱼圈海关关员正在进行个人防护培训（大连海关所属鲅鱼圈海关　供稿）

∧ 2022年9月29日，大连海关所属大窑湾海关关员开展入境船舶登临检疫（大连海关所属大窑湾海关 供稿）

∨ 2022年11月17日，大连海关所属营口海关组织开展疫情防控能力提升专题培训（大连海关所属营口海关 供稿）

∧ 2022年9月20日,大连海关所属大连长兴岛海关关员在码头进行登临检疫工作(大连海关所属大连长兴岛海关 供稿)

∧ 2022年9月10日,大连海关所属北良港海关关员在夜间进行登临检疫 (大连海关所属北良港海关 供稿)

∧ 2022年6月10日，大连海关所属旅顺海关关员在辖区码头对进境修理船舶进行登临检查（大连海关所属旅顺海关 供稿）

> 2022年7月6日，大连海关所属大连周水子机场海关关员引导旅客完成入境检疫（大连海关所属大连周水子机场海关 供稿）

2022年12月29日，大连海关所属大连港湾海关关员对外锚地入境船舶开展登临检疫（大连海关所属大连港湾海关 供稿）

业务建设

> 2022年1月27日,大连海关所属北良港海关关员对进口液化天然气进行查验(大连海关所属北良港海关 供稿)

< 2022年3月11日,大连海关所属丹东海关关员对出口食品企业进行评审(大连海关所属丹东海关 供稿)

△ 2022年4月1日,大连海关动植物检疫处关员走进北方植物隔离检疫苗圃宣讲国门生物安全防控举措(大连海关动植物检疫处 供稿)

▽ 2022年4月11日,大连海关所属庄河海关关员开展供港鸡蛋监管工作(大连海关所属庄河海关 供稿)

∧ 2022年4月15日,大连海关所属本溪海关开展知识产权宣传活动（大连海关所属本溪海关 供稿）

∨ 2022年5月12日,大连海关关税处关员赴企业开展减免税调研（大连海关关税处 供稿）

∧ 2022年5月24日，大连海关所属大窑湾海关关员在综合保税区内监管空箱使用情况（大连海关所属大窑湾海关 供稿）

< 2022年5月26日，大连海关所属七贤岭海关关员对种苗花卉生产企业出口产品开展有害生物防治监测检查（大连海关所属七贤岭海关 供稿）

∧ 2022年6月22日,大连海关企业管理和稽查处认证关员对某企业开展实地信用培育 (大连海关企业管理和稽查处 供稿)

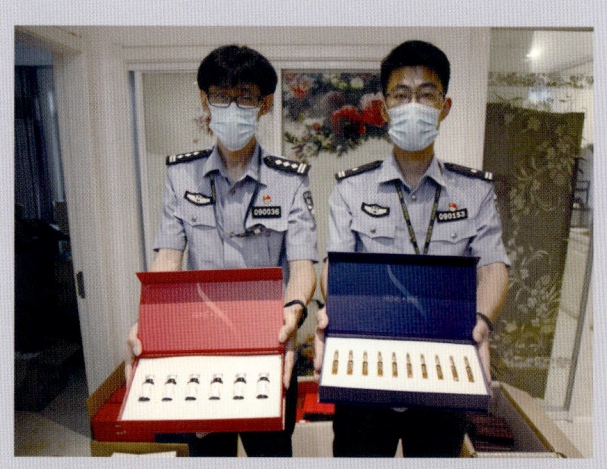

∧ 2022年8月16日,大连海关查获走私医疗美容针剂(大连海关缉私局 供稿)

∧ 2022年8月18日,大连海关所属大连邮局海关截获侵权物品(大连海关所属大连邮局海关 供稿)

∧ 2022年9月17日，大连海关所属盘锦海关关员对进口木片进行现场查验（大连海关所属盘锦海关 供稿）

> 2022年10月13日，大连海关所属大东港海关关员对出口鲜板栗进行属地查检（大连海关所属大东港海关 供稿）

< 2022年10月24日，大连海关人事处关员在大连理工大学开展考试录用公务员校园宣讲（大连海关人事处 供稿）

< 2022年11月1日，大连海关所属鞍山海关关员开展出口锂电池产品查检工作（大连海关所属鞍山海关 供稿）

< 2022年11月3日，大连国际旅行卫生保健中心业务工作人员为出境体检人员提供导诊咨询服务（大连国际旅行卫生保健中心 供稿）

∧ 2022年11月8日，大连海关所属旅顺海关关员在辖区造船企业使用无人机对出口新造船进行监管（大连海关所属旅顺海关 供稿）

∧ 2022年11月25日，大连海关所属金普海关关员调研新能源电池循环使用包装箱检验监管试点情况（大连海关所属金普海关 供稿）

∧ 2022年12月13日，大连海关所属大连长兴岛海关关员克服寒潮天气开展登轮查验（大连海关所属大连长兴岛海关 供稿）

队伍风采

> 2022年3月4日,大连海关法规处为离退休老干部开展民法典主题普法活动(大连海关法规处 供稿)

> 2022年3月7日,辽宁省妇联到大连海关所属鲅鱼圈海关向鲅鱼圈海关综合保障科颁发"全国三八红旗集体"牌匾及荣誉证书(大连海关所属鲅鱼圈海关 供稿)

< 2022年5月18日,大连海关所属盘锦海关开展"青春在行动·献礼二十大"庆祝中国共产主义青年团成立100周年系列活动(大连海关所属盘锦海关 供稿)

∧ 2022年5月18日—20日，大连海关机关工会组织开展职工健身运动比赛（大连海关机关工会 供稿）

∧ 2022年6月14日，大连海关所属营口海关人事政工科荣获营口市"巾帼文明岗"（大连海关所属营口海关 供稿）

∧ 2022年8月8日，大连海关所属庄河海关开展"8·8"海关法治宣传活动（大连海关所属庄河海关 供稿）

∧ 2022年9月9日,大连海关缉私局开展鸭绿江水域夏夜治安巡查宣防(大连海关缉私局 供稿)

> 2022年12月18日,大连海关所属大连港湾海关关员冒雪对入境油轮进行监管(大连海关所属大连港湾海关 供稿)

∧ 2022年10月8日,大连海关举行庆"十一"升国旗仪式(大连海关办公室 供稿)

∧ 2022年10月27日,大连海关所属大连长兴岛海关参加长兴岛"二次创业,再次腾飞"全民运动会(大连海关所属大连长兴岛海关 供稿)

目 录

第一篇 特 载

大连海关概况、主要职责、组织架构 …… 003
在 2022 年大连海关工作会议上的讲话 …… 005
在 2022 年大连海关全面从严治党工作
　会议上的讲话 …………………………… 017
在 2022 年大连海关年中工作会议上的
　讲话 ……………………………………… 024
在大连海关党委理论学习中心组（扩大）
　学习暨各部门单位主要负责同志学习
　贯彻党的二十大精神培训班上的讲话 …… 032

第二篇 专 记

大连海关统筹开展好强化政治机关建设专项
　教育活动和"学查改"专项工作 ……… 047
大连海关完成巡察工作"五年全覆盖" …… 051
大连海关创新扎实开展 2022 年度
　法治宣传教育工作 ……………………… 054
大连海关稳步推进知识产权海关保护
　专项行动 ………………………………… 057
大连海关开展"跨境电商寄递'异宠'
　综合治理"专项行动 …………………… 061
大连海关开展"口岸危险品综合治理"
　百日专项行动 …………………………… 064

大连海关打击走私重点专项工作 ………… 067

第三篇 大事记

2022 年大连海关大事记 …………………… 073

第四篇 党的建设

党建工作 ……………………………………… 089
　概况 ……………………………………… 089
　思想引领 ………………………………… 089
　典型培树宣传 …………………………… 089
　党建"双提升" ………………………… 090
　管党治党责任 …………………………… 091
　廉洁文化建设 …………………………… 091
巡视巡察 ……………………………………… 093
　概况 ……………………………………… 093
　巡察监督常态化 ………………………… 093
　巡视整改 ………………………………… 093
　政治监督 ………………………………… 093
　总结谋划 ………………………………… 094
　巡察工作质效 …………………………… 094
　巡察"后半篇文章" …………………… 094
纪检工作 ……………………………………… 095
　概况 ……………………………………… 095

政治监督…………………………095
日常监督…………………………095
专项整治…………………………095
执纪问责…………………………096
自身建设…………………………096

队伍管理……………………………098
概况………………………………098
干部选拔任用……………………098
公务员管理………………………098
事业单位管理……………………099
干部监督管理……………………099
人事基础工作……………………099
抗疫人力保障……………………099

教育培训……………………………101
概况………………………………101
学习党的十九届六中全会精神培训…101
多媒体教室建设…………………101
"关心爱护疫情防控一线人员"
　教育培训………………………102

第五篇　业务建设

法治建设……………………………105
概况………………………………105
政治建设…………………………105
制度规范…………………………105
法治保障…………………………106
规范监督…………………………106
普法宣传…………………………106

业务改革与发展……………………108
概况………………………………108
改革与发展………………………108
业务协调…………………………108
业务运行保障……………………109

维护产业链供应链安全稳定………109
禁限管理与技术性贸易措施………110
创新签证管理……………………110
知识产权海关保护………………110

自贸区和特殊区域管理……………112
概况………………………………112
特殊监管区域开放平台…………112
综合保税区新兴业务发展………112
提高自由贸易试验区发展工作水平…113
2项创新举措获海关总署备案……113

风险管理……………………………115
概况………………………………115
风险管理委员会…………………115
风险防控配套机制建设…………115
强化口岸联防联控………………115
固体废物专项风险防控…………116
濒危及野生动物专项风险防控……116
"清邮"专项行动…………………116
重点商品风险防控………………116
知识产权海关保护………………116
破获走私进口燃料油大案………117

税收征管……………………………118
概况………………………………118
综合治税…………………………118
税收风险防控……………………118
减免税管理………………………119
属地纳税服务……………………119
税政调研…………………………119
RCEP关税减让政策实施…………119
探索智慧征管……………………120

卫生检疫……………………………121
概况………………………………121
检疫查验…………………………121
疾病监测…………………………121

病媒生物监测·················122
口岸核心能力建设·············122
特殊物品卫生检疫监管·········122
国际旅行卫生健康·············122

动植物检疫·····················124
概况·························124
动植物疫病疫情及外来物种防控······124
生物安全监测及风险预警研判········125
助企纾困顺畅通关·············125
助力农产品"抢鲜"进口········125
保障进口粮食供应链稳定········126
国门生物安全宣传教育··········126
"跨境电商寄递'异宠'综合治理"
专项行动·················127

进出口食品安全监管·············128
概况·························128
进口冷链食品口岸疫情防控········128
监督抽检及风险监测工作··········128
食品安全质量提升专项行动········129
食品安全2部规章宣贯落实········129
技术性贸易工作·············129
助力外贸高质量发展···········130
食品安全宣传周·············130

商品检验·····················131
概况·························131
严禁"洋垃圾"进境············131
危险品及其包装检验监管·········132
出口化肥检验监管············132
大宗资源监管改革············132
委内加工商品自贸措施优化········132
海关总署一级风险监测点建设······132
商品鉴定工作·············133
支持重点项目建设···········133
进口旧机电检验监管··········133

口岸监管·····················134
概况·························134
海关监管·················134
口岸疫情防控·············134
口岸检查作业·············135
安全生产·················135
口岸环节反恐维稳···········135
监管作业场所（场地）管理·······135
"跨境电商寄递'异宠'综合治理"
专项行动·················135
助力东北亚航运中心建设········136
新兴业态发展·············136
促进外贸保稳提质···········136

政策研究与统计·················137
概况·························137
统计调查与服务·············137
贸易统计工作·············138
统计数据管理·············138
统计分析·················138
政策研究·················138
统计队伍建设·············139

企业管理和稽查·················140
概况·························140
稽查业务改革·············140
提升核查效能·············140
保税新模式、新业态发展········140
属地查检管理·············140
企业资质管理·············140
信用管理·················141
审核监督·················141
企业诚信经营环境优化··········141

查缉走私·····················142
概况·························142
打击涉税走私违法犯罪··········142

| 打击非涉税走私违法犯罪 …………… 143 | 资产管理 ………………………………… 153 |

打击非涉税走私违法犯罪 …………… 143
水上缉私及刑事科学技术 …………… 143
"智慧缉私"建设 ……………………… 143
缉私法制建设 ………………………… 143
综合治理 ……………………………… 144

第六篇　综合保障

政务管理 ……………………………… 147
　概况 …………………………………… 147
　督查督办 ……………………………… 147
　"三办"工作 ………………………… 148
　信息工作 ……………………………… 148
　新闻宣传 ……………………………… 148
　应急值守 ……………………………… 148
　保密管理 ……………………………… 149
　档案管理 ……………………………… 149
　政务公开 ……………………………… 149
　信访工作 ……………………………… 149
　口岸工作 ……………………………… 149
　疫情防控 ……………………………… 150
财务管理 ……………………………… 151
　概况 …………………………………… 151
　关税和进口环节税 …………………… 151
　中央财政汇缴专户清理 ……………… 151
　预算管理 ……………………………… 151
　缉私部门财务保障 …………………… 152
　部门决算管理 ………………………… 152
　涉案财物管理 ………………………… 152
　企事业财务管理 ……………………… 153
　基建管理 ……………………………… 153
　脱贫地区农副产品采购 ……………… 153
　公务用车管理 ………………………… 153
　节能管理 ……………………………… 153

　资产管理 ……………………………… 153
科技发展 ……………………………… 154
　概况 …………………………………… 154
　疫情防控信息化支撑 ………………… 154
　科技微创新项目建设 ………………… 154
　"云签发"系统建设推广 …………… 154
　"数智平台"建设 …………………… 155
　署级、关级信息化项目建设 ………… 155
　"单一窗口"建设 …………………… 156
　信息系统安全运行管理 ……………… 156
　网络安全管理 ………………………… 156
　网络与视频监控系统 ………………… 156
　信息化设备管理 ……………………… 156
　实验室技术能力 ……………………… 156
　实验室安全管理 ……………………… 157
　科研项目管理 ………………………… 157
　科普讲解大赛 ………………………… 157
　科技活动周 …………………………… 158
督察内审 ……………………………… 159
　概况 …………………………………… 159
　督察监督 ……………………………… 159
　审计监督 ……………………………… 160
　内控建设 ……………………………… 160
　执法评估 ……………………………… 160
　内控示范科室 ………………………… 161
　"督察审计组＋临时党小组"双轮
　　运行模式 …………………………… 161
离退休干部管理 ……………………… 162
　概况 …………………………………… 162
　党建工作 ……………………………… 162
　精准化服务 …………………………… 163
　老干部大学 …………………………… 163
　正能量宣导 …………………………… 163

第七篇　隶属海关

大窑湾海关 ·········· 167
　概况 ·········· 167
　党建工作 ·········· 167
　海关监管 ·········· 167
　检验检疫 ·········· 167
　综合治税 ·········· 168
　查缉走私 ·········· 168
　疫情防控 ·········· 168
　外贸保稳提质 ·········· 168
　营商环境 ·········· 169
　队伍建设 ·········· 169

大连周水子机场海关 ·········· 170
　概况 ·········· 170
　党建工作 ·········· 170
　疫情防控 ·········· 170
　海关监管 ·········· 170
　国门安全 ·········· 171
　营商环境 ·········· 171
　服务发展 ·········· 172

北良港海关 ·········· 173
　概况 ·········· 173
　党建工作 ·········· 173
　国门安全 ·········· 173
　海关监管 ·········· 174
　服务发展 ·········· 174
　保税混矿筛矿创新 ·········· 174
　进口液化天然气转场检查 ·········· 175

大连邮局海关 ·········· 176
　概况 ·········· 176
　党建工作 ·········· 176
　海关监管 ·········· 176
　专项行动部署 ·········· 176
　国门生物安全 ·········· 177
　疫情防控 ·········· 177
　服务发展 ·········· 177
　信息宣传 ·········· 177

七贤岭海关 ·········· 179
　概况 ·········· 179
　党建工作 ·········· 179
　海关监管 ·········· 179
　服务发展 ·········· 180
　特色产业 ·········· 180

金普海关 ·········· 181
　概况 ·········· 181
　党建工作 ·········· 181
　国门安全 ·········· 182
　服务发展 ·········· 182
　改革创新 ·········· 183
　支持大连湾里综合保税区发展 ·········· 183

金石滩海关 ·········· 184
　概况 ·········· 184
　党建工作 ·········· 184
　稽查事后监管 ·········· 184
　稽查查发能力 ·········· 185
　稽查业务改革 ·········· 185
　防范三大风险 ·········· 185

大连港湾海关 ·········· 187
　概况 ·········· 187
　政治机关建设 ·········· 187
　党建工作 ·········· 187
　疫情防控 ·········· 188
　海关监管 ·········· 188
　国门安全 ·········· 189
　服务发展 ·········· 189
　改革创新 ·········· 189
　综合保障 ·········· 190

旅顺海关 … 191
概况 … 191
党建工作 … 191
疫情防控 … 191
海关监管 … 192
国门安全 … 192
服务发展 … 192
进境动物监管 … 193

庄河海关 … 194
概况 … 194
党建工作 … 194
地方港口建设 … 194
水产中心 … 194
税政红利 … 195
进出口食品安全监管 … 195
蔬菜种子扩大出口 … 195

大连长兴岛海关 … 197
概况 … 197
党建工作 … 197
海关监管 … 198
国门安全 … 198
服务发展 … 198
营商环境 … 199

营口海关 … 200
概况 … 200
党建工作 … 200
服务发展 … 200
海关监管 … 201
国门安全 … 201
检验检疫 … 201
进出境快件监管 … 202
首票保税维修业务顺利通关 … 202

鲅鱼圈海关 … 203
概况 … 203

党建工作 … 203
疫情防控 … 204
国门安全 … 204
监管打私 … 204
服务发展 … 204
实验室能力建设 … 205

盘锦海关 … 206
概况 … 206
党建工作 … 206
疫情防控 … 206
海关监管 … 207
检验检疫 … 207
服务发展 … 207
改革创新 … 208
截获检疫性杂草刺萼龙葵、杂草性欧洲菟丝子 … 208

鞍山海关 … 209
概况 … 209
党建工作 … 209
海关监管 … 209
检验检疫 … 210
营商环境 … 210
市场采购贸易试点 … 210
助力特色产业 … 211

大东港海关 … 212
概况 … 212
党建工作 … 212
海关监管 … 212
国门安全 … 212
疫情防控 … 213
服务发展 … 213
改革创新 … 214

丹东海关 … 215
概况 … 215

党建工作 …………………………… 215
　　海关监管 …………………………… 216
　　国门安全 …………………………… 216
　　服务发展 …………………………… 216
本溪海关 ……………………………… 217
　　概况 ………………………………… 217
　　党建工作 …………………………… 217
　　国门安全 …………………………… 217
　　海关监管 …………………………… 218
　　服务发展 …………………………… 218
　　助力植物油畅销海外 ……………… 219
　　出口竹木草制品监管 ……………… 219

第八篇　事业单位

大连海关后勤管理中心 ……………… 223
　　概况 ………………………………… 223
　　安全生产 …………………………… 223
　　疫情防控 …………………………… 223
　　服务保障 …………………………… 223
大连海关技术中心 …………………… 225
　　概况 ………………………………… 225
　　国门安全技术保障 ………………… 225
　　技术合力支持监管模式调整 ……… 225
　　促进外贸保稳提质 ………………… 226
　　科技创新课题申报 ………………… 226
　　开拓市场 …………………………… 226
大连国际旅行卫生保健中心 ………… 227
　　概况 ………………………………… 227
　　口岸传染病防控 …………………… 227
　　口岸病媒生物防控 ………………… 227
　　出入境人员传染病监测体检 ……… 228
　　预防接种 …………………………… 228

大连海关综合技术服务中心 ………… 229
　　概况 ………………………………… 229
　　廉政建设 …………………………… 229
　　安全生产 …………………………… 230
　　疫情防控 …………………………… 230
　　后勤保障 …………………………… 230
大连海关检测技术交流中心 ………… 231
　　概况 ………………………………… 231
　　服务保障 …………………………… 231
　　疫情防控 …………………………… 232
　　安全生产 …………………………… 232
中国电子口岸数据中心大连分中心 …… 233
　　概况 ………………………………… 233
　　"单一窗口"建设 …………………… 233
　　口岸营商环境 ……………………… 234
　　"关银一KEY通" …………………… 234
　　窗口服务 …………………………… 234

第九篇　群众团体

大连海关机关工会 …………………… 237
　　概况 ………………………………… 237
　　基础建设 …………………………… 237
　　文体活动 …………………………… 237
　　关心关爱 …………………………… 237
大连海关机关团委 …………………… 239
　　概况 ………………………………… 239
　　青年理论学习 ……………………… 239
　　志愿服务活动 ……………………… 239
　　创建"青年文明号" ………………… 240
中国海关学会大连分会 ……………… 241
　　概况 ………………………………… 241
　　理论研究 …………………………… 241

专题调研 …………………………… 241
　　组织建设 …………………………… 242
大连海关学会 …………………………… 243
　　概况 ………………………………… 243
　　理论研究 …………………………… 243
　　组织建设 …………………………… 243
　　业务培训 …………………………… 243
　　完善制度 …………………………… 243
　　"红色海关记忆——人物篇"工作 …… 244

第十篇　荣誉·名录

2022年度先进集体 …………………… 247
2022年度先进个人 …………………… 248
大连海关荣获"光荣在党50年"
　　纪念章名册 ………………………… 250

2022年度海关扎根艰苦地区边关工作
　　金质奖章人员名录 ………………… 251
2022年度海关扎根艰苦地区边关工作
　　银质奖章人员名录 ………………… 252
2022年度海关扎根艰苦地区边关工作
　　铜质奖章人员名录 ………………… 253

附　录

2022年大连海关公告摘选 …………… 257
大连海关各部门、各直属事业单位的
　　规范化简称 ………………………… 266

"中国海关史料丛书"编委会

"中国海关史料丛书"编委会 ………… 269

第一篇

特载

大连海关概况、主要职责、组织架构

概况

中华人民共和国大连海关是受海关总署直接领导的正厅级直属海关。大连海关管辖范围为辽宁省大连市、鞍山市、本溪市、营口市、丹东市、盘锦市的各项海关管理工作。

大连海关坚持以习近平新时代中国特色社会主义思想为指导，全面深入学习贯彻党的二十大精神，认真落实海关总署"铸忠诚、担使命、守国门、促发展、齐奋斗"总体要求和"12个必"重点工作，全面统筹发展和安全，锲而不舍、一以贯之强化监管优化服务，防范化解重大、系统性风险，推动贸易强国建设，促进高水平开放高质量发展，着力深化改革创新，积极推进"智关强国"行动，加快智慧海关建设，坚定不移全面从严治党，全面加强社会主义现代化海关建设。

主要职责

一是负责本关区贯彻落实党中央、国务院关于海关工作的方针政策和决策部署，在履行职责过程中坚持和加强党对海关工作的集中统一领导，履行全面从严治党责任。

二是负责贯彻执行与海关管理相关的法律、法规、规章、规范性文件和相关技术规范，负责本关区征税、监管、缉私、出入境检验检疫、统计等工作。

三是监控研判本关区各类执法风险、管理风险和廉政风险并组织防范和化解，负责本关区基层党组织建设、队伍建设和日常管理工作。

四是完成海关总署交办的其他工作。

组织架构

【内设机构】大连海关设有17个正处级内设机构，分别为：办公室（党委办公室）、法规处、综合业务处、自贸区和特殊区域发展处、关税处、卫生检疫处、动植物检疫处、进出口食品安全处、商品检验处、口岸监管处、统计分析处、企业管理和稽查处、财务处、科技处、督察内审处、人事处（党委组织部）、教育处。

另设立机关党委（思想政治工作办公室、党委宣传部、党委巡察工作办公室）、监察室（党委纪检组）、离退休干部办公室3个正处级机构。

大连海关党委向隶属海关派驻12个纪检组。

【隶属海关单位】大连海关下辖1个副厅级隶属海关，为大窑湾海关；18个正处级隶属海关（单位），分别为：大连周水子机场海关、北良港海关、大连邮局海关、七贤岭海关、金普海关、金石滩海关、大连港湾海关（下设副处级驻和尚岛办事处）、旅顺海关、庄河海关、大连长兴岛海关、营口海关、鲅鱼圈海关（下设副处级驻仙人岛办事处）、盘锦海关、鞍山海关、大东港海关、丹东海关、本溪海关、大连海关风险防控分局。

【直属事业单位】大连海关设有6个直属事业单位，分别为：大连海关后勤管理中心、大连海关技术中心、大连国际旅行卫生保健中心（大连海关口岸门诊部）、大连海关综合技术服务中心、大连海关检测技术交流中心、中国电子口岸数据中心大连分中心。

在2022年大连海关工作会议上的讲话

大连海关关长、党委书记　居　峰

（2022年1月27日）

这次会议的主要任务是：以习近平新时代中国特色社会主义思想为指导，深入贯彻党的十九大和十九届历次全会精神，认真落实全国海关工作会议、全面从严治党工作会议部署要求，总结工作、分析形势、明确任务，研究安排2022年工作。

一、2021年工作回顾

过去一年，是党和国家历史上具有里程碑意义的一年。大连海关在海关总署党委的坚强领导下，以政治建设为统领，以"质量提升年"为抓手，全面推进"五关"建设，统筹抓好口岸疫情防控和促进外贸稳增长，各项工作取得新成绩，建设"一流强关"迈上新台阶。

（一）政治建设走深走实

坚持将"两个维护"作为政治建设的根本问题和首要任务，加强党的领导、深化政治建关，以实际行动走好"第一方阵"。

一是学习习近平新时代中国特色社会主义思想持续深入。关党委将深入学习贯彻习近平总书记重要讲话作为"两个维护"的具体体现，充分发挥党委理论学习中心组领学促学作用，示范推动全关读原著、学原文、悟原理，开展专题学习34次。通过基层党组织学习、集中脱产培训、举办"e课堂"讲座、"钉钉"在线学习等形式，围绕党的十九届五中全会精神、"七一"讲话、党的十九届六中全会精神开展全员学习。充分利用"学习强国"等平台开展个人自学，活跃度位居大连市直机关前五名，推动党员干部加深理解、入脑入心。

二是落实习近平总书记重要指示批示精神和党中央重大决策部署坚决有力。坚决落实"第一议题"制度，加大督办问效力度，确保习近平总书记关于口岸疫情防控、打击"洋垃圾"和象牙等濒危动植物及其制品走私、推进落实"三智"（智慧海关、智能边境、智享联通）合作理念等重要指示批示精神和党中央重大决策部署一贯到底。第一时间落实国家"十四五"规划部署，制发《"十四五"海关发展规划》细化落实措施。参与海关总署三轮打击"水客"走私专项行动。推进"蓝天2021"专项行动和"护卫2021"专项行动。强化外来入侵物种口岸防控，开展"国门绿盾

2021"行动。推进知识产权综合治理。

三是党史学习教育取得实效。坚持学史明理、学史增信、学史崇德、学史力行，高质量推进学习教育，相关工作得到海关总署巡回指导组肯定。党委班子开展党史专题学习研讨18次，各级党组织利用专题学习、中心组学习、读书班、"三会一课"等方式，开展集中学习4200余次。广泛开展"永远跟党走""红色地标巡礼""三个一百"接力等专题宣教活动，隆重庆祝中国共产党成立100周年，营造良好氛围。深入开展"我为群众办实事"实践活动，党委委员带头调研、联络政府、走访企业，各级党委制定完成项目清单186项，建立"问题清零"工作机制，为企业和基层解决急难愁盼问题937个。"云系列"助力企业举措入围海关总署办实事"百佳项目"。

四是党建质量进一步提升。党委委员带头深入联系点调研指导党建工作，开展党建述职评议工作，推动下级党委落实好党建责任。各部门认真落实意识形态工作清单，党委定期召开专题会议研判解决问题，隶属海关党委认真履行责任制相关要求。继续推进"强基提质工程"，夯实基层基础，新评选"四强"党支部36个、党建示范（培育）品牌20个。优化基层党组织设置，实现"支部建在科上"全覆盖。深入开展联学联建，在疫情防控、改革创新、监管服务等重大任务中充分发挥基层党组织战斗堡垒作用和党员先锋模范作用，19名个人获得海关总署及省市抗疫表彰，33个党组织、157名党员获得各级"两优一先"表彰。

（二）疫情防控扎实有效

把做好新冠病毒感染疫情防控作为全年工作的重中之重，筑牢口岸检疫防线，妥善应对本土疫情，做到"打胜仗、零感染"。

一是在完善体制机制上下功夫，疫情防控体系更加健全。坚持党委统筹，上下联动，调整完善指挥部工作职责，召开防指会、研判调度会，动态调整防控重点，实行"一战一总结"。完善各类方案预案，制定水陆空三类口岸疫情防控岗位作业指引、梳理各级文件，进一步厘清责任、明确职责。强化"一线、预备、应急"梯队建设，注重发挥联动补充作用。采取"四不两直"方式强化监督检查，排查化解风险隐患。

二是在严格卫生检疫上下功夫，联防联控闭环更加严密。严格落实登临检疫、"三查三排一转运"等措施，做好入境客运航空器终末消毒和"四类人员"行李消毒的监督工作，进一步加强水运和陆路口岸入境卫生检疫。加强与地方政府联防联控，完善人员移交、信息通报、病例追溯等合作机制，确保无缝对接、闭环管理。

三是在规范采样消毒上下功夫，高风险货物防控更加科学。严格开展进口冷链食品、高风险非冷链集装箱货物风险监测和口岸环节预防性消毒监督工作。严格执行海关总署紧急预防性措施，协助地方开展阳性货物后续处置、风险研判和通关保障工作，形成有效防控合力。

四是在强化安全防护上下功夫，内部防控管理更加有力。强化岗前培训，在全国率先启用移动式防护装备穿脱方舱，确保一线关员防护安全。严格落实"五件套""六个不""14+7+7"等集中封闭管理要求。加强出差出行管理，严格落实本土疫情排查工作，规范公共区域和设施消毒，强化楼院管控。组织开展应急处置演练，提高应急处置能力。

（三）执法质量稳步提升

强化全链条监管，加强事前、事中、事后监管，建立健全系统完备、科学规范、运行有效的安全监管体系。

一是实际监管严密高效。持续推进各领域风险一体化防控，靶向提升精准防控水平。继续深化"查检合一"改革，完善口岸三级运行监控指挥体系，推动关区79家监管作业场所全部整改达标，监控视频摄像头在线率考核连续7个月全国并列第一。开展安全生产专项整治3年行动，排查整改安全隐患。与省市场监督管理局开展联合抽查，实现"进一次门、查多项事"。对木材、电子等重点行业开展专项稽查、核查行动，规范企业进出口行为。有力落实国家禁止、限制类进出口货物管控要求，关区业务运行平稳有序。

二是国门安全屏障更加牢固。切实加强口岸动植物疫情防控，严防非洲猪瘟、沙漠蝗、松材线虫等疫情传入。严格检疫除害处理监督，加强检疫处理单位资质管理。不断加强进出口食品安全预警和风险监测，强化国外通报调查，推进进口食品国门守护行动。强化危险品及其包装检验监管。

三是综合治税更趋优化。坚持量质效并举，强化税收分析监控，完善综合治税协同配合机制。全面加强税收风险防控，自主搭建减免税风险参数模型。开展重点商品风险排查。加强RCEP（《区域全面经济伙伴关系协定》）政策研究，配合省市政府做好落实。运用税政调研反馈企业政策诉求，5项调研被纳入国务院关税税则委员会《2022年关税调整方案》。

四是打击走私成效显著。始终保持打私高压态势，全力开展"国门利剑2021"联合行动。深化全员打私，压紧压实各隶属海关关长打私"第一责任人"责任。在全国率先开展打击货运渠道集装箱伪瞒报走私专项行动。严厉打击逃避法检出口木制品。密切与各执法部门协同配合。加强涉案财物管理，建立走私冻品和"双无"固体废物由地方归口处置工作机制。

（四）改革创新不断深化

全面推进改革，集中破解业务发展和制度落实中的难点、堵点，加大新技术应用研究力度，为海关发展提供有力支撑。

一是全业务领域一体化改革有序推进。大力推动各项改革措施提质增效，惠及企业近1000家；持续推进粮食、铁矿等大宗重点商品"两段准入"监管模式改革，实行附条件提离等便利措施，口岸放行速度大幅提升。在危险化学品监管领域实施"船边直提""抵港直装"作业模式。高效推进以"查发"为导向的稽查改革落地，参与海关总署挂牌督办的首个专项稽查行动成效显著。推进海关认证企业差异化监管改革试点。实施"采信第三方""企业自查结果认可"等核查新模式，核查监管时长平均压缩60%。

二是连关特色改革多点突破。深入推进优化保税船用油直供监管作业流程、规范申报智能评估智慧监管新模式等特色改革项目24项。推进海关特殊监管区域优化升级，完成大连湾里综合保税区、大窑湾综合保税区联合验收工作，大连正式进入"双综保区时代"。"云眼查"创新举措获海关总署备案，进境矿石全流程智能监管、"物联网+汽车衡监管"等6项自贸创新案例入选辽宁省第五批自贸创新经验。"云签发"覆盖关区出口货物签证业务近90%，惠及企业1000余家。持续推动"保税领域八张牌"扩项增量，推广实施集团企业保税监管，新开展"保税筛矿"业务。

三是科技支撑能力进一步提高。推进H2018新一代通关管理系统全面应用、无感通关系统优化升级，关区视频监控系统在线率有效提升。做好网络安全防护，关区信息化系统运行安全稳定。丹东P2实验室、鲅鱼圈移动P2实验室建成并获新冠病毒核酸检测资质，关区新冠病毒日检测能力大幅提升。加强食品、农产品、防疫物资等新项目研发，323项通过国家认可。荣获省部级科研成果奖励9项，获海关总署科研立项9项，首次采用"揭榜挂帅"科研攻关机制，实现科研立项22项，首次荣获"全国海关科普讲解十佳选手"称号。

（五）服务发展成效显著

发挥海关职能作用，立足省市外贸发展和企业实际需求，创新出台服务举措，提升贸易便利化水平，促进外贸稳中提质。

一是口岸营商环境不断优化。出台促进跨境贸易便利化18条措施，开展口岸营商环境质量提升行动，在中国营商环境评价中，大连"跨境贸易"指标连续两年成为全国标杆。实施"提速保畅助产"压缩通关时间2021行动，通关时效显著提升。加大简政放权改革力度，取消报关企业注册登记和出口食品生产企业备案行政许可，全面实施备案管理。13项涉企经营许可事项实现"证照分离"改革全覆盖。深化"百人千企"对口帮扶机制，解决各类困难和问题601项。提升统计服务发展能力，8篇外贸分析获省市领导肯定。

二是服务外贸发展精准有效。执行自贸协定关税减让、进口税收优惠等政策。运用集团财务公司担保模式为企业减少资金占用。推动进口矿产品先放后检，平均通关时长缩短至3天。实行进出口活鱼"海上过鲜"快速查验模式，有效保障产品新鲜度。推行出口杂粮"整批检测、过程监管、分批出证"监管模式，大幅节省企业成本。落实二手车出口申报无纸化，促进二手车出口业务实现零的突破。助力关区大樱桃、草莓、蕨菜干、精炼稻米油等20余种食品农产品首次出口新加坡、卡塔尔等国家或地区。

三是对外开放水平进一步提升。支持东北亚国际航运中心建设，深化与辽港集团合作，滚动推进关港合作29个重点项目，着力提升口岸竞争力。高质量完成海关系统首例世界银行技术援助项目"推进自由贸易港建设的海关检验检疫政策和监管模式研究"。支持中欧班列和陆海新通道建设，助推大连港试点中欧班列出口定制化业务。支持地方高水平开放，庄河港新建泊位完成开放验收。

四是新业态发展持续向好。全面推广跨境电商企业对企业出口监管试点和跨境电子商务零售进口退货中心仓模式。在大窑湾综合保税区推出"保税+生鲜"模式，首次以跨境电商保税备货模式进口美洲螯龙虾。在大连湾里综合保税区推出"前店后仓"模式，京东（大连）外贸综合体暨区域跨境电商总部项目正在建设。积极支持辽宁西柳服装城市场采购贸易试点，出口货值超过14.3亿元。支持大东沟边民互市贸易区通过验收。

（六）综合保障水平进一步提高

坚持"依法、规范、严谨"的工作要求，创新管理方式，履行保障职责，不断提高综合保障的法治化、精细化水平。

一是法治保障持续加强。深度参与海关总署《中华人民共和国海关法》《中华人民共和国进出境动植物检疫法》等法律修订研究，开展业务制度文件立法后评估，制度规范体系更加完善。深入推进行政执法"三项制度"，建立"网格化"制度模型，覆盖9个业务条线，行政执法更加规范透明。压实"谁执法谁普法"责任制，"普法讲师团"送法上门覆盖1100余人，全员法治素养有效提升。加强风险管控，前置性化解争议纠纷，实现关区复议诉讼案件"清零"。

二是政务运行高效顺畅。推进机关办文、办会、办事更加科学规范，精文简会成果巩固提升，参谋助手作用有效发挥。信息宣传成效显著，政务公开深入推进，"12360"问题解决率100%，人大建议和政协提案办结率100%。值班应急、机要保密和档案管理、口岸外事工作进一步加强，关志关史工作有序开展。

三是财务后勤保障有力。统筹各类资金资源有效提供保障，落实"过紧日子"要求，预算管理质效稳步提升。"一企一策"推进落实国企改革3年规划，加快推进企业脱钩工作，全面停止从事进出境检疫处理等与海关行政权力相关业务。完成闲置房产阶段性整合任务。加大基层资金支持，建设完善边关生活设施。后勤服务保障质量不断提升。

四是审计监督作用进一步发挥。配合审计署沈阳特派办顺利完成审计署对海关总署延伸审计项目，坚持立行立改，整改效果得到审计组充分认可。推进内控机制建设，提升内控前置审核复核质量，强化内控节点体系执行，关区整体内控意识进一步增强，内控监督预警作用明显发挥。

（七）队伍建设全面加强

强化全面从严治党责任，深化清廉海关建设，激发干部队伍活力，持续营造风清气正的政治生态和干事创业的良好环境。

一是主体责任压紧压实。聚焦"关键少数"，综合运用多种手段，加强"一把手"和领导班子监督提醒，同下级"一把手"和领导班子成员开展监督谈话，对下级新任职"一把手"开展任职谈话，层层传导责任压力。落实巡视整改责任，定期召开专题工作会，对已完成整改措施开展"回头看"，提升整改质量。发挥纪检监督、派驻监督、审计监督、巡察监督合力，开展3轮常规巡察及"回头看"。

二是纪律作风建设不断强化。开展纪律作风整顿月、内务规范强化月、案例警示教育月等活动，通过视频检查、实地督察等方式，发现问题及时通报整改，准军观念和廉政意识入脑入心。主动接受外部监督，加强外出执法廉政监督。应用"好差评"系统办件，好评率100%。

三是正风肃纪反腐成效明显。开展"现场监管与外勤执法权力寻租"专项整治，关党委组建专班、逢会必督，党委委员开展3轮实地督查，党委纪检组逐一谈话，查找廉政风险，健全制度机制。坚决惩治违纪违法问题。稳步推进专项整治"回头看"，关区反腐倡廉意识明显提升。强化干部监督，强化"打私反腐"一案双查。推进纪律监督与监察监督一体贯通。

四是队伍活力有效激发。坚持实绩导向，倾斜基层一线，干部年龄、专业结构不断优化。持续加强正向激励，全年共记集体三等功2个、个人三等功16人，集体嘉奖4个、个人嘉奖57人，集体通报表扬5个、个人通报表扬293人，加强对一线人员关心关爱。有序推进职级晋升、职称评定、职级套转等，公务员分类改革、事业单位改革不断规范，完成事业单位岗位设置工作和绩效工资制度。聚焦人才队伍建设，组织干部培训115期，培训4.1万人次。建立健全一线岗位资质管理长效机制，提高岗位资质管理水平。丰富文化活动，组织开展"同心杯"系列文体比赛，获得"2017—2020年度全国群众体育先进单位"称号。离退休干部、工青妇、海关学会等工作取得新成效。

过去一年我们上下齐心、苦干实干，履职尽责、担当作为，圆满完成各项工作任务。这些成绩的取得，离不开海关总署党委的正确领导，离不开地方党委政府的大力支持，离不开关区全体干部职工的辛勤努力。在此，我代表总关党委，向一年来关心支持大连海关发展的地方党政、社会各界和新闻媒体表示由衷的感谢！向所有奋战在疫情防控和执法一线的同志们，为维护国门安全、服务经济发展作出贡献的全体干部职工表示崇高的敬意！向一直以来理解支持关心大连海关建设的离退休老同志和干部职工家属致以美好的祝愿！

回顾一年来的工作，我们深深体会到：建设"一流强关"，必须强化政治机关意识，坚定捍卫"两个确立"、坚决做到"两个维护"；必须统筹发展和安全，坚持底线思维，全力维护国门安全；必须勇于开拓创新，强化使命担当，主动服务构建新发展格局；必须坚持人民至上，提升工作质量，着力解决企业和干部职工的急难愁盼问题；必须推进全面从严治党、从严治关，坚持自我革命，不断深化清廉海关建设。

二、认清形势，把握重点，开创建设新时代"一流强关"新局面

认清形势是明确工作方向的前提，把握重点是统筹做好各项工作的关键。倪岳峰署长在全国海关工作会议上全面分析了海关工作面临的形势和要求，为我们理清了思路。我们必须准确把握形势任务，突出工作重点，牢牢把握工作主动权。

（一）准确把握关区工作面临的新形势新要求

充分认识加强政治建设面临更高要求。我们必须深入学习贯彻党的十九届六中全会精神，坚决捍卫"两个确立"、坚决做到"两个维护"，增强政治意识，着力形成从政治层面强化业务工作的自觉，切实做到维护意识更牢、维护能力更强、维护效果更实。

充分认识维护国门安全面临严峻挑战。我们必须扛起政治责任，牢固树立总体国家安全观，强化风险意识，守住监管底线，发扬斗争精神，在扩大开放中全面提升防范化解风险挑战的能力和本领，坚决筑牢维护国门安全第一道防线。

充分认识促进构建新发展格局面临繁重任务。《"十四五"海关发展规划》《东北全面振兴"十四五"实施方案》《辽宁沿海经济带高质量发展规划》《辽宁省国民经济和社会发展第十四个五年规划和二〇三五年远景目标纲要》，以及大连"三大中心"建设都对扩大开放、推动高质量发展作出重大部署，对海关工作提出很多新要求新期待。对此，我们必须强化使命担当，深化改革创新，充分发挥海关处于国内国际双循环的"交汇枢纽"作用，主动融入振兴发展，为打造对外开放新前沿彰显更大作为。

（二）开创新时代"一流强关"建设新局面

建设新时代"一流强关"是关党委立足现

实、着眼长远提出的发展目标，通过全关上下3年来的共同努力，关区的管理水平、执法能力、工作质量都迈上新台阶，为冲刺目标打下坚实基础。

面对新形势新要求，锚定新时代"一流强关"目标，总关党委决定把2022年定位为"效能提升年"。通过压实责任，强化落实，全面提升工作效能，把效率、效益、效果作为衡量工作成果的依据和尺度，努力开创新时代"一流强关"建设新局面。

一是提升政治建关效能。强化政治机关意识，第一时间贯彻落实习近平总书记重要指示批示精神和党中央重大决策部署，提升政治判断力、政治领悟力、政治执行力，捍卫"两个确立"、做到"两个维护"。牢记"国之大者"，增强政治敏锐性，牢固树立"没有离开政治的业务，也没有离开业务的政治"的理念，确保各项工作的良好政治效果。以政治引领各项工作，推动海关总署"十四五"规划落地落实，促进"五关"建设全面加强。

二是提升依法监管效能。统筹发展和安全，落实总体国家安全观，坚持系统观念，提高依法监管水平。完善风险防控机制，健全纵向到底、横向到边、全覆盖的风险防控体系，提升对各种风险因素的敏锐感知和快速反应能力。从维护国家安全的高度来审视和检验海关工作，加强对口岸疫情防控、国门生物安全、关税安全和保障国家粮食安全、能源安全、产业安全等重大政治风险的分析研判和应对，以高标准安全保障高水平开放。

三是提升服务发展效能。深化"放管服"改革，推出更多改革创新举措，及时固化改革成果，不断释放改革红利，提升贸易便利化水平。坚持"人民海关为人民"，着力打造市场化法治化国际化口岸营商环境，增强"我为群众办实事"的主动性及时性，提升企业的获得感和满意度。围绕东北振兴战略，出台具体举措支持重大项目、重点产业和新业态发展，提升出口质量、支持扩大进口，增强外贸竞争力，助力打造对外开放新前沿。

四是提升综合保障效能。推进法规制度"立改废释"工作，深入开展普法活动，严格规范执法，提升法治保障实效。加快智慧海关建设，加强口岸监管装备研发与应用，夯实"自助式、移动式、智能化"基础，提升疫情防控、快速通关、监管稽查的精准性有效性。进一步整合优化信息和科技资源，提高日常管理效益，推动关区实验室检测、政务服务、队伍建设、财务保障、后勤工作等更加高效。

五是提升队伍建设效能。完善全覆盖、上下贯通、执行有力的组织体系，提升"四强"党支部水平，推动党建业务深度融合发展。加强队伍建设规划，加大干部培养力度，优化领导班子年龄、知识结构，提升履职能力，增强班子向心力凝聚力战斗力。坚持严管厚爱，打造海关文化品牌，激发队伍活力，提升精气神。强化全面从严治党责任落实，增强对"一把手"和领导班子的监督实效，促进以上率下、全面从严，建设风清气正的清廉海关。

三、锚定目标，砥砺奋进，全力以赴做好2022年工作

2022年是进入全面建设社会主义现代化国家、向第二个百年奋斗目标进军新征程的重要一年。面对新形势新任务，党委研究认为，2022年大连海关工作的总体要求是：以习近平新时代中国特色社会主义思想为指导，

全面贯彻党的十九大、十九届历次全会精神和中央经济工作会议精神，按照全国海关工作会议、全国海关全面从严治党工作会议部署要求，强化政治机关意识，弘扬伟大建党精神，坚持党的绝对领导，增强"四个意识"、坚定"四个自信"、做到"两个维护"，坚持稳字当头、稳中求进，完整、准确、全面贯彻新发展理念，服务构建新发展格局，以改革创新为动力，以"效能提升年"为抓手，统筹发展和安全，强化监管优化服务，统筹抓好疫情防控和促进外贸稳增长，深入推进"五关"建设，着力促进高水平开放，奋力开创新时代"一流强关"建设新局面，以优异成绩迎接党的二十大胜利召开。

2022年，着重抓好以下6个方面工作：

（一）突出政治引领，坚定正确政治方向

要把捍卫"两个确立"、做到"两个维护"作为最高政治原则和根本政治任务，不断强化党的领导，推进政治机关建设。

一是始终做到"两个维护"。继续坚持"第一时间""第一议题"制度，完善上下贯通、执行有力的抓落实工作机制，不折不扣落实好习近平总书记重要指示批示精神。坚决落实落细习近平总书记关于禁止"洋垃圾"入境、打击"水客"走私、打击象牙等濒危动植物走私、推动东北全面振兴等重要指示批示精神，坚持统筹疫情防控和经济社会发展，落实好定点帮扶政治任务，不断提高抓落实的成效，将旗帜鲜明讲政治从外部要求转化为内在主动，把党对海关工作的绝对领导贯彻落实到各方面、全过程。

二是持续强化理论武装。继续深入学习贯彻习近平新时代中国特色社会主义思想，通过中心组学习、各层级党组织学习、教育培训、党员自学等多种形式，推动学习入脑入心。抓好党的十九届六中全会精神的学习贯彻，开展好各层级宣讲和各级干部轮训培训工作。定期开展理想信念教育和社会主义核心价值观培育，拓展党史学习教育成效，常态化开展"四史"教育，用历史经验指导好关区各项工作。按照海关总署部署，做好迎接党的二十大宣传引导和党的二十大精神学习贯彻工作。

三是扎实开展专项教育活动。突出政治引领、突出党委主体责任、突出岗位职责，深入开展捍卫"两个确立"、做到"两个维护"、强化政治机关建设专项教育活动，做到全员覆盖、全域查摆、全面整改，切实把讲政治要求转化为内在主动、有力举措，落实到关区工作各领域、全过程。通过专项教育，全面加强党的领导，落实意识形态等领域工作责任制，严格执行"三重一大"事项集体决策制度，加强重大部署、重要任务、重点工作组织领导，充分发挥党委把方向、管大局、保落实的作用。

四是推动党建业务深度融合发展。巩固拓展"强基提质工程"，强化分类指导，完善合格支部—"四强"党支部—品牌支部层级创建体系，做好各层级党建品牌培育选树。建立完善党建工作高质量发展长效机制，落实好海关总署强化支部政治功能的意见措施，用好"智慧党建"系统，实施党务干部能力提升工程，推广党建创新经验做法，切实解决党建难题，把党建成果转化成实际工作成效。抓好经常性、实战性岗位练兵和技能比武，锻造政治坚定、业务精通、令行禁止、担当奉献的准军事化纪律部队。

（二）坚持依法把关，切实维护国门安全

坚决贯彻落实总体国家安全观，统筹发展和安全，强化整体防控，有效应对和化解各种风险挑战。

一是科学精准做好口岸疫情防控。克服麻痹思想、厌战情绪、侥幸心理、松劲心态，健全系统完备、科学规范、运行有效的口岸疫情防控制度体系，强化制度执行的刚性约束。严格"三查三排一转运"，强化联防联控。严格对入境客运航空器及各类高风险交通工具等消毒工作实施监督，压紧压实企业主体责任。加强对陆路口岸入境汽车、列车及司乘人员的检疫和管控。加大进口冷链食品、农产品源头管控力度，落实对问题企业采取暂停进口等措施，严格实施进口冷链食品、农产品和高风险非冷链集装箱货物监测检测，稳妥做好后续处置。从严就高做好一线人员安全防护，开展应急演练，严格出差管理，做好内部安全防护工作。

二是切实提升口岸监管效能。稳步推进风险整体防控、精准防控，深化"查检合一"，全面推广应用"新查管"、智能审图系统，大力推进风险防控一体化，持续提高人工分析布控查获率。加快推进旅客进境托运行李"先期机检"、手提行李和人脸识别系统的合并升级，加大进出口侵权行为打击力度。规范监管作业场所运行管理，完善口岸三级运行监控指挥体系。加强口岸环节反恐维稳，严格进出口贸易禁限管控，实施安全生产专项整治。

三是严把进出口检验检疫关。加强动植物疫情口岸检疫，强化进境动植物指定加工、存放和隔离检疫后续监管，严格检疫处理监督。加强非贸渠道物品检疫监管，开展"国门绿盾2022"行动，严防外来物种入侵。落实"四个最严"要求，加强进出口食品化妆品监管。加强进出口危险化学品管理。建立健全境外生物安全风险监测机制，严格落实国门生物安全监测计划，持续加强进出口商品、食用农产品安全风险监测监控，全面开展口岸媒介生物、外来入侵物种本底调查，切实增强早期预警和末端发现能力。

四是提高税收征管水平。坚持依法科学征管，推进综合治税。深入推动属地纳税人管理工作，引导企业自主合规申报。强化税收风险分析监控，加强与税务部门合作，提升税收风险整体防控效能。稳步实施汇总征税、预裁定等便利措施，深化税款担保改革，推进关税新技术应用研发。认真落实税收政策，聚焦国家战略开展税政调研，积极参与税收政策制定。加强原产地管理，认真做好RCEP实施工作。

五是加强企业管理和后续监管。推进稽查改革，加大涉税、涉检等领域稽查力度，积极参与跨关区专项稽查，加强贸易调查，着力在提高查发率、追补税、查发重大违法情事等方面取得实效。深入实施以信用为基础的企业分类监管，培育高信用企业，落实通关便利措施。实现部门联合抽查执法常态化，扩大"采信第三方报告"等核查模式试点范围，让企业享受诚信红利。推进属地查检业务改革，规范执法作业。

六是持续保持打私高压态势。加强全员打私，全力推进"国门利剑2022"联合行动，以大连海关DJ系列大要案行动为主线，聚集重点区域、重点领域、重点商品，严厉打击"水客"走私以及象牙等濒危物种及其制品、"洋垃圾"、冻品、成品油、涉枪涉毒、反宣品等走私。强化缉私专业能力建设，深化智慧缉私，加大经费、科技、后勤等各项保障力度。深入开展反走私综合治理，推动地方政府落实主体责任。

（三）推进改革创新，提升科技应用水平

要以"拓围、提质、增效"为目标，以新

技术应用为支撑，充分发扬基层首创精神，全面推进关区各领域改革创新。

一是推进重点领域改革。加大简政放权力度，深化行政审批改革，持续推进"证照分离""多证合一""注销便利化"等商事制度改革。全面深化海关全业务领域一体化改革，强化业务结合部协调配合，优化检查异常处置机制，加快推进属地查检与口岸监管、稽核查工作执法联动，着力提高监管服务效能。坚持把"三智"理念融入改革发展中，推动形成更多高质量的"三智"先行先试项目。

二是深化自贸制度创新。服务中国（辽宁）自由贸易试验区建设，围绕推进贸易便利化、外贸转型升级、完善口岸功能推动新一轮制度创新。总结、评估以往复制推广经验，加大重点项目复制推广力度。推动特殊监管区域和保税物流中心差异化布局建设，加强发展绩效评估，提升综合保税区聚集带动作用。强化重点项目推动，推进进境矿石全流程智慧监管、进口汽车智能监管、特殊监管区域内销商品检验便利化监管，探索开展"云预查"属地核查、与海事危险化学品数据互联共享新模式，在总结具体项目经验基础上，适时培树自贸创新举措。

三是强化科技引领支撑。启动"数智平台"建设，深化顶层设计，整合现有关级信息系统，打造行政管理和监管作业数字化统一管理平台。加强口岸监管装备研发，基于"云计算"、大数据、人工智能等应用技术，实现监管过程的数字化、网络化和智能化。利用VR等技术推进"云眼查"等新技术装备应用，结合关区特点创新"互联网+"单兵业务模式。加强实验室能力建设，做好口岸传染病防控及国门生物安全技术保障，争创署级中心实验室。加快推进保健中心P2实验室改扩建，持续推进口岸动植检初筛鉴定室建设。提高海关网络及信息化系统的安全保障能力，确保信息化系统安全稳定运行。

（四）强化使命担当，全力促进高水平开放

要主动融入和服务国家对外开放大局，强化使命担当，严格履职尽责，以更加有力的务实举措，推进高水平开放。

一是优化口岸营商环境。巩固压缩整体通关时间成效，落实精简进出口环节监管证件和随附单证要求，推动口岸通关时效和企业体验联动提升。系统推进业务"问题清零"工作，完善"百人千企"帮扶机制，提升"12360"服务热线处置能力，优化"基层直报"问题收集渠道，及时解决企业及基层海关业务的痛点难点问题。认真落实减税降费政策，运用税政调研反映企业政策诉求，有效运用税收优惠政策重点帮扶专、精、特、新中小企业。

二是支持外贸促稳提质。落实"六稳""六保"部署，出台外贸促稳提质行动举措。保障外贸产业链供应链畅通运转，持续实施进境粮食靠泊检疫、附条件提离，进口原油、铁矿"先放后检"等检验监管模式，加强能源、矿产、粮食等大宗商品通关保障，扩大先进技术设备、种质资源等进口。精准施策助力特色产品出口，加强技术性贸易措施预警和通报评议，推动出口转型升级。统筹政策研究力量，组织推动"十四五"海关发展规划实施见效。健全完善分析研究机制，加强进出口监测预警，强化统计监督，严守数据安全，提升统计服务决策水平。

三是推动外贸新业态发展。支持跨境电商健康规范发展，推广跨境电商企业对企业直接出口、跨境电商出口海外仓监管模式，优化退换货流程。提高市场采购贸易便利化水平，完善跨关区协调机制，进一步优化通关流程。推动保税维修业务高质量发展，构建以合同、企业、企业集团为单元的多层次加工贸易监管模式，探索高端制造业全产业链保税模式。探索适应边境贸易创新发展的监管体制，助力恢复边民互市贸易。

四是促进对外开放平台建设。全力支持东北振兴，加强东北地区海关关际合作，促进区域海关通关制度合作与创新。畅通国际物流通道，完善国际中转、多式联运、邮轮经济等监管服务体系，助力东北亚国际航运中心建设。围绕共建"一带一路"加强国际合作，持续优化中欧班列监管模式，推进铁路快通模式在大连关区落地实施。支持中日（大连）地方发展合作示范区、太平湾"港产城融创"一体化发展、大连新机场等地方重点项目建设，积极推进重点港口扩大开放。推动进口贸易促进创新示范区建设，配合做好商品市场优化升级专项行动试点工作。支持重点行业企业发展，加强与辽港集团、辽渔集团、鞍钢集团等战略合作，滚动推进重点项目，提升企业成本竞争力。

（五）夯实管理基础，全面加强综合保障

建立完善职责明确、分工协作、科学高效的综合保障体系，实现日常工作有效运转，为关区工作有序开展提供有力保证。

一是提高法治服务保障水平。继续参与《中华人民共和国海关法》等高位阶立法工作，注重系统整体协同，加强合法性审核，做好立改废释和立法后评估工作。推进权责清单和政务服务事项清单编制工作，明确权力运行界限。推进"三项制度"业务条线实施细则编制成果转化运行，形成制度样板，规范执法流程。探索丰富行政争议解决渠道，深入推行行政执法案例指导制度，建立有机衔接的多元化纠纷解决机制。注重普法实效，提升普法精准化水平。

二是提高政务运行保障水平。狠抓机关效能建设，落实精文简会部署，提升工作质效。强化督促检查，做好重要会议事项、领导批示的立项督办工作。加强新闻宣传和舆论引导，提升信息报送质效。认真做好人大建议政协提案办理、值班应急、机要保密、档案管理、政务公开、信访和"12360"等工作。

三是提高财务后勤保障水平。坚持"过紧日子"，完善预算保障机制，提升财务管理质效。推动解决事业单位财务保障问题，推进完成事业单位所属企业脱钩及国企改革3年计划。持续规范政府采购、涉案财物管理、公务用车管理。加大资产分类处置，提升资产管理效益。做好后勤保障工作，创建绿色机关。

四是提高督察审计工作水平。积极配合海关总署审计，提升迎审工作质量，持续加大审计发现问题整改力度。聚焦重大决策部署，开展清单式督察。提高内控机制建设水平，完善关级内控节点，创建内控示范科室，加强海关内部控制与监督子系统应用。完善执法评估工作机制，提升系统应用和数据分析能力，做好署级和关级执法评估工作。

（六）深化从严治关，加强干部队伍建设

要坚持严管厚爱，强化正风肃纪，锻造忠诚干净担当的准军事化纪律部队，为"一流强关"建设提供坚强保障。

一是强化管党治党责任。认真贯彻十九届中央纪委六次全会精神，一体推进不敢腐、不能腐、不想腐（简称"三不腐"）。健全"两清单、一链条"责任落实体系，开展好党委书记述责述廉述党建，强化责任传导。落实对"一把手"和领导班子监督各项措施，持续开展"书记组长谈责任"系列访谈活动，抓好"关键少数"。用好监督执纪"四种形态"特别是"第一种形态"，加强日常提醒教育。继续规范领导干部配偶、子女及其配偶从业行为，构建亲清政商关系。常态化开展警示教育活动，强化以案促改。巩固拓展"现场监管与外勤执法权力寻租"专项整治成果，抓好专项整治"回头看"。发挥派驻纪检组监督探头作用，增强监督质效，推进企事业单位监督全覆盖。完成巡察"五年全覆盖"任务，持续提升巡察监督质效。深化打私反腐"一案双查"，依法严肃查处各类违纪违法行为，推进精准规范问责，营造风清气正政治生态，打造清廉海关。

二是持续推进正风肃纪。继续加强纪律作风建设，抓好准军事化集训，灵活用好视频监督检查、实地检查等手段，推动纪律作风养成。持之以恒落实中央八项规定及其实施细则精神，不断完善基层减负有效措施，深化整治形式主义、官僚主义顽瘴痼疾。提升政务服务"好差评"系统应用效能，主动接受特约监督员监督。

三是完善干部管理使用机制。深化干部工作"五大体系"建设，完善政治素质考察考核办法，选优配强各级领导班子。加大青年干部选拔力度，建立年轻干部库，加强执法一线科长队伍建设。深化事业单位改革，对机构改革以来关区"三定"规定执行情况进行评估和优化完善，提高机构编制配置效能。建立健全人才管理制度，改进完善海关专家管理，大力培养引进具有专业背景的急需紧缺人才，统筹推进各类人才队伍建设。修订干部交流、公务员奖励等制度办法，抓好制度执行落实。

四是激发队伍活力。落实好支持边关建设、关爱疫情防控一线人员等措施，强化容错纠错政策运用。改进思想政治工作，做好对封闭管理人员等的心理疏导，帮助解决实际困难。完善常态化精神文明创建机制，评选表彰先进集体、先进工作者、岗位能手。开展群众性文体活动，组织各类主题纪念、帮扶工作、慰问活动、志愿服务工作。改进教育培训方式方法，优化学时学分考核，聚焦实际需求精准施训。推进离退休干部服务"三化"建设，提升管理水平。

同志们，使命重在担当，实干铸就辉煌。2022年各项工作任务已经明确，关键在于落实。让我们积极行动起来，紧密团结在以习近平同志为核心的党中央周围，坚定信心、振奋精神、勠力同心、勇毅前行，坚决贯彻党中央、国务院重大决策部署，全力以赴落实海关总署各项工作要求，高质量完成全年目标任务，以优异成绩迎接党的二十大胜利召开。

在 2022 年大连海关全面从严治党工作会议上的讲话

大连海关党委书记、关长　居　峰

（2022 年 1 月 27 日）

这次会议的主要任务是：深入学习贯彻习近平总书记重要讲话和十九届中央纪委六次全会精神，认真落实全国海关工作会议、全面从严治党工作会议部署，回顾 2021 年大连海关全面从严治党、党风廉政建设和反腐败工作，部署 2022 年任务。

一、2021 年工作回顾

2021 年是中国共产党成立 100 周年，也是"十四五"开局之年。一年来，各级党组织坚持以习近平新时代中国特色社会主义思想为指导，深入贯彻党的十九大和十九届历次全会精神，坚决扛起管党治党政治责任，持续强化正风肃纪，着力建设清廉海关，全面从严治党、党风廉政建设和反腐败工作取得新成效。

（一）践行"两个维护"更加自觉

一是持续强化理论武装。深入学习贯彻党的十九届六中全会精神，第一时间召开党委会、组织专题学习班，开展学习研讨，深刻领会全会精神，切实增强"四个意识"、坚定"四个自信"、做到"两个维护"。把学习贯彻习近平新时代中国特色社会主义思想同党史学习教育贯通起来，组织庆祝中国共产党成立 100 周年"永远跟党走"主题活动，广泛开展"红色讲坛""红色地标巡礼""三个一百"宣讲等系列活动，组织召开专题民主生活会，扎实推进"我为群众办实事"实践活动，海关总署巡回指导组给予充分肯定。

二是贯彻党中央决策部署坚决有力。把学习贯彻落实习近平总书记重要指示批示精神作为党委会、月度分析例会的"第一议题"，建立督办落实长效机制，层层夯实、一贯到底。毫不放松抓实抓细常态化疫情防控各项工作，严格落实联防联控要求，全覆盖、全要素开展监督检查。加大打击象牙等濒危动植物及其制品、"洋垃圾"、"水客"走私力度，开展"国门利剑 2021"和 DJ 系列打私联合专项行动，取得显著成效。继续做好"六稳"工作、落实"六保"任务，建立压缩通关时间长效机制、

"问题清零"工作机制，推进自由贸易区和综合保税区协调发展，支持贸易新业态壮大发展，确保落实党中央决策部署坚决迅速、有效有力。

三是严明政治纪律和政治规矩。严格落实民主集中制、"三重一大"决策制度、重大事项请示报告制度。

（二）管党治党责任持续压实

一是不断强化主责主业意识。及时修订党委工作规则和议事清单，完善"三重一大"决策制度实施办法，确保党的领导有效发挥。召开隶属海关党委书记述责述廉述党建现场会，组织开展7期"基层书记组长谈责任"视频访谈，不断提升管党治党意识。

二是着力加强对"关键少数"的监督。深入贯彻落实加强对"一把手"和领导班子监督的意见，细化分解64项监督措施。修订完善隶属海关和事业单位巡察监督要点，加强对涉及"一把手"和领导班子信访举报问题的研判，定期开展政治生态分析，不断提升监督质效。

三是扎实做好巡视巡察整改。定期召开巡视整改工作推进会，开展"回头看"和效果评估，切实推动中央和海关总署巡视整改落地见效。年内组织开展对关区10个单位的政治巡察。强化巡察成果运用，开展"第一议题"、事业单位党建等重点问题专项整治，有效破解影响关区发展的阻碍，不断提升治理效能。

四是持续夯实基层党建工作。深入推进"强基提质工程"，新评选36个"四强"党支部，复核认定20个党建品牌，不断发挥示范带动作用。注重破解党建难题，开展重点项目攻关，"构建支委责任链条"课题入选海关总署"书记项目"，推动全面从严治党主体责任落实到"最后一公里"。

五是坚持规范精准问责。深入贯彻落实《海关容错纠错办法（试行）》，修订完善问责工作制度，准确把握政策边界，确保实际工作不枉不纵、不错不漏、不偏不倚。

（三）纪律作风建设走深走实

一是以钉钉子精神贯彻落实中央八项规定及其实施细则精神。细化治理违反中央八项规定突出问题47条措施和为基层减负6项举措，选取4个隶属海关科室建立基层减负监测点和工作情况直报机制，开展实地检查、专项督察、"指尖上的形式主义"排查。持续改进文风会风，发文、会议数量持续下降。

二是严格落实准军事化纪律部队建设各项要求。开展纪律作风整顿和"内务规范强化月"活动，组织视频、实地检查52次，及时通报发现的问题。加大"放管服"改革落实力度，开展口岸营商环境质量提升行动，邀请特约监督员开展行风评议，有效应用"好差评"系统，全年办件好评率100%。注重抓早抓小，推动各级党组织运用"第一种形态"，防止小错酿成大错。

三是充分发挥正向激励作用。落实海关总署关心关爱措施，表彰奖励疫情防控一线先进个人138人次，表彰各级"两优一先"党组织33个，优秀党务工作者、共产党员157名，为221名老党员颁发"光荣在党50年"纪念章。

（四）权力运行监督持续规范

一是提升权力运行法治化水平。深入学习贯彻习近平法治思想，开展业务制度文件清理备案和权责事项梳理，不断明晰权力边界。严格落实行政执法"三项制度"，发布全流程模型，选取试点条线，由点及面逐步向全领域延伸。

二是加大"制度+科技"应用拓展力度。完善口岸检查异常处置机制，研发卫生检疫、动植物检疫条线行政执法"双随机"系统，创新"云眼查"智慧监管模式，整合企管、保税监管、稽核查等业务系统，加强数据互联互通，做到执法风险和廉政风险一体防控。

三是提升内控机制监督效能。深化运用海关内控监督系统，开展内控前置审核。积极配合国家审计工作，抓好自查自纠及整改落实。稳步推进关区内部审计，完成审计项目5个。防范化解财务领域重大风险，对专项业务、政府采购、疫情防控、基本建设、资金管理等项目实行重点管理监督。将企事业单位纳入派驻监督范围，完善监督管理职责，实现监督全领域覆盖。

（五）标本兼治综合效应彰显

一是强化不敢腐的震慑。出台打私反腐一案双查实施细则，始终保持惩治腐败高压态势，突出"关键少数"，紧盯重点业务条线和权力运行关键环节，紧盯执法领域和非执法领域典型问题，严肃查处、严加惩治。

二是扎紧不能腐的笼子。扎实开展"现场监管与外勤执法权力寻租"专项整治，查找廉政风险，建立健全制度机制。持续加大日常监督检查力度，对8个隶属海关开展选人用人专项检查，对处科级领导干部配偶、子女及其配偶从业行为开展核查，规范清理涉嫌违规投资企业及在企业兼职人员。深化以案促改，坚持一案一总结，剖析案发原因，查找制度管理漏洞，推进标本兼治。实现纪律监督、巡察监督、干部监督、派驻监督、审计监督信息互通、工作互动、成果互享，形成"探头"与"利剑"作用优势互补的监督合力。

三是增强不想腐的自觉。发挥正面教育和反面警示作用，常态化推进廉政教育和廉政文化建设，每月推送廉政文章、重要节点开展廉政提醒、集中培训设置廉政课程。开展警示教育月活动，用身边事教育身边人，引导党员干部知敬畏、存戒惧、守底线。

二、2022年主要任务

2022年，大连海关全面从严治党总体工作思路是：以习近平新时代中国特色社会主义思想为指导，全面贯彻党的十九大和十九届历次全会精神，认真落实十九届中央纪委六次全会部署，按照全国海关工作会议、全国海关全面从严治党工作会议部署要求，全面加强党的领导，增强"四个意识"、坚定"四个自信"、做到"两个维护"，坚持全面从严治党战略方针，坚定不移将党风廉政建设和反腐败斗争进行到底，不敢腐、不能腐、不想腐一体推进，惩治震慑、制度约束、提高觉悟一体发力，持续深化清廉海关建设，深入推进政治建关、改革强关、依法把关、科技兴关、从严治关，为建设新时代"一流强关"提供坚强保证，以优异成绩迎接党的二十大胜利召开。

重点做好6个方面工作。

（一）深入学习贯彻党的十九届六中全会精神，坚定捍卫"两个确立"、坚决做到"两个维护"

党的领导是人民海关的建关之本、强关之魂，听党指挥、绝对忠诚是海关队伍必须坚持的政治本色，全关上下必须深刻认识"两个确立"的决定性意义，切实增强"四个意识"、坚定"四个自信"、做到"两个维护"。要旗帜鲜明讲政治。自觉在思想上政治上行动上同以习近平同志为核心的党中央保持高度一致，把讲政治要求落实到每项工作中，牢牢把握海关工作正确的政治方向。始终坚持把学习领会、贯彻落实习近平总书记重要指示批示精神作为"第一议题"，全面准确把握党中央决策部署，确保执行不偏向、不变通、不走样。扎实开展捍卫"两个确立"、做到"两个维护"、强化政治机关建设专项教育活动。严格执行活动方案和推进措施，坚持领导带头、条块结合、全员覆盖，围绕"学习、查摆、整改、提升"4个重点，立足岗位梳理每项业务蕴含的政治要求，使每名党员干部都更加深刻认识到海关首先是政治机关，"没有离开政治的业务，也没有离开业务的政治"，任何工作都要从政治上观察、处理、谋划，不断提高政治判断力、政治领悟力、政治执行力，把讲政治的要求始终体现到忠诚履职、把好国门的具体实践中。要坚持用党的创新理论武装头脑。把学懂弄通做实习近平新时代中国特色社会主义思想作为首要政治任务，通过党委理论学习中心组学习、"三会一课"等多种形式深化学习研讨。抓好党的十九届六中全会精神宣传贯彻，着力在学深悟透上下功夫，开展好处级以上领导干部全员轮训，分期分批组织党员干部系统培训。认真落实党中央部署要求，扎实做好党的二十大精神学习宣传贯彻。巩固拓展党史学习教育成果，建立常态化、长效化制度机制。大力弘扬伟大建党精神，深入开展对党忠诚教育，加强党性教育和海关职业操守教育，开展先进典型评选表彰。要严守政治纪律和政治规矩。严格与党中央决策部署对标对表，坚决做到"五个必须"，防止"七个有之"。健全完善、严格落实重大事项请示报告制度，凡是重大问题、重要事项、重要工作进展，要第一时间按规定请示报告，绝不允许隐瞒不报、擅作主张、自行其是。突出政治标准，加强政治审查，严格把好选人用人"政治关"。持续提高民主生活会和组织生活会质量，强化监督检查，营造清朗政治生态。认真落实意识形态工作责任制，定期开展干部职工思想动态分析，有针对性地改进工作。加强宣传文化阵地建设，对错误思想、消极言论，要敢于批驳、敢于斗争，做到激浊扬清、正本清源。

（二）强化政治担当，进一步压实领导班子主体责任和"一把手"第一责任

全面从严治党关键在领导干部，"一把手"和领导班子必须知责于心、担责于身、履责于行。要强化责任担当。各级党委要把方向、管大局、保落实，加强对全面从严治党工作的领导和管理，突出加强对"关键少数"特别是"一把手"和领导班子的监督。党委书记要切实履行"第一责任人"职责，做到"四个亲自"，管好班子、带好队伍、抓好落实。领导班子成员要认真落实"一岗双责"，抓好分管领域全面从严治党工作。纪检机构要强化监督责任和协助职责，认真落实《中国共产党纪律检查委员会工作条例》，加强监督执纪能力建设和纪检干部队伍建设，推动工作规范化、法治化、正规化。要强化责任监督。认真落实关于加强对"一把手"和领导班子监督的各项措施，严格执行民主集中制，严格落实"三重一大"等事项研究决策制度，自觉主动接受监督。要综合运用信访举报、案件查办、政治巡察等方式，定期开展政治生态分析研判，认真查找领导班子自身存在的突出问题。要开展述责述廉述党建，用好队伍建设综合管理平台，精准掌握履责情况，健全完善监督检查考核机制。要推进纪律监督、巡察监督、干部监督、

派驻监督、审计监督等监督力量贯通协调，聚力聚焦，全面强化履责监督。要精准规范问责。坚持"三个区分开来"，持续推动容错纠错制度落实落地，加大政策运用力度，切实为坚持原则、勇于负责、敢抓敢管、不谋私利的干部撑腰鼓劲，充分激发广大干部干事创业的积极性、主动性、创造性。

（三）推进标本兼治，促进反腐败斗争取得新成效

要始终保持惩治腐败高压态势。坚持无禁区、全覆盖、零容忍，坚持重遏制、强高压、长震慑，精准运用监督执纪"四种形态"，严肃查处违法违纪问题，构建一体推进不敢腐、不能腐、不想腐体制机制。紧盯一线执法领域和重点岗位，紧盯"关键少数"特别是"一把手"和领导班子，严肃惩治利用影响力或职权谋私贪腐等问题。深入推进打私反腐一案双查，缩小腐败问题生存空间。探索开展"智慧监督"，用好地方纪委监委"智慧监督云平台"，主动发现问题隐患。巩固拓展"现场监管与外勤执法权力寻租"专项整治成果，固化现有做法，形成工作机制。深入开展"海关重点项目和财物管理以权谋私"专项整治。要持续深化以案促改、以案促治。推动深化改革、完善体制机制、补齐监管短板。对于海关总署以及大连海关通报的典型案例，党委各部门、各业务监督部门都要把自己摆进去，把职责摆进去，形成监督合力，做实"后半篇文章"。要将以案促改纳入巡察、派驻监督等重要内容，加强对受处分党员的回访教育，推动查处、治理、教育一体贯通。要做深做实廉政警示教育。常态化学习党章党规党纪和法律法规，继续开展警示教育月活动，及时通报身边违纪违法典型案例，教育引导党员干部做到心

有所畏、言有所戒、行有所止。认真贯彻落实关于加强新时代廉洁文化建设的意见，鼓励干部职工创作廉洁文化作品，深化家庭助廉活动，注重加强对年轻干部的教育管理监督，讲好新时代清廉海关故事。

（四）持续正风肃纪，不断严明纪律规矩

要持之以恒落实好中央八项规定及其实施细则精神。严格落实总署制定的17条措施和大连海关47项细化举措，党员领导干部要以身作则，做到"五个一律不准"，执法一线科长和关员要做到"四个一律不准"。要紧盯"四风"新表现新变种，密切关注苗头性、倾向性、潜在性问题。要持续整治形式主义、官僚主义。坚持有效服务基层，落实好为基层减负各项措施，巩固深化业务问题收集反馈机制，建立机关直接服务基层长效机制。坚持"过紧日子"，严控"三公"经费和一般性支出，上线采购、疫情物资管理系统，优化完善预算执行管控机制，提高资金使用效益，持续推进"节约粮食、制止餐饮浪费"活动。坚持密切联系群众，大力推动精神文明建设，开展窗口作风提升行动，发挥好特约监督员作用，用好"12360"热线和海关"好差评"系统，持续治理不担当不作为、乱作为慢作为、推诿扯皮等问题，不断提升群众获得感和满意度。要严格纪律规定执行。坚持严字当头、全面从严，深化运用"第一种形态"。严肃疫情防控各项纪律要求，加强责任追究。深化准军事化纪律部队建设，持续开展内务规范强化月，常态化开展实地督查、视频检查，严肃关容风纪，领导干部要率先垂范带动纪律作风日常养成。继续深化"强基提质工程"，实现支部从建在科上、强在科上到严在科上的延伸，发挥好对党员的经常性全方位教育管理监督。落实

好企事业单位、协管员队伍管理监督机制，推进监督全覆盖、无盲区。加强干部监督管理。强化"八小时以外"监督。坚持严管厚爱相结合，在政治上、思想上、工作上、生活上体现组织关怀、传递组织温暖，突出实干实绩考核任用干部，不断鼓励担当作为。

（五）深化政治巡察，充分发挥利剑作用

巡视巡察是政治监督，是全面从严治党的有力抓手，要自觉跟进、服务、保障"国之大者"，坚持党中央重大决策部署到哪里、政治监督就跟进到哪里。要坚守政治巡察定位。立足有形覆盖与有效覆盖相统一，将强化政治机关建设专项教育纳入监督重点，综合运用常规巡察或专项巡察等方式开展一轮巡察，选取部分单位开展"回头看"，扎实推进巡察工作本轮全覆盖。总结近年来巡察工作经验，完善思路举措，科学统筹谋划好新一轮五年巡察工作规划。要多措并举提升巡察质效。持续推进上下联动工作格局，加强与上级巡视机构的沟通对接，在监督重点上同向发力。不断完善制度流程，打造清单管理模式，深化巡察信息化手段，促进巡察监督与纪律监督、干部监督、派驻监督、审计监督、职能监督有机贯通，协同发力；强化巡察队伍建设，优化人员选配，加强培训管理考核。要有力推动巡察整改和成果运用。严肃反馈巡察意见，及时移交问题线索，落实巡察整改制度要求，压紧压实整改主体责任、监督责任，深化量化评估考核机制，打造整改闭环。全面梳理近年来巡察整改共性问题，持续督办推动，健全完善整改常态化、长效化机制，紧盯不放、举一反三，确保解决一个问题、规范一个领域。

（六）强化权力制约，不断加强源头治理

要坚持系统观念，统筹资源，深化措施，推动"制度+科技"综合治理从量的积累迈向质的飞跃、从点的突破迈向系统能力提升，努力打造规范化的制度执行体系、智能化的监管运行体系、全方位的监督管理体系。要从制度源头规范权力运行。积极推进大连海关权责清单和政务服务事项清单编制工作，明确权力运行界限。完善执法制度体系，开展规章立法后评估，加强制度规范性文件合法性审查，将成熟的业务改革经验固化为制度。推进"三项制度"业务条线成果转化运行，形成制度样板，规范执法流程。精简行政许可事项，深化行政审批、"双随机、一公开"、"证照分离"、"放管服"等改革，持续推进现场执法"选、查、处"分离，提高执法评估效能。稳步推进稽查改革，构建权责明晰、统一规范的作业模式。要积极稳妥推进科技控权。依托大数据、"云计算"、人工智能等信息技术，加强智能监管，实现权力行使标准统一、权力处置智能判定、权力运行流程可溯。建设行政管理和监管作业"数智平台"，完善跨境电商监管模式，推广应用集中审像、智能审图系统，推行"无感通关"、智能检疫等改革，推进"云眼查"等装备应用，探索"互联网+单兵"作业模式。要强化监督的广度和深度。深化"进系统、标准化、留痕迹、可追溯"在各领域得到延伸，推进业务改革和廉政风险防控深度融合，在业务流程设计各环节给权力定规矩、划界限，实现用制度管权管人管事。持续深化内控机制建设，加强前置审核，提升内部审计质量，建立完善审计整改长效机制。要充分发挥事业单位监督管理委员会职责，指导各企事业单位健全内部财务管理制度。全力推进国企改革，加速企业脱钩处置、推进企业产权转让。

同志们，征途漫漫，惟有奋斗！2022年

工作思路和任务已经明确,让我们更加紧密地团结在以习近平同志为核心的党中央周围,全面贯彻党中央、国务院重大决策部署,认真落实总署党委工作要求,继续推进新时代党的建设新的伟大工程,奋发进取、砥砺前行,以永远在路上的韧劲和决心,坚定不移推进大连海关全面从严治党、党风廉政建设和反腐败斗争向纵深发展,为建设新时代"一流强关"提供坚强政治保证,以优异成绩迎接党的二十大胜利召开!

在 2022 年大连海关年中工作会议上的讲话

大连海关关长、党委书记　居　峰

（2022 年 7 月 11 日）

这次会议的主要任务是：落实全国海关年中工作会议精神和俞建华署长讲话要求，总结回顾上半年关区工作取得的成绩，分析当前工作面临的形势，明确下半年工作的要求，对关区下半年重点工作进行部署。

一、回顾上半年工作，准确把握当前工作要求

（一）上半年主要工作

2022 年上半年，大连海关坚持以习近平新时代中国特色社会主义思想为指导，认真贯彻习近平总书记重要指示批示精神，坚决贯彻党中央、国务院重大决策部署，按照海关总署党委工作要求，以"效能提升年"为抓手，坚持稳中求进，扎实推进，各项工作取得阶段性成效。

坚定走好"两个维护"第一方阵，政治建关效能有提升。牢记海关政治机关属性，把讲政治要求贯穿到关区各领域、全过程。持续强化理论武装，发挥中心组学习龙头作用，党委示范带动全关读原著、学原文、悟原理，推动学习入脑入心、走深走实。坚持强化政治引领，坚决贯彻落实习近平总书记重要指示批示精神和党中央、国务院重大决策部署，克服困难顺利完成党中央、国务院交办的重点工作。持续强化党的领导，统筹开展强化政治机关建设专项教育活动和"学查改"专项工作，持续推进巡视、审计整改，确保各项工作取得良好政治效果。

有效应对和化解各种风险挑战，依法监管效能有提升。牢固树立总体国家安全观，坚持底线思维，强化系统治理和全链条防控。聚焦政治安全和社会安全稳定，开展风险分析、线索研判和专项打击。聚焦新冠病毒感染疫情防控，抓实抓细疫情内部防控和封闭管理工作，及时调整各类制度预案措施，更加科学精准守好外防输入关口。关心关爱一线人员。聚焦生物安全、食品安全、商品安全、税收安全，严防制度不健全、监管不到位造成的系统性风险。统筹推进综合治税工作。聚焦防范遏制重特大事故，以"时时放心不下"的责任感抓好安全生产，开展 5 次安全生产大检查。

全力促进稳住经济大盘，服务发展效能有

提升。立足地方外贸特点和企业需求，推出大连海关优化营商环境27条措施、促进外贸保稳提质20条措施，服务外贸高质量发展。大力优化口岸营商环境，扩大"两步申报""两段准入""船边直提""直装直提"等措施应用范围，加快货物口岸提离速度。有序推进属地查检改革，在关区涉及相关业务的12个隶属海关建立绿色通道。进一步规范和清理检验检疫环节收费，完善收费动态管理机制。大力促进外贸保稳提质，保障关键机器设备、优质农食产品、大宗资源、能源产品进口。用足用好RCEP优惠政策，享惠企业达548家。综合运用"缓、减、免、退"税收调节手段，最大限度落实减税降费。推进跨境电商、市场采购贸易等新业态快速发展。大力推动高水平对外开放，加大海关监管制度创新和复制推广，支持自由贸易试验区和综合保税区高质量发展。深入推进30项海关业务改革举措。支持东北海陆大通道建设，监管中欧班列55列。支持大连新机场、太平湾建设和汽车码头等开放。助力恒力（大连长兴岛）产业园、SK海力士项目建设。全力保市场主体，用好业务"问题清零"机制，提升"12360"热线服务水平，优化"基层直报"问题收集渠道，打造"百人千企"工作升级版，发挥海关技术性贸易帮扶能效，推进"主动披露"制度和容错机制，提升企业的获得感和满意度。

全面夯实管理基础，综合保障效能有提升。建立完善职责明确、分工协作、科学高效的综合保障体系，实现日常工作有效运转，为关区工作有序开展提供有力保证。强化实验室新冠病毒核酸检测设备配备。强化各类资金资源有效统筹保障，预算管理质效稳步提升，闲置房产处置利用率逐步提高。强化国企改革推进工作，对关区企业进行全面清理，整合优势资源，妥善安置脱钩企业人员。强化政策研究，提升辅助决策能力，承办署级课题11个。强化政务服务效能，积极适应疫情防控工作需要，采取多种形式开展教育培训，办文、办会、办事质量和水平进一步提高，精文简会取得实效，为基层减负取得成效

打造过硬纪律部队，队伍建设效能有提升。坚持严管厚爱，强化正风肃纪，落实管党治党责任，锻造忠诚干净担当的干部队伍。党建基层基础全面夯实，巩固拓展"强基提质工程"，完善"合格支部—四强支部—品牌支部"层级创建体系，开展合格支部动态评估，对350个党支部进行复核验收。干部队伍建设稳步推进，完善政治素质考察考核办法，选优配强各级领导班子。坚持基层一线导向，考核评优和表彰奖励比例向基层一线倾斜，不断加强正向激励。党风廉政工作全面加强，扎实推动"海关重点项目和财物管理以权谋私"专项整治工作。精准运用监督执纪"四种形态"，提高一体推进"三不腐"的能力和水平，推进清廉海关建设。

（二）下一步工作要求

7月1日至2日，全国海关召开2022年年中工作会议，认真总结2022年上半年海关工作，分析形势，明确任务，研究安排2022年下半年工作。

会议结束后，关党委第一时间召开专题会议，学习会议精神，研究筹划关区贯彻落实具体安排。我们要认真学习领会海关总署党委对海关工作提出的总体要求，一以贯之地推进"效能提升年"各项工作，聚焦于"实"，抓好关区下半年各项工作。

一是对党忠实。党要干啥，就干好啥，做

习近平新时代中国特色社会主义思想坚定信仰者、忠实实践者。要始终牢记海关是政治机关，牢固树立"没有离开政治的业务，也没有离开业务的政治"的理念，将政治要求落实到每个岗位、每项工作中。在思想政治上对党忠实，在履职尽责上对党忠实，在严守纪律上对党忠实，不搞口号式、包装式落实，真情实意、充满敬仰、言行一致、知行合一，做到"两个维护"有表达、有情感、有行动、有成效，当好政治机关建设"排头兵"。

二是思想求实。思维决定行为，行为决定结果。要立足全局谋划和推动工作，将海关职能作用融入国家和地方发展。要系统思维，各项工作都要进行系统性的梳理、体制性的预防，防止出现合成谬误。要高度敏感，首要的是政治上的敏感，枕戈待旦、闻令而动，不懵懵懂懂、迷迷糊糊。日常工作中要思维敏锐、行动敏捷，抢位、占位，有所作为。要关注细节，防止"细节中的魔鬼"损害大局，未雨绸缪、抓早抓小，不能小事拖大、大事拖炸。

三是作风扎实。领导干部要站排头，喊起"跟我上"，提升两级想问题、下沉一级抓落实，强化责任担当，严禁推诿扯皮。工作上不能空喊口号，严防"一学了之""一批了之""一报了之""将工作布置等同于落实"。要把工作站在高处、想在深处、干在实处，强化下对上的响应、左对右的呼应、上对下的反应。要坚持严的主基调，从纪律作风严起，着力解决有令不行、有禁不止、自由主义等问题。要重实干、重实绩、重担当，为想干事的搭建平台，为能干事的提供舞台，为干成事的布置展台。

四是情感朴实。坚定为民初心，深入践行人民海关为人民的宗旨。以百姓心为心，深入企业、群众、一线和基层，设身处地思考，感同身受体味。要办实事、求实效，防止调查分析"坐而论道"、政策出台"自己知道"、落实效果"津津乐道"，力戒形式主义、官僚主义等问题。以心换心、真心关心，知道干部在哪里、在干什么、在想什么、需要什么，及时做好思想政治工作，真心实意为大家办好事、解难题。坚持严管就是厚爱、放任就是加害。

五是步伐坚实。当前工作要坚持"稳"字当头、稳中求进，把握"稳"的前提，领会"进"的要义，处理好"稳"和"进"的关系，把握好时度效，在继承中发展、在创新中提升。把握稳中求进的实现途径，做到大事儿时刻有"底数"，小事儿也有人"张罗"，做到稳妥严密。工作都要主动迈一步，宁可向前一步形成重叠，不可后退一步造成缝隙，善于沟通协作，加强请示报告。要以解决重点事为抓手，各部门单位都要处理好日常中的"个案"，化解矛盾、防范风险。要大力破解制约"进"的羁绊，创新、复制、推广先进经验，实现思路领先、举措领先、成效领先。

二、扎实做好下半年重点工作

下半年将召开党的二十大，关区各级要提高政治站位，紧紧围绕迎接党的二十大这条主线，按照党中央作出"疫情要防住、经济要稳住、发展要安全"明确要求，把思想和认识统一到海关总署党委对海关当前形势分析和重点任务部署上来，紧密结合关区实际，找准差距，补齐短板，守国门、促发展，落实"效能提升年"要求，为营造"平稳健康的经济环境、国泰民安的社会环境、风清气正的政治环境"作出贡献。

（一）着力强化政治机关建设

深入学习贯彻习近平新时代中国特色社会主义思想，通过党委理论学习中心组学习、专题培训、"三会一课"等多种方式，用党的创新理论武装头脑、指导实践、推动工作。把迎接党的二十大作为头等大事，落实党中央要求，根据海关总署党委统一部署，第一时间制订学习宣传贯彻方案，迅速掀起学习热潮。建立完善关党委落实习近平总书记重要指示批示精神的制度办法，全面加强党的领导，完善上下贯通、执行有力的抓落实工作机制。扎实推进政治机关建设专项教育活动，做好"学查改"专项工作成果转化。大力加强对党忠诚教育，推动党史学习教育常态化长效化。严格落实意识形态工作责任制，加强思想动态调查和分析研判，做深做实思想政治工作。认真落实海关总署"双提升"行动安排和关区"党建效能提升年"工作部署，依托"四项工程"持续深化"强基提质"成效。组织开展第三批"四强"党支部评选和党建品牌复核认定工作，总结推广关区党建业务融合典型案例和经验做法。建立健全"我为群众办实事"长效机制，推动基层党组织在疫情防控、保稳提质、营商环境、防范风险等工作中发挥政治引领、督促落实、监督保障作用。认真履行定点帮扶政治责任，助力推进乡村振兴。

（二）严格规范实施口岸检疫

加强入境人员卫生检疫。严格按照最新防控要求作业，规范全流程处置程序，100%落实规定动作。严防拉沙热、不明原因儿童急性重型肝炎、埃博拉病毒病、霍乱、猴痘、黄热病等传染病传入，切实防范疫情叠加风险。要加强梯队建设、业务培训、防护演练和检测设备、防护装备配备。妥善做好确诊病例等人员移交，严禁层层加码，做到科学精准高效防控，加强与地方联防联控机制的对接，确保全流程无缝衔接和闭环管理。做好恢复陆路铁路通关、国际航班调增应对准备，加强入境航班、汽车、列车及司乘人员的口岸卫生检疫。

加强货物物品检疫。严格落实进口冷链食品口岸疫情最新防控政策，优化完善工作措施，强化源头管控。扎实推进口岸环节高非冷货物分级分类开展预防性消毒。消除非准入产品的入境风险，积极开展境外食品企业的视频检查工作，压实输华食品企业主体责任。做好寄递渠道疫情防控。

加强环境监测监督。认真梳理进境客运航空器终末消毒监督要点，对客运进境航班进行监督。压紧压实企业责任，指导做好海关作业场地预防性消毒工作。按照环境监测工作指南，做好封闭管理场所、实验室环境监测，完善环境监测方案。科学优化消毒措施，确保消毒效果。

加强动植物检疫。深入开展"国门绿盾2022"行动，密切跟踪境外重大动植物疫病疫情，严格实施口岸检疫和安全监测，做好动植物检疫除害处理监管，严防非洲猪瘟、高致病性禽流感、小火蚁、松材线虫等重大动植物疫病疫情传入。支持优异动植物种质资源和生物材料引进，严防物种资源流失。积极推进优质农食产品检疫准入，促进优势农产品扩大出口，重点保障供港澳活动物、果蔬等农产品安全稳定供应。推动植物有害生物和外来物种初筛鉴定室建设，提升检疫执法技术能力。开展应急演练，提高应对突发疫情事件处置能力。

加强内部防控。做好办公场所、公共区域管理，加强会议、培训等公务活动管理，做好个人防护。要将各项措施的落实情况融入日常监督检查，发现问题第一时间报告，及时妥善处置，强化应急工作准备。

各部门单位要完整、准确、全面贯彻党中央确定的疫情防控方针政策，克服麻痹思想、厌战情绪、松劲心态。要及时按照海关总署调整优化完善的口岸疫情防控最新要求，修订完善关区各项措施，先立后破、统一规范、有效衔接、落实责任，既不能层层加码，也不能自以为是、自降标准。要切实扛起疫情防控的主体责任，在"高效"上想办法，在"统筹"上出实招，在"规范"上强落实，在"监督"上促改进，严而又严执行各项防控措施，坚决筑牢口岸检疫防线。

（三）着力防范重大、系统性风险

强化风险防范意识。政治方面，紧盯贯彻落实习近平总书记重要指示批示精神，严防领悟不准确、部署不全面不及时、落实不严不实，可能影响全局的风险。国门安全方面，严防重大疫病疫情输入，守住生物安全、食品安全、商品安全关口，统筹推进综合治税，严厉打击走私行为。改革创新方面，要注重系统集成，关注自贸创新过程中可能存在的隐患。

加强口岸安全监管。完善风险布控管理，实施精准布控，提高布控指令科学性、可执行性，及时沟通协调，提升处置效能。健全关区税收风险防控体系，强化归类、审价、原产地及非贸渠道"常态+动态"监控。落实"国门守护行动"，强化食品安全。强化东北、内蒙古六关协同，开展联合商品风险监测。以查发为导向推进稽查改革，加大涉疫涉检稽查力度。加强口岸环节反恐维稳，严格进出口贸易管制措施，提升口岸监管效能。

抓好安全生产工作。防范执法作业安全领域风险隐患，重点加强海关监管区内危险品货物监管，防止口岸危险化学品积压，严厉打击进出口危险化学品伪瞒报。全面做好实验室和计算机机房排查，关注病原微生物管理、化学危险废弃物处置以及设备、电源等安全。对办公区域、集体宿舍等加强管理，定期检查停车场、仓库、食堂等重点区域。做好用车安全和季节性事故防范。发挥好安全生产"吹哨人"排查机制作用，加强突发事件应急演练，提升应急处突能力。

做好内部安全防范。修订完善信访工作配套制度，组织"关长接待日"活动，推动解决企业群众急难愁盼问题。组织开展网络攻防演练，全面整改安全隐患，坚决防范发生重大网络安全事件。严格涉密人员管理。规范党员干部网络行为，严防涉网违纪问题发生。加强舆情监测，提升应急处置能力。关注队伍思想动态，做好重点人员思想工作。

各部门单位要严格落实安全生产工作"三个必须"的政治要求，时刻瞪大眼睛，落实好安全生产"三个责任"，按照俞署长要求，决不能麻痹大意、决不能想当然、决不能光凭经验办事、犯经验主义错误，要用大概率思维应对小概率事件，宁可事前听骂声，不可事后听哭声，坚决守住安全底线、监管红线。

（四）着力促进外贸保稳提质

保市场主体。推动海关总署促进外贸保稳提质10条措施、助企纾困降成本7条措施和大连海关20条措施落实，强化帮扶中小企业，做好政策宣传。完善关长联系企业机制，推广现场"一站式"办理，发挥"12360""百人千企""基层直报"作用，及时回应企业及个人通关诉求，协调解答和解决基层疑难问题，推动问题清零。协助海关总署开展与韩国AEO互认效益评估工作，推动企业享受互认国家

（地区）便利措施。强化技术性贸易措施跟进研究，组织编写技术性贸易措施研究工作手册，开展统计调查。加大打击侵权违法行为力度，强化知识产权全链条保护。积极引导企业自查自纠，推动主动披露政策落地落实。建立外贸形势分析制度，做好外贸形势分析，多维度、多视角研判整体形势。

保跨境物流畅通。在全关区推广"船边直提"和"抵港直装"，将"直提直装"实施范围从集装箱货物扩大到大宗散货。推动大连海关优化营商环境27条措施落实落细。狠抓通关作业效率提升，强化"口岸—属地"作业时间监控、"职能—现场"联动管控、"24小时"调度应答，形成"通关快速反应"运行机制，有效压缩通关时间，防范压港压货，解决具体问题，提高企业满意度、获得感。提升口岸提离效率，建立完善对重点商品的属地、口岸监管联动机制。推广"甩挂""吊装""接驳"等非接触式货物交接模式。畅通进出口鲜活易腐农食产品属地查检绿色通道。持续优化中欧班列监管模式，推进"关铁通"等重点项目合作。推动形成更多高质量的"三智"先行先试项目。

保产业链供应链稳定。优化重点项目进口设备检验措施，保障重要生产装备、关键零部件通关。全力保障农食产品、资源和能源产品进出口，保障有效供给，支持扩大进口，推动出口转型升级。优化进出口商品检验监管，按总署布控要求，降低进口煤炭、原油、粮食抽样送检比例，扩大检测采信商品范围。

培育外贸发展新动能。支持自由贸易试验区创新发展，发挥综合保税区等海关特殊监管区域的政策优势，推动保税研发、保税维修等"保税+"改革。突出中日（大连）地方发展合作示范区、进口贸易促进创新示范区等平台作用，促进外贸创新发展。推广跨境电商B2B直接出口、海外仓监管模式，提高市场采购贸易便利化水平，助力恢复边民互市贸易，推动外贸新业态发展。

（五）着力加强打击走私工作

强化重点打击。全力推进"国门利剑2022"联合行动和DJ系列缉私行动，聚焦重点区域、重点领域、重点商品，严厉打击"水客"走私及象牙等濒危物种及其制品、"洋垃圾"、成品油等走私。严打重点领域走私，构建"监管、防控、打击"整体反走私防控体系。积极配合税务、公安等部门，依法从快开展联合打击骗取留抵退税。强化与海警、公安合成作战，严厉打击水上和非设关地走私。

提升打私能力。严格落实"全员打私"工作责任清单，优化缉私综合保障。深化智慧缉私，加强信息系统、资源权限的汇聚整合，打造集成高效的智慧缉私平台。推进缉私战区模式，强化关区间执法联动，提升跨关区走私活动的打击水平。统筹开展全方位反走私舆论宣传，形成有效震慑。精准实施"宽严相济"政策，促进法律效果和社会效果相统一。

深化综合治理。推动地方政府落实反走私综合治理主体责任，组织开展联合巡航执法行动。聚焦冻品、成品油等突出问题，统筹开展"海上抓、岸边堵、陆地查、市场管"。密切与各执法部门的协同配合，深化国际执法合作，加强信息共享，积极参与跨境执法联合行动。讲好缉私故事。

（六）推进改革创新，强化综合保障

深化改革创新。强化改革评估和复制推广，切实提升改革成效。坚持问题清零与改革一体化推进，增强改革的针对性和有效性。以

12个自贸创新项目为重点，形成更多制度创新成果。坚持清单式管理，跟踪问效复制推广自贸创新举措。充分发挥综合保税区与自由贸易试验区功能，持续释放RCEP政策红利。

强化信息化支撑。加速推进"数智平台"建设，提升行政管理和监管作业数字化水平。谋划科技控权工作，提升"制度+科技"效能。推进科技人员跟班作业工作，解决基层困难。加强技术共享，畅通基层创新渠道，争取在"微创新"应用有新突破。

加强实验室建设。要做到"检得了"，通过加强人力资源配置和培训等措施，大力提升法检检测保障能力，推进保健中心P2改扩建项目建设。要做到"检得准"，规范开展检测，做好质量控制，保证检测结果准确可靠。要做到"检得快"，持续完善机制、优化流程、提高效率。要做到"管得好"，抓好队伍、财务、业务、安全等方面管理，提升精细化管理水平。各相关隶属海关也要按照以上要求，抓好所属实验室的建设和管理。

做好综合保障。推进权责清单和政务服务事项清单编制工作，明确权力运行界限。加强教育培训，提升理论素养、法治水平、业务能力和文字水平。要针对机构改革新形势、新要求，加强关检业务培训，创新培训工作形式，将培训往深里学，提升干部队伍综合素质。要做好财务和后勤保障，坚决落实"过紧日子"要求，加强全面统筹，优先保民生、保运转、保发展。深入推进企业脱钩及国企改革工作。积极配合做好国家审计，加强协同配合，抓好问题整改。

（七）着力加强队伍关心关爱

坚持正确用人导向。突出政治标准，突出基层、实绩导向，着力健全综合分析研判机制、改进考察方式方法，切实把好德才关。坚持关区"一盘棋"，着眼工作需要，统筹使用好不同领域、不同经历、不同来源的干部，做到人岗相适、人事相宜。坚持"一张单"，加强对干部德才和实绩的考核和分析研判，大胆起用德才表现好、工作实绩突出的干部。坚持"一把尺"，严格执行好干部标准，强化各级党委的审核把关作用，选准用好干部。

加强关心爱护。落实关心关爱疫情防控一线人员16条措施，解决实际问题。对疫情防控中表现突出的人员进行表彰奖励。对在改革创新、强化监管等方面表现突出的人员，也要做好表彰奖励。要用好职级职数，加大对边关的支持力度。开展群众性文体活动，组织各类主题纪念、帮扶工作、慰问活动、志愿服务。精心精细精准做好离退休老干部工作，关心生活健康，注重倾听意见建议。

实施人才强关。执行好"十四五"海关人才发展规划年度重点任务，着力加强资质专业人才和科研人才培育。常态化开展干部调研，分级分类建立优秀干部库。拓宽选人用人视野，大力培养选拔使用优秀年轻干部，合理使用各年龄段干部，保持合理干部梯队，增强队伍整体活力。有计划安排优秀年轻干部到改革发展一线、艰苦边远地区等关键吃劲岗位锻炼，适时将比较成熟的干部选拔到领导岗位上。发现培树一批"老黄牛"式的好干部，合理使用职务职级资源激励担当作为。

抓好纪律作风。严格工作纪律，加强考勤管理、会议纪律，坚决防范酒驾醉驾问题，抓好准军事化纪律部队建设。要积极响应，提高政务、业务运转效能，把上级要求执行到位。要做好呼应，注重加强部门间协作配合，强化制度建设，杜绝推诿扯皮。要及时反应，为下级单位办实事、解难题，做好为基层减负赋能工作。各级领导干部要在作风上带好头，在思想作风、学风、工作作风、领导作风、干部生活作风各方面都要过硬，既要管好自己，还要管好身边人、管好分管领域，站稳人民立场，准确认识海关"为谁执法、为谁服务"的根本性问题。

（八）着力深化"三不腐"一体推进

强化不敢腐的震慑。保持零容忍的警醒、零容忍的力度。严格落实中央八项规定及其实施细则精神，严肃查处"四风"问题。严肃追究诬告行为，为担当尽责的干部撑腰鼓劲、澄清正名。完成巡察"全覆盖"，组织开展"回头看"，筹划好下阶段巡察工作。深入开展"海关重点项目和财物管理以权谋私"专项整治工作，做好海关总署视频督导检查迎检工作，针对发现问题推动建章立制，抓好整改。深化运用监督执纪"四种形态"。推进精准规范问责。

扎紧不能腐的笼子。强化对"一把手"和领导班子的监督，定期开展廉政谈话，通报分管领域干部廉洁自律情况，压紧压实"两个责任"。加强纪检队伍建设，创新深化工作机制，促进派驻监督"三个作用"发挥。关注加强对企事业单位的监督。运用好执法领域和非执法领域专项整治成果，深化标本兼治。强化源头防腐，深化"制度+科技"反腐应用，执法行为进系统、标准化、留痕迹、可追溯，加强对权力运行制约和监督，常态化、长效化治理腐败问题。

增强不想腐的自觉。要深入开展理想信念教育，常态化开展政治教育、纪法教育、道德教育，不断守牢拒腐防变思想防线。要开展警示教育月活动，用身边事教育身边人，加大典型案例通报曝光力度，深化警示教育效果。注重加强对年轻干部的教育引导，扣好廉洁从政"第一粒扣子"。加强以案示警、以案促改、以案促治，定期开展政治生态分析，做好执纪审查"后半篇文章"。抓好廉洁文化建设，深入推进清廉海关。

（九）做好调查研究和信息宣传工作

重视研究型海关建设。构建"大政研"格局，健全"职责明确、统分结合、协作高效"的工作机制，加强政策研究人才队伍建设。抓好海关总署进一步加强和规范请示报告制度落实，每季度向海关总署报送1篇高质量、有深度的调研报告。发挥外贸形势分析会议机制作用，提升数据首发、首报、首用能力，加强、加密、加深分析研判。加强政研课题研究，注重成果转化，为各级党委政府决策提供参考，提升建言献策软实力，扩大海关综合影响力。

重视信息宣传工作。快报要"快"，要增强信息报送的时效性；综合呈报要"深"，用好研究分析成果，加大业务司局海关要情参与度，提升关区在海关总署各业务领域话语权；新闻宣传要"广"，全方位、多渠道推进，在提升新闻舆论影响力上见实效。各部门单位要紧盯重点、热点、亮点工作，积极开展信息宣传，树立海关良好社会形象。

同志们！风正时济，自当破浪前行；任重道远，更需快马加鞭。思路已经谋定，目标已经明确，关键是落实！让我们紧密团结在以习近平同志为核心的党中央周围，认真贯彻落实海关总署党委各项工作部署，以更加饱满的政治热情、更加务实的作风、更加精准的举措，坚定信心、真抓实干，以优异成绩迎接党的二十大胜利召开。

在大连海关党委理论学习中心组（扩大）学习暨各部门单位主要负责同志学习贯彻党的二十大精神培训班上的讲话

大连海关党委书记、关长　居　峰

（2022年11月15日）

学习宣传贯彻党的二十大精神是当前和今后一个时期的首要政治任务。习近平总书记在二十届中共中央政治局第一次集体学习时强调"全党要在全面学习、全面把握、全面落实上下功夫"。海关总署党委高度重视，10月24日召开全国海关学习宣传贯彻党的二十大精神视频会议，并组织开展海关总署党委理论学习中心组（扩大）学习暨司局级主要负责同志学习贯彻党的二十大精神专题培训班，以上率下先学一步、学深一层。

按照大连海关学习宣传贯彻工作方案部署，我们利用5天时间组织党委理论学习中心组扩大学习，开展深入的学习研讨，进一步深化对党的二十大精神的学习领会。

一、全面学习，深刻认识党的二十大重大意义

党的二十大科学谋划了未来5年乃至更长时期党和国家事业发展的目标任务和大政方针，进一步指明了党和国家事业的前进方向，必将成为实现中华民族伟大复兴进程中的重要里程碑。党的二十大的重大意义，可以从3个维度来理解。

（一）党的二十大事关党和国家事业继往开来

大会高举中国特色社会主义伟大旗帜，坚持马克思列宁主义、毛泽东思想、邓小平理论、"三个代表"重要思想、科学发展观，全面贯彻习近平新时代中国特色社会主义思想，分析了国际国内形势，提出了党的二十大主题，回顾总结了过去5年的工作和新时代10年的伟大变革，阐述了开辟马克思主义中国化时代化新境界、中国式现代化的中国特色和本质要求等重大问题，对全面建设社会主义现代化国家、全面推进中华民族伟大复兴进行了战略谋划，对统筹推进"五位一体"总体布局、协调推进"四个全面"战略布局作出了全面部

署，明确宣示了党在新征程上举什么旗、走什么路、以什么样的精神状态、朝着什么样的目标继续前进，事关党和国家事业继往开来。这是一次高举旗帜、凝聚力量、团结奋进的大会。

（二）党的二十大事关中国特色社会主义前途命运

习近平总书记代表十九届中央委员会所作的《高举中国特色社会主义伟大旗帜 为全面建设社会主义现代化国家而团结奋斗》报告，深刻阐释了新时代坚持和发展中国特色社会主义的一系列重大理论和实践问题，描绘了全面建设社会主义现代化国家、全面推进中华民族伟大复兴的宏伟蓝图，为新时代新征程党和国家事业发展、实现第二个百年奋斗目标确立了行动指南，是党和人民智慧的结晶，是党团结带领全国各族人民夺取中国特色社会主义新胜利的政治宣言和行动纲领，是马克思主义的纲领性文献，通篇闪耀着习近平新时代中国特色社会主义思想真理光辉。拥有科学理论指导是我们党坚定信仰信念、把握历史主动的根本所在，事关中国特色社会主义前途命运。这是一次开辟马克思主义中国化时代化新境界的大会。

（三）党的二十大事关中华民族伟大复兴

党的二十大围绕实现中华民族伟大复兴的总任务，鲜明提出了新时代新征程中国共产党的使命任务，深刻揭示了中国共产党、中国特色社会主义、中国化时代化的马克思主义、中国式现代化与中华民族伟大复兴之间的辩证关系，对实现中华民族伟大复兴的领导力量、必由之路、指导思想、实现路径、必然要求以及战略安排、实施策略、重点任务、重大举措作出深刻论述和全面部署。牢牢把握中国式现代化的内涵特征、本质要求和推进中国式现代化的重大原则，事关中华民族伟大复兴。这是一次擘画以中国式现代化全面推进中华民族伟大复兴宏伟蓝图的大会。

全关上下要充分认识党的二十大重大意义，坚定捍卫"两个确立"、坚决做到"两个维护"，始终在思想上政治上行动上同以习近平同志为核心的党中央保持高度一致；坚定自觉把握好习近平新时代中国特色社会主义思想的世界观和方法论，坚持用党的创新理论指引海关事业高质量发展方向；坚定自觉落实党的二十大提出的重大战略、重点任务、重要举措，前瞻性思考、全局性谋划、整体性推进海关各项工作；坚定自觉加强党的全面领导，坚定不移全面从严治党，深入推进新时代海关党的建设，为全面建设社会主义现代化国家、全面推进中华民族伟大复兴贡献海关力量。

二、全面把握，深刻领会党的二十大精髓要义

深刻学习领会党的二十大精神，必须坚持全面准确，深入理解内涵，精准把握外延，着重把握以下6个方面。

（一）深刻学习领会"党的二十大的主题"是统摄全局的"纲"与"魂"，坚定不移将中华民族伟大复兴推向前进

旗帜指引方向，道路决定命运。党的二十大的主题中，高举中国特色社会主义伟大旗帜，全面贯彻习近平新时代中国特色社会主义思想，是要郑重宣示，全党必须坚持以马克思主义中国化时代化最新成果为指导，坚定中国特色社会主义"四个自信"，坚持道不变、志不改，确保党和国家事业始终沿着正确方向胜利前进。弘扬伟大建党精神，是要郑重宣示，

全党必须恪守伟大建党精神，保持党同人民群众的血肉联系，保持谦虚谨慎、艰苦奋斗的政治本色和敢于斗争、敢于胜利的意志品质，确保党始终成为中国特色社会主义事业的坚强领导核心。自信自强、守正创新，踔厉奋发、勇毅前行，是要郑重宣示，全党必须保持自信果敢、自强不息的精神风貌，保持定力、勇于变革的工作态度，永不懈怠、锐意进取的奋斗姿态，使各项工作更好体现时代性、把握规律性、富于创造性。全面建设社会主义现代化国家、全面推进中华民族伟大复兴，是要郑重宣示，全党必须紧紧扭住新时代新征程党的中心任务，集中一切力量，排除一切干扰，坚持以中国式现代化全面推进中华民族伟大复兴。团结奋斗，是要郑重宣示，我们必须不断巩固全党全国各族人民大团结，加强海内外中华儿女大团结，形成同心共圆中国梦的强大合力。大会的主题是大会精神的集中体现，是大会报告的灵魂和主旨，我们必须要全面准确领会其深邃内涵，更加自觉树立坚定不移听党话、永葆忠诚跟党走的不变信念，牢记"务必不忘初心、牢记使命；务必谦虚谨慎、艰苦奋斗，务必敢于斗争、善于斗争"的谆谆教诲，不断增强作为一名海关人的历史使命感和责任感，认真履行职责使命，在全面推进中华民族伟大复兴的伟大历史进程中彰显海关担当作为。

（二）深刻学习领会"过去5年工作和新时代10年伟大变革"的里程碑意义，更加坚定捍卫"两个确立"的政治自觉

党的十九大以来的5年党和国家事业取得举世瞩目的重大成就和新时代10年的伟大变革，在党史、新中国史、改革开放史、社会主义发展史、中华民族发展史上具有里程碑意义。以习近平同志为核心的党中央审时度势，守正创新，采取一系列战略性举措，推进一系列变革性实践，实现一系列突破性进展，取得一系列标志性成果，攻克了许多长期没有解决的难题，办成了许多事关长远的大事要事，推动我国迈上全面建设社会主义现代化国家新征程，实现中华民族伟大复兴进入了不可逆转的历史进程。党的二十大从16个方面高度概括了10年来的伟大变革，可谓字字千钧、掷地有声，全面展示了新时代伟大变革的壮阔历程和宏伟气象。这一切根本在于确立了习近平同志党中央的核心、全党的核心地位，确立了习近平新时代中国特色社会主义思想的指导地位。"两个确立"是党的十八大以来党的建设最重大的政治成果。习近平总书记继续掌舵领航是党之大幸、国之大幸、军队之大幸、人民之大幸，习近平新时代中国特色社会主义思想是照亮前行航程的思想灯塔。我们必须深刻领悟"两个确立"的决定性意义，深入理解其蕴含的历史逻辑、理论逻辑、实践逻辑，增强"四个意识"、坚定"四个自信"、做到"两个维护"，不断提高政治判断力、政治领悟力、政治执行力，始终在思想上政治上行动上同以习近平同志为核心的党中央保持高度一致，做到有感悟、有表达、有情感、有行动、有成效。

（三）深刻学习领会"开辟马克思主义中国化时代化新境界"的指导意义，科学把握习近平新时代中国特色社会主义思想的世界观和方法论

马克思主义是我们立党立国、兴党兴国的根本指导思想。实践告诉我们，中国共产党为什么能，中国特色社会主义为什么好，归根到底是马克思主义行，是中国化时代化的马克思主义行。党的十八大以来，国内外形势新变化

和实践新要求，迫切需要我们从理论和实践的结合上深入回答关系党和国家事业发展、党治国理政的一系列重大时代课题。以习近平同志为主要代表的中国共产党人，坚持把马克思主义基本原理同中国具体实际相结合、同中华优秀传统文化相结合，勇于进行理论探索和创新，以全新的视野深化对共产党执政规律、社会主义建设规律、人类社会发展规律的认识，取得重大理论创新成果，集中体现为习近平新时代中国特色社会主义思想。党的十九大、十九届六中全会提出的"十个明确""十四个坚持""十三个方面成就"概括了这一思想的主要内容，必须长期坚持并不断丰富发展。党的二十大报告中指出要坚持人民至上、坚持自信自立、坚持守正创新、坚持问题导向、坚持系统观念、坚持胸怀天下，在新时代伟大实践中不断开辟马克思主义中国化时代化新境界。我们要完整、准确、全面理解把握蕴含其中的世界观和方法论，知其言更知其义、知其然更知其所以然，学出绝对忠诚、学出政治站位、学出使命担当、学出精神状态，切实把党的创新理论转化为坚定理想、淬炼党性和指导实践、推动工作的强大动力。

（四）深刻学习领会"以中国式现代化全面推进中华民族伟大复兴"的使命任务，谋深做实海关服务高质量发展思路

党的十八大以来经过理论和实践上的创新突破，我们党成功推进和拓展了中国式现代化。中国式现代化既有各国现代化的共同特征，比如在人均收入、预期寿命、人均受教育年限等方面都有一定的标准，更有基于自己的特色，即人口规模巨大、全体人民共同富裕、物质文明和精神文明相协调、人与自然和谐共生、走和平发展道路。本质要求是：坚持中国共产党领导，坚持中国特色社会主义，实现高质量发展，发展全过程人民民主，丰富人民精神世界，实现全体人民共同富裕，促进人与自然和谐共生，推动构建人类命运共同体，创造人类文明新形态。中国式现代化打破了西方现代化模式的唯一性，拓展了发展中国家走向现代化的途径，对更好社会制度的探索提供了中国方案。党的二十大报告指出："从现在起，中国共产党的中心任务就是团结带领全国各族人民全面建成社会主义现代化强国、实现第二个百年奋斗目标，以中国式现代化全面推进中华民族伟大复兴。"前进道路上，必须坚持和加强党的全面领导，坚持中国特色社会主义道路，坚持以人民为中心的发展思想，坚持深化改革开放，坚持发扬斗争精神，不断夺取全面建设社会主义现代化国家新胜利。党的二十大报告提出的"五个必由之路"，是我们党在长期实践中得出的至关紧要的规律性认识，必须倍加珍惜、始终坚持。我们要把海关工作放到以中国式现代化推进中华民族伟大复兴这个大局中来定位、来谋划、来推动，站在全局思考局部、站在未来思考当下、站在对方思考自己，把提升发展质量放在更突出的位置，主动融入共建"一带一路"，助力东北地区高水平开放，提升开放层次、扩大开放范围、优化开放环境，以高水平开放促进高质量发展。

（五）深刻学习领会"团结奋斗"的时代召唤，全面凝聚落实党的二十大作出的重大决策部署的强大合力

团结才能胜利，奋斗才会成功。团结奋斗是中国人民创造历史伟业的必由之路。一百多年来，中国共产党一直强调团结，高度重视团结。新民主主义革命时期，我们通过统一战线凝聚了广泛力量，实现民族独立、人民解放。进入社会主义革命和建设时期，我们团结一切可以团结的力量，完成社会主义革命、推进社会主义建设、进行改革开放和社会主义现代化建设。党的十八大以来，中国特色社会主义进入新时代，我们党继承优良传统，更加重视团结，紧紧依靠人民，稳经济、促发展、战贫困、建小康、控疫情、抗大灾、应变局、化危机，新时代所取得的伟大成就是党和人民一道拼出来、干出来、奋斗出来的。历史和实践充分证明，团结是中国人民和中华民族战胜前进道路上一切风险挑战、不断从胜利走向新的胜利的重大保证。党的二十大对全面建成社会主义现代化强国两步走战略安排进行了宏观展望，重点部署了未来5年的战略任务和重大举措，包括社会主义经济建设、政治建设、文化建设、社会建设、生态文明建设等方面的重大部署，教育科技人才、法治建设、国家安全等方面的重大部署，国防和军队建设、港澳台工作、外交工作等方面的重大部署。前进道路上，我们要坚定不移听党话、感党恩、跟党走，以团结凝聚力量，以奋斗开创未来，撸起袖子加油干、风雨无阻向前行，在奋进新征程、建功新时代的号角声中，一步一个脚印把党的二十大作出的重大决策部署在关区付诸行动、见诸成效。

（六）深刻学习领会"以伟大自我革命引领伟大社会革命"的重大要求，持之以恒推进全面从严治党

中国共产党领导是中国特色社会主义最本质的特征，是中国特色社会主义制度的最大优势。全面建设社会主义现代化国家、全面推进中华民族伟大复兴，关键在党。这就要时刻保持解决大党独有难题的清醒和坚定，我们党目前拥有9600多万名党员、490多万个基层党组织，是世界上最大的马克思主义执政党。经过党的十八大以来全面从严治党，我们党解决了党内许多突出问题，但面临的"四大考验""四种危险"将长期存在。要巩固长期执政地位、始终得到人民信赖拥护，就必须坚持全面从严治党永远在路上、党的自我革命永远在路上，继续推进新时代党的建设新的伟大工程，以党的自我革命引领社会革命。自我革命是跳出历史周期率的"第二个答案"，这是党的二十大报告中作出的非常重要的一个论断。无论从价值逻辑、历史逻辑，还是从现实逻辑、发展逻辑来看，自我革命是中国共产党区别于其他政党的一个显著标志，是中国共产党保持先进性和纯洁性的重要法宝。我们要以自我革命永远在路上的清醒和坚定，永远吹冲锋号，把全面从严治党各项责任压紧压实，以严的基调强化正风肃纪，全力打造清廉海关，不断将全面从严治党、党风廉政建设和反腐败斗争向纵深推进。

党的二十大精神内容十分丰富，既有政治上的高瞻远瞩和理论上的深邃思考，也有目标上的科学设定和工作上的战略部署，这些都是相互联系、有机统一的。我们要坚持和运用马克思主义立场观点方法，坚持历史和现实、理论和实践、国际和国内相结合的办法，从整体到局部，再从局部到整体进行反复揣摩，学深悟透，联系关区工作实际，提出贯彻落实的思路措施，推动学习宣传贯彻党的二十大精神不断走深走实。

三、全面落实，深入贯彻党的二十大部署要求

党的二十大深刻擘画了以中国式现代化全

面推进中华民族伟大复兴的宏伟蓝图，为全面推进社会主义现代化海关建设提供了根本遵循。习近平总书记在二十届中央政治局第一次集体学习时强调："空谈误国、实干兴邦，一分部署、九分落实。"关区广大党员干部要切实增强学习贯彻党的二十大精神的责任感、使命感，在全面学习、全面把握的基础上，在关区各项工作中全面落实党的二十大精神。尤其是要聚焦海关总署党委提出的"铸忠诚、担使命、守国门、促发展、齐奋斗"要求和"12个必"的思考落实重点，研究新思路、提出新举措、取得新成效，努力为谱写中国式现代化海关篇章贡献力量，以大连海关一域之光为全局添彩。

（一）讲政治、见行动，在"铸忠诚"上体现新高度

铸忠诚是强关之魂，是海关始终保持正确政治方向的根本保证。新征程上，我们要更加深刻领悟"两个确立"的决定性意义，毫不动摇将忠诚党的核心、忠诚党的信仰、忠诚党的章程、忠诚党的事业作为大连海关全体党员干部一生一世的誓言和追求，把讲政治从外部要求转化为内在行动，努力打造最讲政治、最讲党性、最讲忠诚的新时代海关。

要铸牢忠诚意识。对党忠诚是每一个共产党员加入党组织时的庄严承诺，是海关作为政治机关最根本的工作要求。我们要进一步深刻领悟"两个确立"的决定性意义，始终坚定对伟大领袖的忠诚之心、对伟大思想的崇敬之情、对伟大事业的追随之志，确保在政治立场、政治方向、政治原则、政治道路上同以习近平同志为核心的党中央保持高度一致，在任何时候任何情况下都坚决听从习近平总书记命令、服从党中央指挥，不讲条件、不搞变通、不掉队、不走偏。

要强化理论武装。坚持不懈用习近平新时代中国特色社会主义思想凝心铸魂，运用好中心组学习、支部日常学习、青年理论学习、党员干部自学等方式，推动党员干部深刻领悟其中蕴含的道理学理哲理，努力做到学思用贯通、知信行统一。加强理想信念教育，常态化长效化开展党史学习教育，大力弘扬伟大建党精神。大力推进党的二十大精神学习宣传贯彻，坚持原原本本学、全面系统学、深入研讨学，切实把关区广大党员干部的思想和行动统一到大会精神上来，把智慧和力量凝聚到大会部署的各项任务上来。

要严守纪律规矩。牢固树立党章意识，加强对党章的学习理解，推动关区上下遵守党章、贯彻党章、维护党章。严守政治纪律和政治规矩，严防"七个有之"，做到"五个必须"。落实好意识形态责任制，加强分析研判，守好意识形态阵地。强化政治监督，树立"红线意识"，坚决查处违反政治纪律、政治规矩的人和事。

要狠抓执行落实。坚决贯彻落实习近平总书记重要指示批示精神和党中央、国务院重大决策部署，不断完善"第一时间"学习、"第一议题"部署、"第一反应"落实机制，健全"学习、部署、督办、落实"的管理闭环链条，强化监督检查和跟踪问效，特别是在筑牢口岸疫情防线、服务国家战略、统筹发展和安全等重大工作中，头脑要特别清醒、眼睛要特别明亮、行动要特别坚决，切实把"两个确立"的政治共识转化为坚决做到"两个维护"的自觉行动。

（二）优服务、促改革，在"担使命"上彰显新担当

担使命是强关之本，海关作为党和国家事

业发展的重要组成部分，在推进中国式现代化进程中责任重大、不可替代。新征程上，我们要提高政治站位，增强大局意识，立足海关本职，落实好党中央对海关工作的决策部署，回应好人民群众对海关工作的期待要求，切实担负起新时代新征程的使命任务，树立海关可亲、可敬、可靠的形象。

要服务国家战略。支持辽宁深度融入共建"一带一路"，促进海铁联运高效衔接，助力中欧班列"铁路快通"模式发展，畅通东北海陆大通道。维护产业链供应链安全稳定，落实减免税政策，支持先进技术、重要设备、关键零部件、优质种质资源等进口。拓展多元化进口来源，保障粮食、能源资源等重点商品供应，支持原油、煤炭、天然气等能源类大宗商品战略储备，服务保供稳价。探索推广应用无接触式通关，提高常态化疫情防控下口岸通行效能和过货能力。

要持续深化改革。出台改革措施多从企业群众角度，以及提高工作效能角度来考虑设计。积极拓展改革成果，进一步复制推广出口货物检验检疫证书"云签发"、进口货物目的地"云眼查"、进出口商品智慧申报导航服务等监管新模式运用，持续推进12个自贸创新项目和"数智平台"建设等改革，加大对正在开展的课题的推进力度，尽快形成课题研究成果。推进重点领域改革，坚持问题导向、目标导向、结果导向，聚焦制约开放发展的重点领域和关键环节，积极谋划海关在监管、服务、安全等方面的改革，注重发挥基层海关首创精神，加强关区改革中长期规划，深入查找短板弱项，共同出题、破题、答题，持续推动工作效能提升。不断强化科技赋能，整合优化信息系统、数据资源、设备设施、科技人才，加大先进技术探索应用力度，更好发挥科技引领支撑作用。

要大力解难纾困。针对人员出入境检疫、海淘、免税购物、进口食品安全监管等与群众切实利益密切相关的领域，优化监管流程，提升服务质量。聚焦企业通关痛点、堵点、难点，研究进一步助企降本增效措施，持续完善关长接待日、关长联系企业机制，壮大企业协调员队伍，统筹发挥好问题清零系统、"12360"热线、"百人千企"、"基层直报"等手段，及时回应通关诉求，不断增强企业获得感。完善企业信用管理制度，扩大主动披露适用范围，健全企业信用修复机制，减少轻微违规行为对企业经营的影响。

（三）强监管、固底线，在"守国门"上实现新提升

守国门是强关之基，是海关最基本、最重要的职责。海关为国把关，要始终把守好国门、维护国家安全和发展利益作为首要职责。我们要深刻认识海关工作中存在的各种风险挑战，勇挑重担、勇于担当，全面推进国门安全体系和能力现代化，以高标准安全保障高质量发展。

要筑牢疫情防控"安全线"。加强智能化装备运用，提高疫情防控的智能化信息化水平，深化跨部门联防联控常态化运作机制，有效防止重大传染病、动植物疫情疫病通过口岸输入。绷紧内部疫情防控这根弦，压实工作责任，严格一线关员个人安全防护和封闭管理。强化科技支撑和物资保障，最大限度降低感染风险。持续细化关心关爱措施，落实好关心关爱一线人员长效机制落地落实，保持队伍旺盛精气神和持久战斗力。

要织密国门安全"防护网"。以"时时放

心不下"的责任感，树牢底线思维，瞪大眼睛、保持战斗状态，紧盯国门安全各领域，尤其是习近平总书记在辽宁考察调研和推进东北振兴座谈会讲话时提出的"五大安全"，运用"制度+情报+科技"，强化源头管控。强化口岸监管和物流监控，严格执行布控查验指令，发挥二级、三级指挥中心作用提高监管工作规范性。压紧压实安全生产责任，建立危险品综合治理常态化机制，持续加大对危险品违法违规的打击力度和精准度。优化进出口商品检验监管模式，研究降低进口煤炭、原油、粮食抽样送检比例，扩大检测采信商品范围，维护粮食安全、能源安全和产业安全。深入开展"国门绿盾""跨境电商寄递'异宠'综合治理"等专项行动，有效拦截重大动植物疫情和外来物种入侵。落实"四个最严"要求，推进"国门守护"行动，守护人民群众"舌尖上的安全"。充分运用大数据等分析手段，聚焦"重点商品、重点领域、重点行业、重点企业"，进一步提升稽查查发效能，强化稽查后续监管的有力震慑。深化综合治税，完善税收风险一体化防控措施，统筹通关便利和依法科学征管。

要夯实防范风险"防火墙"。强化风险意识和系统观念，坚持跳出风险看风险，用大概率思维应对小概率事件，加强风险关联性分析、一体化防控，同时强化基层风险防范问题的请示报告。以两级风险管理委员会为依托，动态开展风险排查、排序、排除，与内控管理、专项督察、审计巡察发现的问题对碰关联，推进各类风险统筹治理、源头治理、综合治理，持续完善风险防控制度规范，不断夯实风险管理基础。针对海关总署梳理的"7+21"项重大、系统性风险，以及大连海关自身存在的风险，制定防范举措、推进措施落实，一体推进系统性梳理、体制性预防和应急性处置，加强对业务工作的统筹管理，排查风险隐患，切实防范化解重大风险。

要保持打击走私"高压电"。更加坚决有力贯彻落实习近平总书记关于打击走私工作的重要指示批示精神，持续推进"国门利剑2022"专项行动和DJ系列缉私行动，严厉打击"洋垃圾"走私、濒危物种及其制品走私、"水客"走私、枪爆走私、毒品走私等，以及涉国计民生的能源、粮食、食品安全的走私活动。深入开展反走私综合治理，推动地方政府落实主体责任，进一步完善"打防管控"反走私治理体系。深化全员打私理念，推动监管打私效能不断提升。

（四）稳外贸、提效能，在"促发展"上表现新业绩

"促发展"是强关之要，是海关服务构建新发展格局，推动高质量发展的必然要求。新征程上，我们要积极主动作为，持续推进外贸实现质的有效提升和量的合理增长。

要精准聚焦，以高品质服务助力区域振兴。聚焦辽宁"一圈一带两区"和大连"两先区""三中心"等省市战略目标，结合落实党的二十大精神，进一步加大对辖区重点行业、重点企业、重点商品跟踪调研，因时因地研提支持举措。围绕支持石油化工、粮食加工、矿石冶炼、船舶制造等特色优势产业，探索完善个性化监管制度，对重点企业、重大项目实现"一企一策""一项一策"，把实体经济做强、做优。落实高级认证企业便利措施，提升高级认证企业国际竞争力。引导企业做强做大一般贸易，用好、用足各项加工贸易便捷监管措施。加大对外推荐注册力度，做好境外官方检查的迎检组织工作，为出口食品企业开拓国际市场提供技术支持。

要精准施策，以高水平监管助力对外开放。提升开放层次，积极探索制度型开放新举措，支持自由贸易试验区创新发展，发挥综合保税区等海关特殊监管区域的政策优势，推动保税研发、保税维修等"保税+"改革。扩大开放范围，进一步发挥东北九成集装箱从大连进出的区位优势，打造"顺势监管""无感通关"新模式，深化东北亚国际航运中心建设。优化开放环境，做好以信用为基础的差别化管理，持续开展跨境贸易便利化专项行动，持续压缩货物通关时间，狠抓通关作业效率提升，深化"通关快速反应"运行机制，确保通关时间不低于全国和海港口岸"两个平均数"。完善开放举措，积极对接地方政府需求，支持开展市场采购贸易，推广跨境电商B2B直接出口、海外仓监管模式，推动外贸新业态发展。

要精准对接，以多双边合作助力扩大贸易。积极开展"三智"政策研究，做好国际重点项目对接。积极支持辽宁高水平参与中日韩经贸合作和中蒙俄经济走廊建设，突出中日（大连）地方发展合作示范区、进口贸易促进创新示范区等平台作用。加大对与共建"一带一路"国家和地区有贸易往来企业的信用培育力度，做好中韩AEO互认效益评估等工作，推动境内境外企业享受同等通关便利。加强对各类优惠贸易协定实施效果跟踪分析，更好促进市场相通、产业相融、创新相促、规则相联，提升贸易投资合作质量和水平。

（五）严管理、厚关爱，在"齐奋斗"中开创新局面

齐奋斗是强关之志，是海关奋进新征程、建功新时代的集结号、动员令。新征程上，我们必须勠力同心、协力齐心，坚定不移全面从严治党，把管党治党作为最根本的政治担当，提升队伍凝聚力和战斗力，以求真务实的工作态度和顽强斗争的精神品质，推动社会主义现代化海关建设不断前进。

要持续提升干部战斗力。以打造堪当新时代重任的高素质干部队伍为目标，坚持"一把尺""一张单""一盘棋"，树立重政治、重品行、重基层、重担当、重实绩的鲜明用人导向。建立对领导班子功能性、结构性和运行状态的常态化分析研判机制，不断优化班子结构，增强班子整体功能。远谋青年工作，大力培养选拔使用优秀年轻干部，完善日常发现机制，及时提拔使用政治过硬、历练扎实、实绩突出、廉洁自律的年轻干部。合理使用各年龄段优秀干部，特别是用好长期在基层一线苦干实干的"老黄牛"式的干部。健全干部能上能下和正向激励机制，完善容错纠错、表彰奖励等制度，激励干部敢于担当、积极作为。

要持续提升支部组织力。党的基层党组织是党的全部工作和战斗力的基础，要继续坚持大抓基层的鲜明导向，持续完善合格支部、"四强"党支部、品牌支部建设体系，深化党建"双提升"，持续推进党建"四项工程"，不断提升基层党组织标准化规范化建设，充分发挥基层党组织政治功能和组织功能。加强对机关、基层、企事业单位党建工作的分类指导，全面提高不同类型党组织党建质量。配强书记、建强班子，建立多层次培训体系，全面提升党务干部能力水平。

要持续提升队伍凝聚力。培树宣传先进典型，弘扬正风正气正能量，教育引导党员干部把心思用在干事创业上，把精力投到抓落实中，不断营造心齐气顺、风正劲足的良好氛围，推动"求实、扎实、朴实"文化在关区蔚然成风。完善"三应"机制，强化部门单位之间的协调配合，尤其是强化综合部门对业务部门、职能部门对一线单位的支撑保障。坚决树正气、易俗气、遏邪气，锲而不舍落实中央八项规定及其实施细则精神，不断整治"四风"问题，坚决杜绝酒驾醉驾。强化作风监督和养成，树立准军事化纪律部队良好形象。要以团结奋斗解决矛盾困难、推动工作开展，心往一处想、劲往一处使、拧成一股绳，形成团结一致、同心同德、和谐向上、友善亲和的良好风气。

要持续提升纪律约束力。积极探索一体推进"三不腐"同时发力、同向发力、综合发力的实践载体。强化不敢腐的震慑，深化打私反腐一案双查，持续完善"组地关"合作机制，丰富执纪审查方式和手段，提高案件查办能力和水平；精准运用监督执纪"四种形态"，抓早抓小、防微杜渐、层层设防。扎紧不能腐的笼子，加强内控机制建设，强化源头防腐，深化"制度+科技"运用，规制自由裁量权，减少权力寻租空间；加强纪律监督、巡察监督、干部监督、审计监督等各类监督贯通融合，着力构建"内外兼顾、上下联动、统分结合"的大监督体系。增强不想腐的自觉，深入推进新时代海关廉洁文化建设，从思想上固本培元，注重对年轻干部的教育引导，加强党性教育、政德教育、警示教育和家风教育，涵养风清气正政治生态，为建设社会主义现代化海关提供坚强政治保证。

四、务求实效，持续掀起学习宣传贯彻热潮

海关作为国家机关首先是政治机关，是贯彻落实党中央决策部署的"最初一公里"，要把学习好、宣传好、贯彻好党的二十大精神作为当前最重要的政治任务抓紧抓实、抓出成效。目前，大连海关学习宣传贯彻党的二十大精神工作方案已经下发，各部门各单位主要负责人是抓学习宣传贯彻落实的第一责任人，必须政治站位更高、标准要求更严、行动更加自觉，切实按照习近平总书记提出的全面学习、全面把握、全面落实的重要指示精神，落实好海关总署党委的具体部署安排，把所在部门和单位的学习发动好、组织好，不断增强学习宣传贯彻的思想自觉、政治自觉、行动自觉，带着感情学，带着问题学，带着使命学，真学真信真用，推动关区兴起学习宣传贯彻的热潮并不断引向深入，切实走好第一方阵、当好"三个表率"、建设模范机关。

（一）学习要"原汁原味"，定准"政治机关"忠诚基调

党的二十大报告内容博大精深，要全面、系统、深入学习领会，强化理论武装，提升理论素养。要在全面理解上下功夫。坚持读原文、悟原理，原原本本、逐字逐句学习党的二十大报告和党章，学习习近平总书记在党的二十届一中全会上的重要讲话精神，同学习党的十八大报告、十九大报告精神结合起来，联系着学、带着思考学，做到学深悟透、入脑入心。要在重点把握上下功夫。突出重点学习内容，把学习的着力点放在"七个聚焦"上，特别是注重学习与海关工作、辽宁工作紧密相关的内容。突出重点学习主体，两级党委理论学习中心组、各部门领导班子要带头学习，处级干部要分期分批进行轮训，示范引领、先学先行。突出重点学习形式，各基层党组织要通过党内组织生活、"思想理论学用讲坛"等形式，

积极开展研讨交流。在做好常规学习的基础上，创新形式，细化学习和培训安排，务实设计灵活多样的学习载体。要在全员全程上下功夫。学习要做到全覆盖、无死角。在学习群体上，除了组织好在职党员学习，也要组织好在职非党员、离退休人员、企事业单位人员的学习，针对这些人员，要积极探索更有影响力、更有感染力、更有带动力的学习方式。用好"青年理论学习小组""连关讲堂"等载体，推动好群团组织学习。在时间跨度上，学习党的二十大精神，不是此时此刻，不是一时一刻，要长期坚持和推进。党员干部在做好集中学习和全员培训基础上，最主要还是要静下心来潜心研读，用好我们配发的学习书籍，用好"学习强国""钉钉"等平台，坚持日常持续自学。

（二）宣传要"落地有声"，力求"党的声音"深入人心

要紧紧围绕学习宣传贯彻党的二十大精神这条主线主脉，加强宣传引导，营造浓厚氛围。党的二十大召开后，关区各部门各单位采取多种方式，对我们学习贯彻党的二十大精神情况进行了广泛的宣传，取得了较好的成效。下一步，大家要围绕主线突出宣传重点，结合实际深挖特色，不断展现我们的工作成效。要强化线上展示能力。目前，我们已在关区政务网开通了《学习宣传贯彻党的二十大精神》专栏，微信公众号等平台也开展了专题宣传，要及时发布关区学习宣传贯彻党的二十大精神活动情况，广泛交流好的经验和做法。要强化线下宣传效果。各单位各部门要按照海关总关党委统一部署，充分利用宣传橱窗、墙报板报、楼宇电视、电子显示屏等多种载体，广泛宣传，营造浓厚的学习氛围，生动活泼搞好宣传引导。要强化新闻宣传力度。积极向海关总署和省市等系统内外媒体平台，推送关区学习宣传贯彻的经验做法和工作成效，全面展现关区学习贯彻党的二十大精神的新气象新作为。我们就是要通过深入的、多种形式的学习贯彻效果宣传，大力展示广大干部职工干事创业、昂扬向上的精神面貌，大力营造支持地方外贸发展、经济振兴的突出成效，大力营造关区事业不断前进的良好氛围。

（三）贯彻要"不折不扣"，彰显"人民海关"担当底色

不注重抓落实，不认真抓好落实，再好的规划、再好的部署都会沦为空中楼阁。党的二十大确定了到2035年我国发展的总体目标和未来5年的主要目标任务，这不仅要求我们抓好当前及下一阶段工作，更要做好长远思考和谋划。要注重与调查研究相结合。关区各层级领导干部都要大力开展基层调研，广泛听取意见建议，结合贯彻会议精神，研究新思路、提出新举措。尤其是针对海关总署党委提出的"12个必"的要求以及38个"深入思考"，是我们推动党的二十大重大工作部署在海关系统落地生根的主要抓手。各牵头部门要扛起主体责任，扎实推进课题研究，吸收精干力量组织成立课题组，采取基层调研、多层面座谈、问卷调查等方式开展研究，形成调研报告，为海关总署党委决策提供支持。要注重与重点工作相结合。把贯彻落实党的二十大精神与严密国门安全防线结合好，与促外贸保稳提质工作结合好，与提升重点领域改革成效结合好，与完成年度重点工作目标结合好，以绩效考核指标为"指挥棒"，科学统筹推进当前各项任务，奋力冲刺全年目标。要注重与谋划未来工作相结合。深化理论研究，结合贯彻落实党的二十大精神，既要提前思考和谋划明年的工作，更要把关区事业发展、各方面的工作成效与更远的将来紧密结合起来，在更宽的历史维度、更长的时间跨度，思考谋划明年、接下来5年乃至更长时期的工作，进一步增强推动关区事业发展的系统性、战略性、全局性、科学性，把党的二十大精神真正落实落地落细。

同志们，伟大成就鼓舞人心，宏伟蓝图催人奋进。让我们更加紧密地团结在以习近平同志为核心的党中央周围，深刻领悟"两个确立"的决定性意义，增强"四个意识"、坚定"四个自信"、做到"两个维护"，铸忠诚、担使命、守国门、促发展、齐奋斗，以理想信念永葆海关事业初心使命，以不懈努力谱写大连海关发展绚丽华章，为全面建设社会主义现代化国家、全面推进中华民族伟大复兴而团结奋斗！

第二篇

专记

大连海关统筹开展好强化政治机关建设专项教育活动和"学查改"专项工作

2022年1月—10月，大连海关根据海关总署部署，将"学查改"专项工作与强化政治机关建设专项教育活动统筹开展，周密部署、扎实推进，推动学习教育和专项工作取得预期成效。

一、组织领导

（一）成立领导机构，完善推进机制

成立大连海关专项教育活动领导小组，党委书记、关长居峰任组长，领导小组下设办公室，负责日常协调和组织推动工作。各隶属海关单位成立相应的领导机构，认真谋划、精心部署，把各项任务抓实抓细。将专项教育活动和"学查改"专项工作纳入"第一议题"机制督办，党委每周听取汇报，召开各类推进会8次，及时掌握工作态势、分析研判形势、部署工作要求。

（二）制订活动方案，强化组织领导

第一时间召开党委专题会议，传达学习海关总署部署，研究细化工作方案。制订专项教育活动方案、推进措施及落实"学查改"工作方案，细化"23+9"项工作任务清单，明确各项工作任务，在政治机关专项教育活动中扎实推进"学习研讨、查摆问题、改进提高"专项工作，统筹开展好两项工作。制发各类工作通知和工作提醒21个，实时指导关区将工作要求落实落细。

（三）加强全程督促指导

建立完善三级督导机制，党委委员结合工作调研，带队下沉到各部门和基层联系点调研督导20余次，指导专项活动开展；灵活采取"点调""抽查"等形式督导检查20余次，及时发现问题、指导改进；各部门单位领导班子成员深入基层党支部调研督导180余次，确保各项要求落实到"最后一公里"。

二、活动开展

（一）坚持"四学"机制，推动学习教育入脑入心

将专项教育学习内容、"学查改"学习内容和专项整治学习内容相统筹，持续深入开展全员学习，加深党员干部理解感悟。一是坚持示范领学。领导率先垂范，党委班子开展专题学习27次，组织2次为期3天的中心组集中学习和"学查改"工作主题学习研讨会，党委书记带头在关区做宣讲，党委委员围绕政治建设、

落实习近平经济思想要求等内容做专题发言。关区各部门单位班子开展中心组学习157场，领导带头迅速掀起全员学习热潮。二是坚持全员研学。统一印发学习计划，每月制定学习重点和学习资料，开展政治要求"大学习""大讨论""大宣讲"活动，各基层党组织开展专题学习2300余场。建立"3+N"（两个维护、重大部署、政治纪律规矩＋其他）岗位政治要求研讨体系，基层党支部梳理岗位政治要求440项。各级党组织书记、先进典型代表围绕政治机关建设开展主题宣讲184场。组织党员干部参观"毛泽东历史珍藏馆""廉洁人生体验馆"等红色地标，邀请专家学者开展专题辅导授课42场，组织观看教育视频46场次，开展6场全员线上答题，推动提升学习成效。三是坚持交流比学。打造"悦读乐享会""两先讲堂""每周一课""云讲堂"等学习品牌，组织党员干部结合工作，交流学习感悟，累计2700余人参加交流。开展"帮扶提升"工程，组织经验交流与结对子活动，"四强"党支部及品牌支部开展送教上门、座谈研讨、蹲点指导等活动94场。通过专题展板、微信公众号、专项教育活动专栏展播先进经验294篇。编发工作简报5期，展示各部门单位先进做法。四是坚持实践促学。党委委员结合分管工作，牵头开展22项课题研究，解决在政治机关建设及落实中央经济工作决策方面的问题。关区各级领导干部深入基层、政府、一线开展调研300余人次，对重点问题组织课题研究，建立长效机制。针对34个业务结合部难题开展跨部门联合攻关，组织专题调研13场，有针对性地制定解决措施。

（二）开展全域查摆，推动分层分级深查细照

紧密围绕"四个是否""六对照六看六查"要求，从4个方面分层分级分类开展问题查摆，形成清单，明确整改方向。一是聚焦个人查摆。将2月、3月份定为"政治风险排查月"，以"落实党中央经济工作部署，推进海关工作高质量发展"为主题开展4月份主题党日活动，组织全员深入查摆在政治机关建设、落实习近平总书记重要指示批示精神和党中央经济工作决策部署方面存在的问题。二是聚焦领导班子排查。各部门单位领导班子结合专题民主生活会，认真对照"四个是否""六对照六看六查"逐项排查，形成领导班子问题清单及整改台账。将近年来巡视巡察发现问题、内外部审计发现问题、各类案件情况、综评系统请示汇报的问题全部纳入清单。三是聚焦业务风险。组织2轮业务风险排查，采取"两上两下"，全面分析改革创新、政策叠加、业务结合等方面，梳理形成关区重大业务风险隐患，全部明确责任部门、整改措施和完成时限。四是聚焦重点领域。组织巡察、审计、监察、业务职能部门围绕查摆要求开展重点查摆，组织问题分析会3次，将6个方面12项问题纳入大连海关整改台账，制定具体整改措施，明确整改措施、责任单位和完成时限。

（三）压实整改责任，推动巩固深化整改成果

坚持远近结合、整体推进，完善整改机制，压实整改责任，推动整改落实取得实际成效。一是对账销号、动态管理。建立"关、处、科"三级整改台账，将查摆的问题分解到岗、落实到人、明确日期、挂账销号。二是完善机制、扩大成效。党委召开整改工作会议3次，推动整改工作进展。把整改工作纳入关区大整改体系，与深化巡视巡察整改、民主生活会和组织生活会问题整改相统筹，与推动中心工作相促进，确保整改工作取得实际效果。三是开门整改，听取意见。定期采取工作简报、会议通报等方式，向关区通报整改情况，接受群众的监督。深入开展调研和座谈活动，倾听基层和群众对整改工作的意见建议，完善"查摆—整改—反馈"的工作闭环，确保整改工作得到群众满意。

（四）落实政治要求，迅速组织开展对《习近平经济思想学习纲要》的学习

按照海关总署部署，制发学习通知，明确学习要求，推动关区迅速掀起学习热潮。大连海关党委将学习内容列入党委理论学习中心组日常学习，各部门单位领导班子开展专题学习45次，推动形成一级带一级、全员一起学的良好局面。统一购买配发书籍，通过党支部月度工作指引方式每月对学习内容进行重点推荐，推动关区各基层党组织利用"三会一课"、读书会等形式，开展集中学习400余次，各基层党支部以"用好习近平经济思想"作为8月份主题党日主题，开展"思想理论学用讲坛"，组织党员交流学习心得，结合自身工作研讨如何用好习近平经济思想，推动学以致用。坚持边学边查，推动关区结合学习《习近平经济思想学习纲要》继续深入查摆，补充查摆相关问题，制定整改措施，纳入"学查改"专项工作整改台账推动整改落实。

三、工作实效

通过系统的学习教育、改进提升，关区干部职工进一步树牢了政治机关意识，政治判断力、政治领悟力、政治执行力得到提升，能够自觉把讲政治要求落实到各项具体工作中，捍卫"两个确立"做到"两个维护"更坚定、落实习近平总书记重要指示批示精神和党中央经济工作决策部署更坚决，推动各项工作取得明显进步。

（一）捍卫"两个确立"、做到"两个维护"的思想行动自觉进一步增强

通过专项教育和专项工作，党员干部全面掌握党中央关于政治机关建设的各项要求，更加坚定自觉地将捍卫"两个确立"内化于心、做到"两个维护"融入血脉，做到维护意识更牢、维护能力更强、维护效果更实。关区上下坚决贯彻习近平总书记关于疫情防控、打击"洋垃圾"及濒危物种走私、安全生产、东北振兴、优化营商环境等重要指示批示精神，闻令而动、遵令而行，推动把讲政治从外部要求转化为内在主动、有力举措。

（二）落实习近平总书记重要指示批示精神和党中央经济工作决策部署的担当进一步提升

通过专项教育和专项工作，党员干部进一步深刻理解了习近平经济思想的重大意义、核心要义、丰富内涵、实践要求，对把握新发展阶段、贯彻新发展理念、构建新发展格局的认识更加深刻、理解更加透彻，对党中央经济工作决策部署的执行更加坚决。关区坚决贯彻落实国务院关于保稳提质的工作要求，连续出台优化营商环境27条、促进外贸保稳提质20条等措施组合拳，召开营商环境推进会、推动外贸保稳提质推进会，加强对措施的推动、督办及评估，取得积极成效，推动营商环境持续向好，服务外贸发展更加精准，对外开放水平进一步提升。

（三）履行职责使命、做新时代忠诚国门卫士的能力进一步强化

通过专项教育和专项工作，关区上下认真

贯彻落实习近平总书记"疫情要防住、经济要稳住、发展要安全"重要指示，坚决落实总体国家安全观，统筹发展和安全，牢固树立系统观念和底线思维，不断强化对重大风险的分析研判和应对能力。全力开展"国门利剑""蓝天""护卫""清风"等专项行动，共查办各类走私违法案件1330起；截获进境检疫性植物有害生物45种、非贸渠道截获外来物种32批次，全面筑牢国门安全防线；细化14项安全生产工作要点，开展"口岸危险品综合治理"百日专项行动，深入排查并解决安全生产隐患，处置风险的敏锐感和快速反应能力有了明显进步。

（四）干部队伍活力激发、氛围持续向好的局面进一步巩固

通过专项教育和专项工作，关区持续压实全面从严治党责任，促进党建业务融合发展，不断优化干部人事管理，推动干部队伍活力不断激发，氛围持续向好。全面开展"硬件提升""双融双促""结对帮扶""能力提升"4项工作，党建效能进一步提升。稳步推进事业单位改革，完善部门和职能配置。加大对关员的关心关爱力度尤其是对疫情防控一线人员的关心关爱，成立18个关心关爱志愿服务队缓解一线人员的情绪压力，为基层、群众及企业解决难题350个。扎实推动"海关重点项目和财物管理以权谋私"专项整治工作，从严执纪的震慑效果初步显现。

撰稿人

郝桓宇

大连海关完成巡察工作"五年全覆盖"

2018年以来，大连海关党委以政治建设为统领，深入贯彻落实习近平总书记重要指示批示和党的十九届历次全会精神，紧紧围绕海关总署党委巡视巡察工作要求，坚持政治巡察定位，全面履行主体责任，有效发挥巡察监督"前哨"和"利剑"作用，实现巡察常态化、制度化、规范化和精准化高质量发展，在全国巡察工作推进会作经验交流发言，课题获评全国海关关于"提高巡察发现问题能力"课题研究二等奖，有力推进全面从严治党纵深落地。

一、组织领导

大连海关党委将做好巡察工作作为推进全面从严治党的有力举措，每年年初与全面从严治党各方面工作同部署、同安排、同落实。关党委切实履行巡察工作主体责任，成立巡察工作领导小组，2019年5月印发党委巡察工作规划（2018—2022年）。

在认真分析关区巡察对象的基础上，遵照"先易后难、先小再大，先强基再提质"的原则，先后组建30个巡察组，统筹运用常规巡察、专项巡察和巡察"回头看"，对45个部门单位开展9轮政治巡察，圆满完成巡察全覆盖任务。2019年，紧盯业务体量小、形式相对单一的6个单位开展常规巡察，扎实走好第一步；2020年，在对8个单位常规巡察的基础上，围绕监督疫情防控、危险化学品监管、基层党建等重点，对22个单位部门开展针对性专项巡察；2021年，聚焦主责主业，运用多种形式完成7个单位的巡察任务，提前完成全覆盖目标；2022年，坚持有形覆盖与有效覆盖相统一，自加压力对4个部门单位开展巡察，超额完成"收官"任务。经过努力，大连海关巡察监督水平稳步提升，监督效能全面发挥，承接海关总署监督要点编制、问卷系统试点等8项专项工作，海关总署指标考核2019—2021年连续三年满分，巡察工作取得阶段性成效。

二、工作做法与成效

（一）强化"三个坚持"，坚守巡察高质量发展的政治定位

大连海关党委认真组织学习中央巡视工作部署要求，全面强化对巡察工作的组织领导，切实发挥巡察在推进全面从严治党中的重要作用。坚持以上率下，坚决扛起全面从严治党主体责任。关党委切实履行主体责任，把巡察作为大连海关落实全面从严治党的重要抓手，将巡察纳入党委年度重点工作，年初与全面从严治党各方面工作同部署、同安排，明确巡察重点、明晰巡察方向，及时解决巡察中遇到的重要问题，先后召开党委会议21次，专题研究巡察工作。党委书记有力承担第一责任人职责，认真听取每轮巡察情况汇报，对重点人、重点事、重点问题提出明确意见，严格落实"四个亲自"，共督办批示巡察工作45次，听取专题汇报9次，点人、点事、点问题。其他班子成员切实履行"一岗双责"，全力支持巡察工作。巡察工作领导小组认真履行职责任务，加强对巡察全覆盖任务的统筹谋划、对巡察全程的领导指导，成员单位各司其职、通力配合，抓好组织实施各项工作，先后召开巡察工作小组会议22次。坚持政治巡察，始终把"两个维护"作为根本任务。将不折不扣贯彻落实习近平总书记重要指示批示精神和党中央决策部署作为巡察政治方向，5年来共开展8轮巡察，从政治上分析业务问题，从业务问题中查找政治偏差，实现了43个职能部门、隶属海关、事业单位的巡察全覆盖，推动解决了影响制约海关事业发展的根本性全局性问题。坚持统筹推进，与全面从严治党其他工作同部署、同落实。将巡察与主题教育、党史学习教育、"学查改"专项工作、专项教育和专项整治等相结合，把政治机关建设要求纳入监督重点，开展"大讨论""大排查"，全面起底巡察问题，查摆重点领域问题和廉政风险，持续强化党的建设；将巡察与巡视整改、专项监督检查以及审计等工作相结合，下大力气抓好共性突出问题，强化监督执纪，一体推进。

（二）立足"三个紧盯"，落实巡察高质量发展的政治责任

大连海关党委立足"三个紧盯"履行政治职责，确保巡察方向不偏、焦点不跑、力度不散。紧盯"三个聚焦"。围绕"三个聚焦"细化政治监督要求，分类编制常规巡察、专项巡察和巡察"回头看"监督要点38类324项，动态完善4次；找准查发问题方向，累计开展谈话1170人次，调阅资料11565份，提交专题报告28个，提出意见建议249条。紧盯"关键少数"。突出"一把手"的首责意识，将其工作生活情况纳入单独了解事项，将其履职和廉洁自律情况纳入必谈内容，将其带头认领问题、带头组织推动、带头解决问题等情况纳入实地督导必查清单，将巡察结果作为调整、使用干部的必要依据。紧盯"部署要求"。第一时间研究贯彻海关总署党委《关于直属海关党委开展巡察工作的指导意见》《关于加强巡视巡察上下联动的实施意见》等纲领性文件，形成"32+38"项任务清单，高质量完成海关总署巡视巡察问卷系统试点、巡察监督要点、案例编制和培训课程录制等8项专项工作。

（三）突出"三项建设"，强化巡察高质量发展的政治保证

大连海关党委不断提升自我净化、自我完善、自我革新、自我提高能力，与时俱进提升监督能力与监督质效。抓实制度机制建设，以5年工作规划为蓝本，制定巡察制度25项，形成工作依据171个，打造涵盖全过程的"1+N"制度体系；建立巡察管理思维导图、组办间"三联合"、"巡察工作清单七张牌"等日常工作机制，形成"系统化推进、项目式运行、清单化管理"特色工作模式。加强队伍素质建设，有力发挥巡察熔炉作用，把参加巡察作为发现、培养、锻炼干部的重要平台，持续提升巡察人员素质和能力。选优配强巡察力量，择优选调人才，先后交流10人进入巡察专职干部队伍；分类储备、动态优化巡察组长库和干部队伍库，建立涵盖各层级、各岗位共计229人的巡察干部队伍库。着力搭建锻炼平台，重点抽调拟提拔对象、新提拔处级领导干部、一线优秀执法科长和业务骨干参加巡察，先后选调209人次参加巡察，18人次参加巡视，将巡视巡察经历作为培养干部重要参考。抓好一体化监督建设，按照海关总署对推进巡察监督与其他监督贯通协调的要求，全面强化各部门间协作配合，实现监督检查成果共享。健全纵向联动格局，认真对照巡视重点任务，细化巡察任务分解，确保与海关总署巡视在监督重点上同向发力、监督方式上互相借势、监督成效上同步推进。强化横向联动配合，坚持对象共商、重点共研、信息共享、结果共用，修订完善巡察工作联系配合办法，明确人员参与、情况通报、线索研判、督促整改、成果运用等方面的贯通协调机制，推进巡察监督与纪律监督、干部监督、派驻监督、审计监督和其他职能监督融会贯通。

（四）打造"四个机制"，提升巡察高质量发展的政治效果

大连海关党委坚决落实海关总署党委关于进一步明确巡察整改责任的要求，修订巡察整改实施办法，压实主体责任、明确监督责任，建立"整改、督导、清查"工作机制，坚持系统集成，突出标本兼治，推动反馈整改、自查整改、上下联动、督导评估4大整改机制融会贯通，将巡察整改一抓到底、抓出成效。夯实主体责任机制，建立巡察整改工作制度，形成"周例会、月分析、专题研究、层级把关、对账销号"工作模式，打造"党委—党委委员—科室"三级协调推进、纵向传导格局，制定整改措施，期限内整改完成率100%，实现全力自治。完善监督责任机制，建立巡察工作联系配合制度，明确日常监督和专责监督职责，创设联席会议、四方联审、发函督办、回访抽查等跟踪问效方式，推动联合纠治。深化自查整改和上下联动整改机制，注重以点带面、举一反三，针对83个重点问题和55个共性问题组织关区开展18轮上下联动和自查整改，制定整改措施，完善固化制度机制，强化系统施治。创新整改督导评估机制，建立5类26项量化评估体系，先后对43个被巡察党组织开展综合评估，并将结果纳入绩效考核，推进以巡促治。

撰稿人

王明慧　孙　凯

大连海关创新扎实开展2022年度法治宣传教育工作

2022年，大连海关全面学习贯彻党的二十大精神，深入践行习近平法治思想，切实落实两级海关工作会议、全面从严治党工作会议和海关法治工作会议精神，扎实创新开展法治宣传教育和法治实践，普法工作取得明显成效。

一、强化政治引领

全面系统学习、完整准确理解习近平法治思想，坚持以习近平法治思想为指导，坚持不懈用习近平法治思想武装头脑、指导实践、推动工作，深刻领悟"两个确立"的决定性意义，更加坚定自觉地做到"两个维护"。开展以习近平法治思想、党内法规建设史、新中国法制史为主题的党委理论学习中心组学习、专题研讨、法律知识竞赛、法治读书交流会等活动。为关区干部职工配发《习近平法治思想学习纲要》等权威读本，加强学习宣传，不断提高关区工作人员运用法治思维和法治方式的能力和水平。认真研读党的二十大报告，深入学习宣传贯彻习近平法治思想和习近平总书记关于依法治国的重要论述，将习近平法治思想与党的二十大精神相结合，与海关法治宣传教育工作相结合，开展形式多样、内涵丰富的系列法治宣传活动。为关区人员配发《二十大报告中的法治元素》法治宣传手册，推动关区全面学习、全面把握、全面落实党的二十大精神，推动关内学习常态化。

二、开展重点宣传

（一）突出宣传宪法

大连海关锚定执法基层，组织全部18个隶属海关，开展以学习宣传宪法、学习宣传现行宪法公布施行40年的深远历史意义为重点内容的系列宣传活动。大连海关所属鲅鱼圈海关等抓住"关键少数"开展宪法宣誓活动，激励各级领导干部忠于宪法、遵守宪法、维护宪法，增强领导干部带头遵法学法用法守法的意识；大连海关所属营口海关等组织集中学习，通过主管关长讲宪法、法治晨读、宪法公益片展播、宪法讲堂、宪法读书会、微信"指尖学"、线上"云展览"等多种方式学习宪法知识，并充分利用视频连线、视频会议等形式实现集中学习，交流宪法学习心得；大连海关所属大窑湾海关等分别举办"国家宪法日"法治演讲比赛、"我与宪法"诗朗诵比赛等竞赛类普法，制作《宪法于我》宣传微视频等，普法效果深入人心。

（二）突出宣传民法典

大连海关将民法典学习纳入党委理论学习中心组学习计划，开展专题讲座；各部门单位将民法典学习纳入全员应知应会法律法规内容，组织广大关警员参加全国百家网站微信公众号民法典知识竞赛活动；牵头全国海关第二法治协作区，派员赴庄河扶贫联系点开展普法进乡村活动，并通过网络直播方式讲授民法典相关知识；各隶属海关均响应号召组织了普法志愿者团队，一方面利用业务现场电子大屏幕播放、报关大厅展板宣传、发放宣传材料等形式，另一方面通过现场答疑解惑向前来办理业务的相关人员进行宣贯，并针对群众普遍关心的婚姻家庭、民间借贷、物业服务、出入境物品监管问题，进行新法解读、典型案例分析、政策宣讲等，并提供现场法律咨询；立足疫情现实情况，积极开展线上居家学习、线上研讨、公职律师网络课堂等，营造浓厚民法典普法氛围，深化宣传效果。

（三）开展执法相关重点法律法规宣传

在宣传宪法、民法典等法律法规的同时，大连海关着重开展与海关执法工作密切相关的应知应会法律法规宣传学习教育：组织全关学习海关总署"钉钉"平台上"《中华人民共和国海关综合保税区管理办法》解读""《中华人民共和国海关办理行政处罚案件程序规定》解读"等新出台的海关规章学习课程；通过与地方政府联合举办宣讲会、电子普法专刊、微信公众号等特色宣传手段，运用情景式、沉浸式、案例式的学法方式，引导和帮助关区人员理解和学习《中华人民共和国行政处罚法》《中华人民共和国生物安全法》《中华人民共和国进出口食品安全管理办法》《中华人民共和国海关注册登记和备案企业信用管理办法》等重点法律法规规章，提升全员依法履职、为民执法的能力和水平；在机场、港口、邮局等群众来往密集的执法现场，设置法规政策资料无接触取阅点，发放与疫情防控、国门生物安全、行邮物品征税管理等相关的海关法规政策资料。

（四）对新修订的海关法律法规进行宣贯

大连海关一方面按照海关总署计划深度参与新海关法及相关规章的立法后评估工作；另一方面积极落实海关系统重点法律法规宣传教育实施办法要求，围绕与海关职责密切相关的法律法规开展重点宣讲。联合大连自贸片区管委会，举办"优化法治营商环境，助企畅享RCEP红利"法治宣传政策讲堂，对《中华人民共和国海关〈区域全面经济伙伴关系协定〉项下进出口货物原产地管理办法》《中华人民共和国海关经核准出口商管理办法》《中华人民共和国海关进出口货物商品归类管理规定》《中华人民共和国海关注册登记和备案企业信用管理办法》等新制修订的海关规章进行宣讲，并现场解答100余家企业疑问，促进外贸保稳提质。

三、夯实执法基础

（一）继续根植"谁执法谁普法"理念

大连海关通过多种方式确保各部门单位对大连海关和隶属海关两级普法责任清单内事项落实落细，清单内事项尽数完成，并加大对各部门单位完成情况的考核力度；组织关区人员参与辽宁省司法厅组织的在线旁听庭审活动，不断增强对以宪法为核心的中国特色社会主义法律体系的政治认同与思想认同；发挥普法讲师团主力军作用，按照每3年全覆盖18个隶属海关的目标，连续第4年到隶属海关单位开展宣讲活动；鼓励各部门单位及时提炼总结法治宣传教育工作方面的创新经验做法，形成普法创新案例并从中择优报送海关总署政策法规司，年内共报送关区普法创新案例3起。

（二）注重多方联动共建

大连海关与大连市中级人民法院签署合作备忘录，在党建合作交流、助力地方经济发展、新法新规学习宣传、执法业务交流、司法调查取证、协助案件执行等方面进行深度合作。利用海关法治第二协作区平台，积极参与"美好生活·民法典相伴"等普法活动，通过网络直播方式连线乡村帮扶点，现场讲解侵权责任相关案例。各隶属海关积极探索与所在地市政府在法治宣传教育工作上的深度共建，与地方营商局、公安局等部门联合开展法治宣传教育活动，帮助企业用足用好政策，为地方经济稳定发展注入新活力；与地方知识产权局等部门联合送法进企业，着重宣传宪法法律对进出口企业的权益保障、优化营商环境法律法规、疫情防控法律法规等，受到企业的热烈欢迎。

四、营造法治氛围

（一）建设海关法治文化阵地

印发《大连海关"八五"时期法治宣传教育重点任务清单》，细化"八五"时期各项普法工作任务、具体措施、完成时限、考核标准等；以分类施治、分级普法的理念，制定大连海关法治宣传教育分级分类实施办法，将普法对象分为领导干部、其他海关工作人员、行政相对人（社会公众）3类，采用灵活的普法形式，提供有区别的普法资源，推动精准普法落地落实，增强关区法治宣传教育工作的针对性和有效性；培塑关区普法品牌，确定并公布大连海关所属大窑湾海关"普法双翼"等在内的关区第一批普法培育品牌共4个，涵盖媒体宣传品牌、普法阵地品牌、法律服务品牌3个类别，打造关区法治宣传教育新亮点。

（二）投身实践，广泛开展法治文化活动

举办大连海关模拟法庭"普法公开课"，组织关区近20名公职律师集中创排，以案释法、寓教于例，3000余人在线观看，增强关区人员程序意识和证据意识；打造全国首个国门生物安全主题的官方电台品牌《国门生物安全之声》，发布系列普法节目共56期；组织普法志愿者团队进企业、进乡村，结合社会热点、企业需求及大众关心的法律问题开展普法宣传，营造"遇事找法"的良好氛围。探索"互动式、沉浸式"普法的实现方式，征集书画、书法等法治文艺作品，制作法治宣传微视频，表演法治情景剧，举办"关内访谈"，以"演"践学，寓教于乐，在轻松愉快的氛围中接受法治文化的熏陶。

撰稿人

王　慧

大连海关稳步推进知识产权海关保护专项行动

2022年，大连海关在海关总署的坚强领导下，以习近平新时代中国特色社会主义思想为指导，深入落实国家创新驱动发展战略和知识产权强国战略，以"龙腾行动2022""蓝网行动2022""净网行动2022"等知识产权海关保护专项行动为抓手，持续推进知识产权海关保护工作，取得累累硕果。

一、夯实基础

大连海关提高政治站位，加强对知识产权工作的重视，强化制度设计，确保以扎实的业务基础推动专项行动稳步开展。

（一）认真领会精神

大连海关认真学习贯彻习近平总书记关于加强我国知识产权保护工作重要指示批示精神，积极推进《知识产权强国建设纲要（2021—2035）》《"十四五"国家知识产权保护和运用规划》等文件落实，不断提高政治站位，提高对知识产权保护工作的重视。主要负责同志及分管关领导多次在关区业务分析例会、工作督查例会、关办公会等会议上提出"加强关区知识产权保护工作"的要求，定期听取相关工作汇报，提出明确工作要求。将"习近平总书记关于加强我国知识产权保护工作重要指示批示精神"落实情况作为关区重点事项进行督办。第一时间组织学习党的二十大报告中的创新与知识产权保护内容，认真研究推动大会精神在关区落实。

（二）制定工作制度

2022年2月，大连海关印发《大连海关关于"十四五"时期加强和完善知识产权海关保护工作的实施意见》，从13个方面对关区"十四五"时期知识产权海关保护工作作出全面细致部署。3月，印发《大连海关知识产权海关保护行政处罚"三项制度"实施细则》，推进行政执法"三项制度"在大连海关知识产权海关保护领域全面、系统、深入落实推进，进一步规范知识产权海关保护行政处罚工作，提升执法办案效能。

二、组织领导

大连海关党委加强组织领导，强化督导推进，上下协同、持续发力，确保专项行动各项要求落到实处、取得实效。

（一）成立领导机构

2022年2月，大连海关召开大连海关加强知识产权海关保护工作会议，对专项行动进行动员部署，提出明确的工作要求。会上成立专项行动工作领导小组，由党委委员、分管副关长任组长、相关职能部门和各隶属海关负责同志任成员，领导小组在综合业务处下设办公室，成员单位各司其职，协调统一，统筹推进专项行动开展。

（二）印发工作方案

2022年2月，大连海关制订下发《2022年大连海关知识产权保护专项行动实施方案》，从8个方面制定31条工作措施，对侵权高发渠道、关键领域、重点商品实施专项监管，积极帮扶各类知识产权企业创新发展，并进一步明确专项行动措施要求、责任分工和完成时限。4月至5月，大连海关综合业务处先后制发关于开展2022年寄递渠道知识产权保护专项执法行动的通知、关于开展2022年出口转运货物知识产权保护专项行动的通知，部署对寄递渠道及出口转运渠道知识产权保护的专项执法行动，进一步细化相关渠道知识产权保护工作要求。

（三）加强行动督导

大连海关将专项行动开展情况纳入关区每季度通关运行报告，定期通报专项行动开展情况，列举隶属海关工作成效数据，及时分析总结行动堵点与难点，提出阶段性工作要求。由职能部门派员赴重点隶属海关，现场检查、督导知识产权保护工作，狠抓要求落实，督促相关隶属海关进行问题整改，提升工作质效，推进行动持续高效开展。

三、行动开展

（一）强化风险分析防控

大连海关依托海关大数据分析系统进行数据收集与研判，梳理总结侵权手段、趋势、侵权要素等，在货运、寄递、快件、跨境电商等渠道有针对性地下达布控指令，及时评估涉知识产权指令运行情况并优化完善，不断提升风险布控精准度。强化综合业务部门与风险防控部门、隶属海关的信息共享、联合研判、风险布控、协同处置，有效发挥监管链条的整体合力。注重现场即决式布控手段运用，充分发挥执法一线"见单见货"的监管优势，提升一线执法关员的侵权风险防控意识与能力。

（二）加大打击侵权力度

大连海关在货运渠道对输往重点目的国（地区）的侵权高风险商品加大查验力度，采取有效措施应对侵权新手法、新问题，在重大体育赛事期间强化对相关体育用品的监管查验。对寄递渠道进出境邮递物品，分析归纳侵权商品机检图像特征，加大人工开箱查验力度，有效遏制"化整为零""蚂蚁搬家"式侵权行为的易发态势。强化对旅检渠道旅客行李物品机检图像的分析研判，建立侵权当事人"黑名单"制度，从源头治理旅检渠道"假货回流"问题。

（三）服务企业创新发展

大连海关在知识产权保护工作中始终坚持"打促结合"的原则，在持续打击侵权行为的同时，结合辽宁省改造升级"老字号"、深度开发"原字号"、培育壮大"新字号"三篇大文章，积极对关区内各类知识产权企业进行培育，助力企业创新发展。对辖区自主知识产权企业进行全面摸底调查，选定重点企业进行培育，实施"一企一策"的个性化服务措施。对具有行业代表性的大型企业，着力帮助其提升维权能力，提供维权便利，解决企业在知识产权保护方面遇到的各种问题；对中小型企业加强政策宣贯，提示海外侵权风险，引导、协助企业办理知识产权备案，助力企业打开国际市场。

（四）加强人才队伍建设

大连海关线上线下相结合开展业务培训，聚焦一线执法实际需求，通过"钉钉"线上集中培训、"送教上门"、业务骨干实操讲解等形式，在关区开展知识产权业务培训，广泛提升一线执法关员执法能力。开展跟班作业，实地指导一线执法关员开展工作，规范执法行为，提升执法效能。对办案人员开展"一对一"指导，讲解案件办理各环节规范操作，提示相关时限要求，以干促学、边干边学，提升办案规范化水平。从隶属海关甄选和培养知识产权业务骨干和专家，组织其参与关区层面工作，提升知识产权专家的知识产权保护视野与专业化水平，在关区打造出一支业务素质过硬的知识产权专家队伍。

（五）做好宣传教育工作

常态化"以案说法"，通过案例形式在各级媒体发布宣传信息，彰显海关打击侵权成效；以"4·26"知识产权宣传周、"8·8"海关法治宣传日等为契机，采取多种形式开展集中政策宣贯，有效扩大宣传影响力。2022年以来，在"央视新闻"客户端、海关总署门户网站、"海关发布"微博、《中国国门时报》、《辽宁日报》、《大连日报》等各级各类媒体平台发布宣传信息稿件20多篇次。2022年4月知识产权宣传周期间，大连海关与大连市知识产权局联合为40多家企业开展知识产权保护政策宣讲，与天津海关共同为阿里巴巴外贸平台600余家中小外贸企业开展知识产权海关保护政策宣贯。

（六）推动知识产权全链条保护

对内强化与其他直属海关的配合协作。2022年4月，大连海关与东北地区海关联合开展知识产权业务培训，参训关员近2000人，与天津海关联合为600余家外贸中小企业开展知识产权海关保护政策宣讲；就关区查发的出口旧货侵权案件与天津、青岛、厦门、南京等多个海关远程研讨，防范侵权货物"口岸漂移"。对外与市场监管、知识产权、公安、法院等部门广泛开展合作。每季度向属地"双打办"提供执法数据信息，为知识产权保护"打源头、端窝点、断链条"提供支持。8月，与大连市市场监管综合执法队、瓦轴集团开展知识产权保护联合座谈，向执法队提供假冒"®"标识案件线索1起。10月，大连海关所属大东港海关向属地公安机关移交进口香烟包装盒（纸张）侵权线索1条，公安机关立案侦查后查明侵权香烟包装盒（纸张）超1000万张，有力推动关区知识产权保护"两法衔接"工作取得重大成效。

四、工作成效

（一）侵权违法行为得以遏制

在保持对进出口侵权违法行为的高压态势下，2022年，大连海关累计对侵权嫌疑货物（物品）采取知识产权保护措施157批次，其中查扣侵权货物（物品）116批次，涉及货物（物品）25.38万件，查获了出口侵权旧货侵权系列案、出口圆珠笔侵权案等一批典型案件，并入选"2022年上半年全国海关知识产权保护典型案例""2022年中国海关知识产权保护典型案例""大连市2022年知识产权保护典型案例"，有力震慑了侵权违法行为，维护了公平有序的进出口贸易秩序和国际化、法治化的口岸营商环境。

（二）企业维权意识与获得感日渐提升

知识产权企业维权意识和获得感的提升是海关知识产权保护工作的重要目标，经过关区两级海关的共同发力，大连关区服务企业创新工作不断取得新的成绩。大连海关隶属丹东海关在辖区对企业进行全面摸底，确认新发明专利高新技术企业271家，扩充省级出口知识产权优势企业39家；大连海关所属大连港湾海关对企业知识产权问题采取"清单式"管理，并进行"清零"反馈。大连海关持续关注瓦房店轴承集团等关区行业龙头企业知识产权需求，在加大关区内保护力度的同时，与其他口岸海关积极协作，共同守护企业创新成果。2022年，关区新增知识产权海关保护备案企业7家，新增备案权利8项，更多企业对大连海关知识产权保护工作表达了认可和感谢。

（三）业务专家队伍逐步健全

2022年，大连海关共在关区举办各类知识产权业务培训28场，培训人员累计近1600人次，基本覆盖风控、查验、机检、旅检、办案等业务岗位全部人员，关区知识产权保护执法能力整体得到提升。在大连海关、隶属海关分层级建立起涵盖多种业务类型的知识产权专家队伍，并确保每个隶属海关均配备业务素质过硬的知识产权办案人员，鼓励隶属海关业务专家开展协作，共同研判疑难案件，提升业务水平。高水平业务专家培养取得突破，经单位推荐、相关部门选拔，关区3名同志成功获聘"辽宁省知识产权专家库"专家。

（四）知识产权全链条保护机制更加顺畅

关际合作范围不断扩大，大连海关与东北、京津冀、东南沿海等地区直属海关建立了常态化联系机制，探索出更多关际合作形式与内容，进一步推动跨区域海关知识产权保护格局的构建。作为辽宁省、大连市"双打办""知产办"等协调机构成员单位，大连海关履职尽责，积极参与知识产权相关工作，得到各部门高度评价。与属地市场监管、知识产权、公安、法院等行政、司法机关配合更加紧密，多个隶属海关与属地行政、司法机关在联合开展知识产权工作的基础上，签订《知识产权保护合作备忘录》，为之后协调顺畅的部门协作打下良好基础。

撰稿人

赵晨星

大连海关开展"跨境电商寄递'异宠'综合治理"专项行动

2022年10月1日，海关总署印发《海关总署关于开展"跨境电商寄递'异宠'综合治理"专项行动的通知》，大连海关高度重视，第一时间组织传达学习，迅速对关区专项行动作出部署。

一、组织领导

大连海关坚决贯彻落实习近平总书记重要指示批示精神，以实招硬招坚决防范"异宠"经跨境电商寄递渠道入境，切实守护好国家生态环境安全、农林牧渔业生产安全和人民群众生命健康安全。

（一）成立领导机构

大连海关成立行动领导小组，印发工作方案，在7个隶属关单位开展了"跨境电商寄递'异宠'综合治理"专项行动。相关隶属海关成立以关长为组长的专项行动工作组，对辖区内跨境电商平台和寄递运营企业开展宣贯，加强监督管理，督促企业落实生态安全和生物安全主体责任。

（二）加强督促指导

行动期间，召开关领导参加专题工作会议3次、部门级会议4次，建立"日分析、周报告、月调度"制度。大连海关关长居峰在关区统筹口岸疫情防控和促进外贸稳增长工作指挥部会议上对专项行动走深走实再部署、再要求。副关长曹建华在宣贯会、调度会上分别作出工作要求。动植物检疫处、口岸监管处联合召开关区专项工作会议，加强信息宣传、开展风险研判、研究提升现场查发和"异宠"等外来物种截获处置工作。大连海关门户网站设立《"异宠"综合治理》专栏，各隶属关严格查验，累计约谈企业43家次，扎实推进落实。

二、活动开展

（一）强化企业主体责任

大连海关召开"跨境电商寄递'异宠'综合治理"专项行动宣贯视频会议，组织专家就"异宠"的危害及相关案例处置开展普法教育，落实跨境电商平台和寄递运营企业的主体责任。关区具有跨境电商寄递监管业务的7个隶属海关单位及22家相关企业共计40余人参加会议。大连海关所属大窑湾海关、大连港湾海关、大连邮局海关、本溪海关等在各自辖区开展"异宠"危害宣传教育，督促辖区企业落实生态安全和生物安全主体责任。

（二）加强查验监管

口岸监管处、动植物检疫处、教育处组织开展"异宠"等外来物种CT智能审图技能培训，提升一线人员查发能力，关区276人参训。动植物检疫处举办"连关讲堂——国门生物安全"专题培训，在东北四省区五关严防"异宠"等外来物种入侵联防联控机制下，满洲里、沈阳、长春、哈尔滨等海关共同参加，提升守护国门生物安全业务素养。梳理汇总海关总署工作简报查发信息，加强关区来自日本申报为玩具、模型快件、邮件查验，大连海关所属大连周水子机场海关从进境快件中查获"异宠"红原鸡鸡蛋。大连海关所属大窑湾海关加强实货监管，开展仓库巡查。大连海关所属大连港湾海关学习借鉴全国海关"异宠"查发先进经验，汇总"异宠"机检图像特征，对一线关员进行业务培训，加固"异宠"监管链条。

（三）加强风险监测

风险防控分局、口岸监管处、动植物检疫处整理关区报送查获底账，梳理"两单三库"信息。风险防控分局强化"异宠"风险信息分析，收集整理境外信息，下达布控规则、设置高风险参数。大连海关所属大连邮局海关分析全国数据，提出措施加强高风险寄递物品查验。大连海关所属大窑湾海关对8家电商账册3000多项商品进行全面筛查。

（四）加强督导检查

到大连海关所属营口海关、大连邮局海关开展"异宠"综合治理专项行动督导，深入快件现场，实地查看现场处置风控指令执行、查验及查验结果反馈等环节，提出进一步加强风险研判、提升查验技能等工作要求，督导专项行动走深走实。动植物检疫处结合外来物种普查、国门生物监测工作检查，对大连海关所属大窑湾海关、大连周水子机场海关、大连邮局海关、金普海关等隶属海关落实"异宠"综合治理专项行动情况进行督促检查和调研。发布关区"跨境电商寄递'异宠'综合治理"专项行动工作情况通报6期，通报关区专项行动工作情况，督促专项行动扎实开展。

（五）加强防控协作

大连海关加强与满洲里、沈阳、长春、哈尔滨海关协调联系，建立东北四省五关"异宠"外来物种防控"三互"机制，共享查发信息。大连海关、沈阳海关联合发函与辽宁省邮政管理局、省农业农村厅、省市场监督管理局、省生态环境厅、省林业和草原局等部门建立联防联控工作合作机制，开展"异宠"等外来物种防控合作，斩断"异宠"等外来物种的购、运、销链条，共同做好综合治理工作。积极参与最高人民法院有关外来物种入侵相关刑事案件查办司法解释调研工作。海关总署动植物检疫司、缉私局会同北京、大连、上海、广州、深圳、黄埔海关，与最高人民法院、辽宁省高级人民法院、大连市中级人民法院有关部门举行视频会议，就外来物种入侵防控工作中行刑衔接、案件办理、情节认定等问题开展研讨。海关总署企业管理和稽查司组织大连海关、广州海关参与的线上座谈会，会上大连海关对邮递渠道案件办理进行了经验介绍，并对个人能否成为《中华人民共和国进出境动植物检疫法实施条例》第五十九条处罚的主体进行了讨论。口岸监管处与同方威视技术股份有限公司就智能审图算法研发、部署开展交流沟通，组织相关隶属海关参与智能审图算法建模工作。

（六）加强信息报送宣传教育

大连海关持续加强防范"异宠"等外来物种入侵宣传教育，并且注重与志愿服务相结合，国门生物安全教育社会服务志愿项目于12月5日获评辽宁省"最佳志愿服务项目"荣誉称号。充分利用微信公众号、国门生物安全喜马拉雅App、新浪大事件平台等开展科普宣传及普法教育11次；海关总署发布工作简报46期，其中大连海关向海关总署报送工作简报信息33期，相关做法和成效被海关总署工作简报采编32条。

撰稿人

刘　琼

大连海关开展"口岸危险品综合治理"百日专项行动

2022年7月至11月，大连海关深入贯彻落实习近平总书记关于安全生产工作的系列重要指示批示精神，严格落实海关总署工作部署，扎实推进大连关区"口岸危险品综合治理"百日专项行动开展，坚决抓好海关安全生产工作，筑牢国门安全防线，服务经济社会发展大局。

一、提高政治站位，增强保安全护稳定政治自觉

在党的二十大即将召开的特殊、关键时期，抓住"口岸危险品综合治理"这个"牛鼻子"，有效防范危险品口岸积压和伪瞒报带来的安全风险，保持社会大局稳定是重大政治责任，也是对海关重大政治考验。

大连海关党委深刻认识此次专项行动的重大意义，切实提高政治站位，强化底线思维，坚持安全生产是底线、红线，更是生命线。多次组织学习，认真领会习近平总书记关于安全生产工作的重要指示批示精神，站在切实保障人民群众生命财产安全、维护最广大人民群众根本利益的高度，来推动海关安全生产工作，紧密围绕"防风险、保安全、迎二十大"这条主线，全力以赴做好危险品综合治理工作，以"时时放心不下"的责任感抓好各项工作落实。

二、强化责任担当，压紧压实各级责任

大连海关坚持以习近平新时代中国特色社会主义思想为指导，坚定履行"管行业必须管安全、管业务必须管安全、管生产经营必须管安全"的政治责任，深刻吸取天津港"8·12"特别重大火灾爆炸事故教训，坚持以严治乱、以快防患、依规履职、综合治理的原则，以"快"防范化解危险品口岸"滞"的风险隐患，以"准"严厉打击危险品"瞒"的违法行为，构建认识更到位、流程更优化、机制更顺畅、协同更有力、执行更坚决，科学、安全、高效的口岸危险品监管机制。

（一）加强组织领导，成立专项行动领导小组

关长居峰任组长，副关长吴志秀、曲罡任副组长，相关部门主要负责人任领导小组成员，各隶属海关成立由主要负责同志任组长的专项行动工作组。严格落实海关总署工作要求，结合关区实际，统筹、指挥、督促、推进

专项行动各项工作，相关业务部门联合成立关区进出口危险化学品检验监管业务指导工作组，负责解决检验监管和处置过程中遇到的各类问题。

（二）建立完善工作机制

第一时间制订专项行动方案，同时坚持"长短结合"的原则，在关区印发《大连海关"口岸危险品综合治理"长效机制》，推出21条具体措施，构建科学、安全、高效的口岸危险品常态化监管机制。

（三）强化督导检查

引入纪检监察手段，聚焦危险品监管等重点领域，强化政治监督，落实安全生产责任，发挥"吹哨人"作用，充分整合现场查验、后续稽查、海关监管场所一体化防控等海关监管工作，实现对进出口危险品的闭环管理，消除责任界定"不清楚"、责任分工"不明确"、责任履行"不到位"、防范责任缺失"不尽责"等问题，防范化解安全风险隐患。

三、抓好工作落实，扎实开展专项行动

（一）防范化解危险品"滞"的风险隐患

大连海关紧盯未放"滞"点，不断疏解治理口岸危险品滞留风险隐患，设立专门窗口，鼓励企业提前申报，有效防范危险品超期未报隐患。建立"三催"（催报、催放、催提）和日报周报制度，在单证审核环节对危险品货物各项要点加强审核。要求涉危场所经营人履行主体责任，全面排查海关监管作业场所内存储的危险品货物情况。设置危险品货物分拨分流、非工作时间线上应急业务受理专岗，组织码头、运输企业、涉危场所共同提高相关环节处置效率。落实挂牌督战机制，开展滞留危险品督促预警。设立专门窗口，各主管海关根据实际情况设立危险品口岸通关专门窗口，指定专人指导企业办理通关手续，协调解决企业在通关各环节遇到的问题。鼓励提前申报，通过多种渠道加强政策宣传引导，鼓励企业采取"提前申报"方式办理进口危险品通关手续，提前办理单证审核，提高通关效率。开展催促提醒，结合原始舱单和港务信息加强对进境危险品的监控，自运输工具申报进境之日起及时催促提醒收货人或其代理人尽早报关，并告知当事人自运输工具申报进境之日起超过14日仍未向海关申报的，海关将依法征收滞报金，并可提前提取变卖。

（二）严厉打击危险品"瞒"的违法行为

大连海关加强事前源头风险防控，对危险品开展前置化风险研判，靶向防范"伪瞒报""误漏报"风险。聚焦信息收集筛查伪瞒报风险，在审单环节充分利用危险化学品名录、危险货物品名表进行逐项筛查，收集伪瞒报高风险货物信息，提高监管指向性。加强危险品货物正面监管，对疑似危险品主动扩大查验范围，开展即决式精准布控，加大掏箱比例和开拆力度，提高检查作业精准性，防止危险品伪瞒报行为跨关区、跨渠道转移漂移。强化后续审核筛查工作，针对危险货物大多为危险化学品的特点，在放行环节实行"双信息"放行。要求监管场所在收货人提离危险货物前，除收到系统中放行信息外，还要确认是否属于危险化学品和指令命中情况。加强现场验核，组织对典型案例的学习，提升现场关员的敏感性，现场关员在对普通货物实施查验时，发现疑似危险品的，应扩大查验范围，并加大取样送检力度，有针对性地开展自主查发。优化升

级智能审图夹藏识别算法，研发并试点部署智能审图算法模型，强化智能审图对危险品夹藏走私的识别能力。

（三）统筹做好经济发展与安全生产工作

大连海关坚持扎实推进专项行动，同时坚定不移持续优化口岸营商环境，不断提升贸易便利化水平。

百日专项行动以来，大连海关针对危险品取样送检造成通关时间较长的问题，强化职能部门与隶属海关协同配合，全链条提速，采取"取样快、送样快、检测快、处置快"的"四快"措施，进一步缩短取样送检时间，既促进货物快速通关，又有效防范化解危险品"滞"的风险隐患，非特殊情况的危险特性分类鉴别业务及物理特性检测业务均在3个工作日内完成，检测速度提升一倍以上。另外，大连海关针对某企业滞港货物退运出境有关情事，第一时间要求涉危场所安全存放货物，协调属地海关完成进口报关单删单事宜，办结直接退运审批手续后，从速协调货主、海事、港口等部门办理相关手续、租船订舱，协助企业最短时间内将货物退运出境。

（四）强化海关特殊监管区域和保税监管场所一体化防控

大连海关严格按照海关总署对保税仓库、出口监管仓库的管理规定，规范设立审批程序，按照国家行政许可的总体要求开展审批。加强对关区内海关特殊监管区域和保税监管场所的监管，梳理2022年以来本关区海关特殊监管区域、保税监管场所危险品货物进出和存储情况，突出排查危险品和液体化工保税加工和保税仓储企业是否具备安监、交通等相关主管部门核发的许可资质。提醒企业提升安全生产意识，强化自检自查，加强对易燃易爆等危险边角料、固体废物的安全管理并及时处置，督促储存易燃易爆、有毒有害危险品的场所排查安全隐患。

（五）深化关地协作提升工作合力

大连海关强化口岸危险品综合治理工作协同配合，根据辽宁省安全生产委员会成员单位工作任务分工，将海关工作职责与安全生产工作要点"取交集，再细化"，分别与辽宁省公安厅、省生态环境厅、省海事局、民航东北地区管理局4个地方政府部门正式签署安全生产联防联控监管合作协议，在工作联系、信息共享、执法合作、应急联动、联合宣贯等层面进一步加强合作，及时通报安全监管信息，联合开展安全监管行动，全面深化安全生产配合机制，打造安全生产联防联控体系，严防口岸各类安全生产事故发生，联手打击口岸危险化学品"滞""瞒"情事。

百日专项行动期间，大连海关实施危险品货物查验2736票，其中查发安全数据单不合格185票、标签不合格64票、未使用危险品包装3票；查获四亚乙基五胺、消毒剂及颜料分散液等7批危险品伪瞒报及逃漏检情事。连续84天未触发进口危险品"超20天未提离"预警线，"超30天未提离"已连续96天"零报告"，筑牢国门安全防线。

撰稿人

任建华　赵　磊

大连海关打击走私重点专项工作

2022年,大连海关坚持以习近平新时代中国特色社会主义思想为指导,将党的二十大精神学习成果转化为推动缉私工作高质量发展的务实能力,以"时时放心不下"的责任感和使命感,忠诚履行打击走私职责使命,持续推进"国门利剑2022"联合专项行动,强力开展夏季治安打击整治、以打促税两个"百日行动",针对"水客"走私、"洋垃圾"走私、濒危物种及其制品走私、重点涉税商品走私、毒品走私等重点领域亮剑出击,一体推进全员打私效能整体提升,协同地方各部门深入推进反走私综合治理,着力强化打私专业能力建设,多领域、全链条打击取得显著成果。

一、"国门利剑2022"联合专项行动成效显著

2022年,大连海关缉私部门共立案侦办走私犯罪案件2225起,同比上升12.83%,涉案案值69.19亿元。

(一)严厉打击"水客"走私

大连海关缉私部门坚持打团伙、破大案、摧网络,深耕线索经营,抽丝剥茧,抽调精干警力,深挖扩线,综合运用大数据分析,侦查发现频繁往返口岸可疑人员,查获26起"水客"走私案件,查扣高档箱包、烟酒、珍珠首饰等各类物品9000余件。开展DJ系列打击走私医疗美容产品专项行动,案值1.6亿元,查证美容针剂12万件,查扣2373件。

(二)严厉打击"洋垃圾"走私和象牙等濒危物种及其制品走私

大连海关缉私部门深入开展"蓝天2022"打击"洋垃圾"走私专项行动,坚决御"洋垃圾"于国门之外。关区查发固体废物非法进境案件16起,退运1089.48吨。持续推动"护卫2022"专项行动,开展DJ系列专项行动,查扣小叶紫檀原木3根、35.5千克,查证走私8.23吨,案值千万元,系夏季治安整治"百日行动"中大连海关辖区内破获的最大一起走私濒危植物案件。全年查发濒危物种及其制品非法出入境情事92批次。

(三)严厉打击成品油等重点涉税商品走私

大连海关缉私部门精准打击成品油、冻品、烟酒等重点商品走私,保障国家经济贸易秩序,立案侦办涉税走私犯罪案件30起。开展DJ系列打击伪报原产地走私海蜇专项行动,查证7400余吨,查扣3100吨。破获价格瞒骗走私冻品案,案值4.66亿元,涉案货物1.9万吨。破获集装箱夹藏走私洋酒案,查扣

高档洋酒5690瓶。开展DJ系列打击走私韩国商品专项行动,查扣涉案集装箱货物31柜、18.5万余票,案值3.6亿元。开展DJ系列打击走私成品油专项行动,涉案燃料油67.61万吨,案值29.47亿元,为关区近年来涉税额最高的一起走私犯罪案件。

(四)严厉打击毒品走私

大连海关缉私部门深入开展"国门勇士2022""净边2022"专项行动,紧盯旅检、邮递、快件渠道风险,密切关注枪支和枪支散件、传统毒品和"神仙水""聪明药"等新型毒品走私,堵源截流、严斩链条。关区刑事立案6起毒品走私案件,其中1起为致幻剂类毒品"δ-羟基丁酸"(俗称"迷奸药"),及时消除社会隐患。查获1起走私邮递新精神毒品进境案件,现场查扣312片国家管制的二类精神药品。

二、海关全员打私效能稳步提升

大连海关牢固树立打私"一盘棋"思想,在风险研判、线索移交、专业支撑及缉私办案"反哺"监管等方面,建立常态化、制度化、规范化的海关监管打私协同机制,牢牢守住安全底线。关党委迅速落实海关总署"研究加强海关缉私工作"专题会议的部署要求,始终坚持"打击走私是海关全局性工作"的定位,将打私工作纳入关区整体工作一体谋划、一体推进、一体落实。监管、统计、稽查、风控等各条线加强与缉私部门联动配合,强力构建"源头管控+口岸监管+后续查核+打击走私"全方位、全链条监管体系。风控部门向缉私部门移交的冻泥鳅泥和水貂毛球案件线索,案值共47.6亿元,有力维护国家税收政策安全。

法规、综合、自贸、关税、卫检、动植检、食安、商检、技术中心等条线在重大疑难复杂案件研判、案件审议、税款计核、法定检验、系统授权等方面提供了专业支撑。各隶属海关研判形势,主动作为。办公室、财务、科技、后勤、保健中心人事、政工、离退办等部门围绕缉私实战需求,为关警员心无旁骛投身缉私工作提供了坚实的基础保障。缉私部门一方面发挥"尖刀"作用,开展DJ系列大规模缉私行动;另一方面发挥"反哺"作用,"以案说法"开展行业性走私违法问题研究,将办案成果转化为堵塞漏洞、完善监管的有效指引。成立行政案件工作专班,查办行政普通程序案件608起,占总数的63.6%,有效提升关区行政案件办理整体水平。

三、反走私综合治理实现提质增效

大连海关缉私部门聚焦平安中国建设目标,持续推动构建反走私综合治理新格局。与地方政府联系愈加紧密。主动加强联系沟通,推动地方政府落实主体责任,组织开展反走私基层治理和打私联合行动。与各执法单位协同愈加深入。积极争取各级公安机关、安全部门在信息、大数据、专业手段等方面的支持,重点在打击毒品、枪弹、濒危物种走私方面开展深入合作,共同履行好安全保卫职能。加强与税务、市场、烟草等部门的联查联控、联防联动,实现对走私"购、运、储、销"全链条的打击治理。

大连海关缉私部门紧抓实战导向,缉私专业建设进一步提升能力。持续推动刑事执法,起草完成刑事转行政案件线索联席会议机制等多项刑事执法工作制度;落实刑事案件"两统一"工作机制,印发刑事案件统一审核 统一出口工作机制实施细则、刑事案件主办责任制度等,刑事执法质量考评连续13年全国优秀。有力推进行政执法,保证复议不改、诉讼不败,制定固体废物行政案件处罚幅度细化指引等相关工作指引,有效指导关区行政执法;修订印发行政处罚案件办案效率考核办法,全年累计监控督办数据20余万条;行政处罚案件个案考评连续16年全国优秀,指标考评总分排名全国第5位,其中效率指标单项综合得分均为满分,位列全国第1位。着力强化专业支撑,成立"大连海关缉私局司法鉴定中心",通过2022年全国公安机关刑事技术实验室能力验证,获得考核最高等次。综合运用公安网多个数据平台,成功经营全国首例伪报原产地走私海蜇案。深化智慧缉私方面,自主研发"查缉现场电子数据快采器"项目,获"智慧公安我先行"全国公安基层技术革新专项二等奖、全国缉私基层技术革新专项二等奖。关区合力圆满承办全国海关缉私部门年中工作会议暨全国打私办主任会议,相关工作获各级领导充分肯定。

撰稿人

王　鑫

第三篇

大事记

2022 年大连海关大事记

1月

1日 关长居峰参加大连市疫情防控总指挥部第60次会议。

大连海关签发东北地区首份RCEP原产地证书。

2日 副关长吴志秀陪同大连市副市长方铁林赴大连周水子国际机场调研疫情防控工作。

4日 大连海关举行"庆元旦"升国旗仪式。

关长居峰参加大连市市长办公会。

副关长曹建华参加大连市进口冻品中心筹备会议。

副关长吴志秀参加大连市疫情防控指挥部口岸交通组工作会议。

7日—9日 副关长曲罡参加政协大连市十四届委员会第一次会议并当选常务委员。

12日 副关长吴志秀参加辽宁省政府推进东北海陆大通道建设工作专题会议。

13日 副关长曹建华参加全国标准样品技术委员会植物检疫标准样品专业工作组成立会议。

14日 大连市副市长李海洋视察大连海关一站式通关服务中心。大连海关所属大连港湾海关相关同志介绍了通关服务中心派驻机构和人员、RCEP产地证签发、防疫物资通关、加工贸易、跨境电商等情况。

大连关区首批RCEP项下进口货物顺利通关。

17日 缉私局局长陈和建在大连收听收看全国公安厅局长会议。

19日 关长居峰会见大连市商务局局长李汉国一行。

20日 大连海关党委召开党史学习教育专题民主生活会。

大连海关获评"大连市2021年度自贸试验区制度创新案例贡献单位"。

21日 大连海关召开党史学习教育总结大会。

大连海关召开2021年度隶属海关党委书记述责述廉述党建、直属党组织书记党建述职现场会议。

25日 大连海关参加2022年全国海关纪检监察工作会议。

总工程师刘彬彬在大连参加全省疫情防控视频调度会议。

26日 副关长曹建华列席大连市第十七届人民政府第二次常务会议。

总工程师刘彬彬参加大连市委政法委工作

会议。

27日 大连海关召开2022年大连海关工作会议。会议传达2022年全国海关工作会议、全国海关全面从严治党工作会议精神。关长、党委书记居峰作讲话。会议总结回顾2021年大连海关工作取得的成绩，分析当前大连海关工作面临的形势，明确2022年为"效能提升年"，并对全年工作进行了部署。

大连海关召开2022年全面从严治党工作会议。党委书记、关长居峰传达习近平总书记在十九届中央纪委六次全会上的重要讲话精神，总结2021年大连海关全面从严治党、党风廉政建设和反腐败工作，对2022年工作任务作出全面部署。

大连海关召开直属海关领导班子和署管干部年度考核暨党委干部选拔任用工作"一报告两评议"会议。

28日 副关长曲罡参加全国海关安全生产电视电话会议并对下阶段大连海关安全生产工作作出部署。

29日 关长居峰参加大连市新春团拜会。

31日 关长居峰带队检查节日值班值守工作并视频慰问集中封闭管理人员。

2月

1日 关长居峰通过视频指挥系统参加海关总署节日值班工作检查。

3日 辽宁省委常委、秘书长、盘锦市委书记张成中到盘锦海关慰问。

7日 关长居峰参加大连市优化营商环境工作电视电话会议。

8日 关长居峰在连参加2022年全国海关缉私工作会议暨全国打私办主任会议。

关长居峰参加大连长兴岛聚酯科技产业园开工暨重大项目签约仪式。

10日 副关长曲罡在连参加2022年全国海关动植物检疫工作会议。

11日 副关长吴志秀参加海关总署综合业务司加强知识产权海关保护工作视频会议。

12日 副关长吴志秀参加大连市疫情防控指挥部口岸交通组工作会议。

14日 大东港海关供稿的《手绘｜登轮检疫海关人的一天》最终入选中国海关传媒中心2021年《金钥匙》"十佳新媒体作品"。

15日 一级巡视员孙远志参加大连市基层社会治理工作电视电话会议。

16日 大连海关全体党委委员参加海关总署"海关重点项目和财物管理以权谋私"专项整治工作动员部署视频会议。

17日 关长居峰会见大连市副市长郭云峰。

大连海关3人获评2021年度全国海关"百名优秀执法一线科长"，分别为大连海关所属大窑湾海关孟庆尧、北良港海关杜海方、大连周水子机场海关杨曦。

18日 鞍钢集团党委书记、董事长谭成旭一行拜访大连海关。

一级巡视员孙远志参加大连市统计工作会议。

总工程师刘彬彬参加大连市商务和经济合作工作电视电话会议。

19日 副关长吴志秀参加大连市安全生产视频调度会议。

21日 关长居峰参加大连市委专题会议。

22日 关长居峰主持召开大连海关优化营商环境专题会议。

23日 副关长曹建华在大连参加2022年

全国海关政策研究和统计工作会议。

副关长吴志秀在大连参加2022年全国海关商品检验工作会议。

24日 大连海关召开2022年安全生产工作会议。关长居峰对2022年安全生产工作作出动员部署并提出工作要求。

副关长曹建华参加大连市信访工作联席会议2022年第二次电视电话会议。

24日—25日 副关长吴志秀主持召开大连海关优化口岸营商环境工作会议推进会。

25日 大连海关召开疫情防控工作视频会议。关长居峰对下一阶段疫情防控工作作出部署。

副关长吴志秀参加大连市推动经济"稳增长"工作暨重大项目调度会议。

政治部主任戴文涛参加全国海关政治部主任电视电话会议。

一级巡视员孙远志在大连参加全省2021—2022年度松材线虫病疫情防控专项行动调度推进电视电话会议。

28日 关长居峰参加辽宁省委第二巡视组巡视大连市工作动员会议。

3月

1日 副关长邹峰陪同财政部大连监管局副局长王新军一行前往国家管网集团大连LNG接收站和北良港海关调研。

2日 关长居峰主持召开大连海关"海关重点项目和财物管理以权谋私"专项整治动员部署会。

关长居峰召开大连海关优化口岸营商环境工作会议推进会。

关长居峰会见中国银行大连市分行行长段小茜一行。

副关长曹建华在大连参加2022年全国海关进出口食品安全工作会议暨总署进出口食品安全工作领导小组全体会议。

一级巡视员刘吉林在大连参加全国两会和北京冬奥会、冬残奥会期间安全防范及森林防火工作视频会议。

3日 关长居峰参加全省口岸工作会议。

副关长曹建华参加大连市信访稳定工作调度会议。

4日 副关长曹建华参加大连市保密工作会议并作发言。

党委纪检组组长孙大为主持召开党委纪检组会议。

7日 鲅鱼圈海关综合保障科获评2021年"全国三八红旗集体"荣誉称号。

9日 大连海关召开优化营商环境工作视频会议。关长居峰要求提高持续优化口岸营商环境的政治站位,进一步增强责任感使命感紧迫感,并对2022年度优化营商环境工作提出要求。

关长居峰会见大连市副市长李海洋。

副关长吴志秀主持召开大连海关加强知识产权海关保护工作会议。

一级巡视员孙远志参加大连市打击治理电信网络诈骗违法犯罪工作电视电话会议。

10日 关长居峰组织召开大连海关"海关重点项目和财物管理以权谋私"专项整治工作领导小组会。

大连海关召开2022年缉私工作会议。关长居峰从贯彻落实习近平总书记重要指示批示精神更加坚决有力等6个方面充分肯定了2021年关区打私工作取得的成绩,深入分析了当前关区打私工作面临的形势任务,明确了

2022年打私工作的总体思路，对全年重点工作进行安排部署。

关长居峰会见辽宁海事局局长李信标一行。

总工程师刘彬彬在大连参加全国疫情防控工作视频会商会议。

11日 大连海关参加全国海关疫情防控工作专题视频会议。

副关长曲罡参加北部协作区跨境电商进口监管形势分析视频会议。

一级巡视员刘吉林在大连参加全省清理纠正违反统计法律法规文件和做法工作专题部署视频会议。

12日 副关长吴志秀在大连参加全国疫情防控工作电视电话会议。

副关长吴志秀参加大连市政府冷链集聚区工作会议。

一级巡视员孙远志参加大连东北亚国际航运中心研究院成立大会暨协议签署和揭牌仪式活动。

14日 副关长吴志秀主持召开2022年关港合作项目研讨会。

17日 关长居峰、副关长吴志秀参加全国海关卫生检疫工作视频会议。

24日 大连海关关党委委员参加全国海关持续推进审计问题整改工作视频会议。

关长居峰、副关长曲罡参加全国海关企业管理和稽查工作视频会议。

24日—25日 大连海关组织召开2022年第一季度党委理论学习中心组（扩大）学习会。

25日 大连海关进口货物"目的地检查"（云眼查）新模式、综合保税区设备零配件便捷监管模式、进境铁矿石全流程智能监管、保税船供油出入库无纸化办理、"物联网+汽车衡"重量鉴定创新、保税仓储平行进口汽车区外展示新模式6项自贸创新举措成功入选中国（辽宁）自由贸易试验区第五批改革创新经验。

28日 副关长曲罡参加海关总署政策法规司"晨读一刻"线上联学。

29日 关长居峰组织召开大连海关"海关重点项目和财物管理以权谋私"专项整治工作领导小组会议，听取相关部门重点项目梳理情况，对下一步工作提出要求。

缉私局局长陈和建参加海关总署缉私局组织召开的全国缉私部门警示教育动员部署会议。

30日 关长居峰参加大连市委RCEP专题会议。

大连海关与辽港集团召开2022年关港合作联席会议。

31日 副关长曹建华参加全国安全生产电视电话会议。

副关长曲罡参加全国海关企业管理条线工作视频会议。

副关长曲罡参加大连市政协十四届二次常委会会议。

4月

1日 大连海关召开疫情防控工作视频会，关长居峰出席会议并讲话，对关区疫情防控工作进行再动员、再部署。

政治部主任戴文涛参加海关总署政治部2022年机关党建工作会议。

2日 大连海关组织收听收看海关总署党委理论学习中心组（扩大）学习。

6日 关长居峰主持召开大连海关全面深

化改革领导小组会议，审议通过了《大连海关2022年全面深化业务改革工作要点》。

辽宁省委副书记、大连市委书记胡玉亭到大连海关走访调研。

7日 关长居峰会见建设银行大连市分行行长吴杰一行。

副关长曹建华参加2022年大连海关动植物检疫工作会议。

8日 党委书记、关长居峰主持召开大连海关党委巡视整改领导小组工作会议。学习习近平总书记关于巡视工作重要论述和党中央关于加强巡视整改和成果运用的意见，研究审议《大连海关巡视整改集中清查工作方案》。

大连海关制度创新成果荣获辽宁省首届制度创新评价奖励二等奖。大连海关申报的"首创进出口商品智慧申报导航服务"获辽宁省首届制度创新评价奖励二等奖。

13日 副关长曲罡参加全国海关风险防控专项行动推进会。

14日 副关长曹建华在大连参加全省安全生产电视电话会议暨省安委会第二季度工作会议。

副关长曲罡参加2022年全国海关口岸监管工作视频会议。

15日 关长居峰参加全国海关安全生产电视电话会议。关长居峰在会后组织召开大连海关安全生产工作领导小组会议暨大连海关安全生产工作会议，对切实抓好大连海关安全生产和疫情防控工作提出要求。

副关长吴志秀参加大连市十七届人民政府第九次常务会议。

纪检组组长孙大为参加大连市领导干部警示教育大会。

18日 关长居峰在大连参加全国保障物流畅通促进产业链稳定电视电话会议。

19日 副关长曲罡在大连参加全省保障物流畅通促进产业链供应链稳定会议。

政治部主任戴文涛参加大连市委民族工作会议暨全市第八次民族团结进步表彰电视电话会议。

21日 关长居峰参加大连市委常委会（扩大）会议暨市委财经委员会第十七次（扩大）会议。

海关总署综合业务司发布《2021年中国海关知识产权保护状况》及《2021年中国海关知识产权保护典型案例》，大连海关所属大窑湾海关查获的宁波某贸易公司出口侵权运动鞋案成功入选"2021年中国海关知识产权保护典型案例"。

22日 副关长曹建华参加辽宁省疫情防控指挥部办公会。

总工程师刘彬彬在大连参加全省危险化学品安全风险集中治理工作视频推进会议。

24日 政治部主任、机关党委书记戴文涛主持召开机关党委八届二十三次会议。

技术中心工业消费品实验室通过中国合格评定国家认可委员会（CNAS）实验室认可变更评审。

25日 大连海关关领导参加署管干部深入学习贯彻党的十九届六中全会精神专题培训班。

副关长曹建华参加2022年大连海关进出口食品安全工作会议暨大连海关进出口食品安全工作领导小组全体会议。

25日—29日 大连海关开展第一期处级干部深入学习贯彻党的十九届六中全会精神专题培训班。

26日 关长居峰参加署管干部深入学习

贯彻党的十九届六中全会精神专题培训"一把手"集中学习班。

关长居峰主持召开大连海关"海关重点项目和财物管理以权谋私"专项整治工作领导小组会，传达驻海关总署纪检监察组组长王林批示，学习上级近期工作部署要求，听取相关部门工作汇报，审议专项整治考核指标。

27日 总工程师刘彬彬在大连参加全省落实助企纾困政策工作视频会议。

28日 大连海关召开疫情防控工作视频会议。关长居峰对下一阶段疫情防控工作作出部署。

缉私局局长陈和建参加全国海关缉私部门视频会议。

大连海关与天津海关联合开展知识产权海关保护线上专题培训。

大连海关承担第一批国家标准样品试点项目。国家标准化管理委员会完成了第一批国家标准样品试点项目征集和评审，大连海关技术中心申报的"植物有害生物及水生动物疫病检疫检定用国家标准样品试点"获得批复立项，成为辽宁地区唯一承担单位。

29日 政治部主任戴文涛参加海关总署青年政治理论学习交流会。

总工程师刘彬彬收听收看全省疫情防控周调度视频会议暨大连市疫情防控工作会议。

5月

6日 关长居峰参加大连市招商引资工作推进电视电话会议。

7日 副关长邹峰收听收看全国自建房安全专项整治电视电话会议并参加大连市自建房安全专项整治电视电话会议。

9日 关长居峰在大连参加全国疫情防控工作会议。

10日 大连海关召开党委会暨统筹口岸疫情防控和促进外贸稳增长工作指挥部会议，学习贯彻习近平总书记重要讲话精神和中央政治局常委会会议精神，传达全国疫情防控工作电视电话会议精神和全国促进外贸外资平稳发展电视电话会议精神，并研究部署贯彻落实相关工作。

关长居峰主持召开大连海关促进外贸保稳提质推进工作关办公会。会议传达了海关总署促进外贸保稳提质10条措施要求，分析当前形势，研究部署落实工作。

政治部主任、机关党委书记戴文涛主持召开机关党委八届二十四次会议。

12日 技术中心通过CNAS生物安全实验室监督评审。CNAS评审专家组对技术中心生物安全实验室管理体系运行、检测能力及人员变更情况进行了全要素评审，该实验室顺利通过推荐认可。

13日 副关长曹建华参加2022年大连海关政策研究和统计工作会议。

副关长吴志秀参加2022年大连海关卫生检疫工作会议。

15日 大连海关与辽宁省林草局等12个部门于2月15日—5月15日联合开展辽宁省"2022清风行动"，协同打击野生动植物非法贸易。

17日 大连海关组织召开"学查改"专项工作党委专题学习研讨会。

18日 副关长吴志秀参加辽宁省人民代表大会常委会关于港口管理立法相关工作调研座谈会。

18日—20日 大连海关机关工会组织本级会员开展职工健身运动比赛。

20日 政治部主任戴文涛参加全国海关2022年度考试录用公务员面试体检考察工作部署视频会议。

副关长邹峰参加全国海关综合治税工作电视电话会议。

24日 关长居峰对大连海关所属大东港海关、大连邮局海关、金普海关、旅顺海关、庄河海关开展一对一视频点调。

25日 大连海关所属丹东海关缉私分局海上缉私四中队荣获"全国优秀公安基层单位"称号。

26日 关长居峰对大连海关所属七贤岭海关、金石滩海关、鞍山海关、本溪海关、营口海关开展"一对一"视频点调。

副关长邹峰参加2022年全国海关科技工作视频会议。

30日 关长居峰参加辽宁省政府第170次常务会议。

关长居峰参加全省稳经济工作电视电话会议。

政治部主任戴文涛、党委纪检组组长孙大为参加海关总署警示教育片拍摄工作视频部署会议。

全国首笔数字人民币缴纳关税业务在大连落地。

经大连国际旅行卫生保健中心病媒生物实验室鉴定，并由海关总署专家组认定，大连海关所属大窑湾海关5月25日在来自菲律宾的装载进境香蕉的集装箱中截获的蜢螋为病媒昆虫小钩口大光螋，依程序审核确认为全国口岸首次截获。

31日 副关长吴志秀出席RCEP（大连）国际商务区启动仪式。

副关长邹峰、总工程师刘彬彬参加海关总署科技发展司网络安全保障工作电视电话会议。

6月

2日 关长居峰参加十三届大连市委常委会第28次会议。

6日 总工程师刘彬彬参加全省疫情防控工作视频调度会议。

9日 关长居峰会见大连自贸片区（保税区）管委会主任史立强一行。

审计署沈阳特派办审计组进驻大连海关开展国家审计。

11日 辽宁省委副书记、省长李乐成到大连海关所属鞍山海关监管作业场所调研市场采购贸易发展情况。

13日 关长居峰在大连参加全省宗教工作会议。

大连海关开展第十五个国际档案日系列宣传活动。

14日 关长居峰参加辽宁省对外开放工作领导小组暨中国（辽宁）自由贸易试验区工作领导小组会议。

缉私局局长陈和建参加全国海关缉私部门打击整治枪爆违法犯罪专项行动部署会。

大连海关组织开展"珍爱信用记录，让信用成为促进城市高质量发展的内生动力"主题系列宣传活动。

15日 副关长曲罡参加辽宁省安委会安全生产大检查综合督查汇报会。

共青团大连市委员会授予大连海关机关团委2021年度"大连市五四红旗团委"荣誉称号。

17日 海关总署表彰大连海关2021年度

工作表现突出的集体和个人。大连海关所属本溪海关副关长陶坤记个人二等功，大连海关所属大窑湾海关进口冷链食品监测组、大连海关所属鲅鱼圈海关驻仙人岛办事处综合科副科长王诗琦获通报表扬。

20日　总工程师刘彬彬在大连参加全省商务指标运行调度会议暨促消费稳外贸稳外资工作电视电话会议。

21日　大连海关、沈阳海关共同组织开展安全生产专题培训。

23日　大连海关召开促进外贸保稳提质推进会议，对持续抓好促进外贸保稳提质和优化口岸营商环境工作进行了具体部署。

缉私局局长陈和建参加全国海关缉私部门公安英模表彰视频会议。

一级巡视员刘吉林参加辽宁省政府落实国务院"稳增长、稳市场主体、保就业"专项督查反馈问题整改工作部署会议。

25日　缉私局局长陈和建参加全国公安机关视频会议。

27日　政治部主任戴文涛主持召开机关党委八届二十五次会议。

27日—29日　大连海关组织召开2022年第二季度党委理论学习中心组（扩大）学习。

30日　关长居峰会见招商银行大连分行党委书记于泽增一行。

二级总监刘彬彬参加全省物流保通保畅工作视频调度会议。

大连海关召开上半年党风廉政建设工作例会暨月度形势分析及工作督查例会。

7月

1日　二级总监刘彬彬在大连参加全省疫情防控工作视频调度会议。

1日—2日　大连海关参加2022年全国海关年中工作会议。

4日　党委纪检组组长孙大为参加驻海关总署纪检监察组举办的专题党课。

大连海关所属大连周水子机场海关旅检四科、北良港海关人事政工科、金普海关综合业务二科、金普海关核查一科、大连港湾海关保税加工监管科、大连长兴岛海关物流监控科、营口海关综合业务科、鲅鱼圈海关旅检科、鞍山海关综合业务科被命名为"2021—2022年度辽宁省青年文明号"。

5日　关长居峰、副关长曲罡参加大连海关安全生产工作领导小组2022年第4次会议。

副关长吴志秀在大连参加2022年全国打击侵权假冒工作电视电话会议。

党委纪检组组长孙大为参加海关总署"海关重点项目和财物管理以权谋私"专项整治工作第二、第三批视频督导检查培训会。

6日　关长居峰带队走访大连市中级人民法院。

副关长曹建华参加大连海关提升企业出口食品质量安全专项工作视频会议。

副关长曹建华参加大连市迎接党的二十大信访保障工作专题推进电视电话会议。

党委纪检组组长孙大为主持召开海关总署"海关重点项目和财物管理以权谋私"专项整治工作第三督导检查组与呼和浩特海关见面沟通会。

一级巡视员刘吉林在大连参加全省安全生产电视电话会议、大连市安全生产电视电话会议暨大连市安委会第三季度工作会议。

大连海关缉私局联合地方公安机关、税务部门开展打击骗取出口退税专项行动。

7日 关长居峰主持召开大连海关"海关重点项目和财物管理以权谋私"专项整治工作领导小组会。

关长居峰参加全国海关政策研究工作专题视频会议。

8日 副关长曲罡参加海关总署稽查北部协作区第一次联席会议。

11日 大连海关召开2022年大连海关年中工作会议。关长居峰围绕"走好第一方阵我为二十大作贡献"讲党课，同时对关区上半年工作进行回顾、对下半年重点工作进行部署。

大连海关召开"海关重点项目和财物管理以权谋私"专项整治工作迎检动员会。

一级巡视员刘吉林在大连参加全国安全生产电视电话会议。

12日 副关长吴志秀在大连参加全省疫情防控工作视频调度会议。

党委纪检组组长孙大为参加海关总署"海关重点项目和财物管理以权谋私"专项整治工作第三督导检查组信息化建设视频督导检查质询会。

缉私局局长陈和建在大连参加全国禁毒工作电视电话会议。

13日 关长居峰会见辽渔集团董事长吕大强一行。

大连市直机关工委副书记于华盛一行到大连海关开展督导检查。

14日 关长居峰与审计署沈阳特派办特派员马文辉就海关配合审计工作进行交流。

海关总署企业管理和稽查司副司长朱昉一行到大连海关开展属地查检系统对接证书模块需求工作调研工作。

副关长曲罡参加大连海关进出口危险化学品应急处置联合演练。

党委纪检组组长孙大为到大连市纪委监委座谈交流。

一级巡视员刘吉林在大连参加全省社会治理工作会议。

15日—16日 关长居峰到大连海关所属大连港湾海关长海监管科调研艰苦海岛工作情况。

17日 大连海关所属大连周水子机场海关保障"中国—塞尔维亚"首个直航航班通关安全顺畅。

18日 党委纪检组组长孙大为主持召开大连海关"海关重点项目和财物管理以权谋私"专项整治工作督导检查总结暨迎检准备会。

20日 关长居峰、副关长吴志秀、副关长曲罡参加海关总署"口岸危险品综合治理"百日专项行动部署动员会。

21日 海关总署巡视办副主任李春玲一行到大连海关调研督导巡察工作。

大连国际旅行卫生保健中心程晓兰同志获评"全国消除疟疾工作先进个人"荣誉称号。

25日 关长居峰主持召开2022年度巡察动员部署会。

25日—27日 海关总署副署长、全国打私办主任王令浚在大连海关调研。

26日 海关总署副署长、全国打私办主任王令浚在大连出席2022年全国海关缉私部门年中工作会议暨打私办主任会议并讲话。公安部副部长刘钊出席会议并讲话。

副关长吴志秀参加大连市十三届大连市委常委会（扩大）会议暨第十三届大连市委财经委员会第五次（扩大）会议。

副关长曲罡参加大连市宗教工作会议。

政治部主任戴文涛在大连参加2022年全

国海关离退休干部工作视频会议。

一级巡视员吴刚参加辽宁省政府残工委全体会议暨辽宁省残联第七届主席团第四次全体会议。

27日 海关总署缉私局局长孙志杰在大连出席"智慧公安我先行"全国缉私基层技术革新专项活动比武大赛。

海关总署缉私局局长孙志杰赴大连海关所属大窑湾海关缉私分局调研指导夏季治安打击整治"百日行动"。

副关长曲罡参加海关总署企业管理和稽查司检验检疫行政处罚工作视频会议。

党委纪检组组长孙大为参加海关总署"海关重点项目和财物管理以权谋私"专项整治工作第三批次问题线索汇报会。

党委纪检组组长孙大为巡考海关总署第四督导组组织的"海关重点项目和财物管理以权谋私"专项整治学习教育线上测试。

党委纪检组组长孙大为参加海关总署"海关重点项目和财物管理以权谋私"专项整治工作第四督导检查组与大连海关在线质询会。

一级巡视员孙远志参加2022年大连市生态文明建设和生态环境保护委员会（大连市生态环境局督查整改工作领导小组）电视电话会议。

30日 副关长曹建华带队参加《12345政务服务便民热线》节目。

8月

2日 总检验师于少华参加大连市第八届市长质量奖颁奖大会。

3日 大连海关党委4个巡察组正式进驻启动实地巡察工作。

一级巡视员吴刚在大连参加全省疫情防控工作视频调度会议。

5日 一级巡视员孙远志参加大连市"一带一路"建设工作领导小组第四次会议。

8日 大连海关召开风险管理委员会第一次会议。关长居峰对下阶段风险管理委员会运行配套机制建设提出明确要求。

副关长曹建华参加辽宁省政府第179次常务会议。

9日 关长居峰会见大连商品交易所党委书记、理事长冉华一行。

一级巡视员吴刚在大连参加全省疫情防控工作视频周调度会议。

总检验师于少华参加全省外贸工作会议。

10日 关长居峰会见中国银行辽宁省分行行长陈志能一行。

12日 关长居峰参加大连市第十七届人民政府第二次全体（扩大）会议。

17日 关长居峰会见中检辽宁公司党委书记、总经理孙健一行。

18日 大连海关与鞍钢集团有限公司签署战略合作备忘录。鞍钢集团有限公司董事长谭成旭，大连海关关长居峰、副关长吴志秀出席签约仪式。

22日 党委书记、关长居峰主持召开党委会议学习习近平总书记在辽宁考察期间重要讲话精神。

一级巡视员孙远志参加大连市十三届市委常委会第36次会议。

总检验师于少华在大连收听收看全省疫情防控工作视频周调度会议。

大连海关组织参加全国海关加强新时代廉洁文化建设暨警示教育大会。

23日 缉私局局长陈和建参加全国缉私

部门夏季治安打击整治"百日行动"第二次推进会。

24日 大连海关党委巡察工作领导小组召开2022年第三次会议。关长居峰就做好巡察反馈和整改等工作提出具体要求。

26日 党委纪检组组长孙大为参加东北、华北部分单位纪检工作视频座谈会并作汇报。

缉私局局长陈和建参加公安部党委理论学习中心组学习（扩大）会。

29日 一级总监吴刚在大连收听收看全国深化"放管服"改革持续优化营商环境电视电话会议。

9月

1日 大连海关、长春海关印发《输澳大利亚木制家具熏蒸处理联合监管实施方案（试行）》（大关动植发〔2022〕38号）。

4日 关长居峰在大连收听收看全省疫情防控指挥部视频会议。

5日 缉私局局长陈和建参加全国缉私部门夏季治安打击整治"百日行动"第三次推进会。

6日 大连海关召开关区统筹疫情防控和促进外贸稳增长工作视频调度会。

7日 副关长曹建华在大连收听收看全省疫情防控工作视频周调度会。

副关长曲罡在大连收听收看全省成品油行业专项整治电视电话会议。

16日 副关长曹建华在大连收听收看全省疫情防控指挥部视频会议。

21日 大连海关召开安全生产工作会议。

关长居峰主持召开大连海关统筹口岸疫情防控和促进外贸稳增长工作指挥部视频调度会议。

副关长曹建华参加大连市进口冷链食品集中监管缓冲区工作会议。

副关长吴志秀参加辽宁省政府东北海陆大通道综合运输公共服务平台建设工作会议。

辽宁省疫情防控督导组到大连海关所属大连港湾海关驻和尚岛办事处现场检查疫情防控工作。

22日 一级总监吴刚参加辽宁省疫情防控工作视频周调度会。

23日 关长居峰在大连参加全国、全省安全生产电视电话会及大连市安全防范工作会。

一级总监吴刚在大连参加大连市政府系统深入推进营商环境建设工作电视电话会议。

总检验师于少华在大连参加海关总署《中国海关年鉴（2022）》编纂总结暨2023年鉴编纂启动部署视频会议。

26日—28日 大连海关组织召开2022年第三季度党委理论学习中心组（扩大）学习。

27日 大连海关组织召开2022年加强新时代廉洁文化建设暨警示教育大会。党委书记、关长居峰出席会议并讲话。与会同志集中观看了《失守的青春》警示教育片，4名书记组长作经验交流。

28日 关长居峰在大连参加辽宁省委常委会（扩大）会议。

一级巡视员孙远志参加大连市食品安全领导小组会议。

大连海关开展口岸监管环节核与辐射涉恐事件应急处置演练。

29日 大连海关召开网络安全和信息化领导小组全体会议。

副关长曹建华参加大连市委常委会（扩

大）会议暨大连市委理论学习中心组专题学习会。

副关长邹峰参加海关总署科技发展司电视电话会议。

30日　一级总监吴刚在大连收听收看全省疫情防控工作视频周调度会议。

10月

11日　副关长曹建华参加2022年大连市食品安全宣传周活动"云"启动仪式。

13日　大连海关与大连市中级人民法院签署合作备忘录。

16日　大连海关组织党员干部认真收听收看中国共产党第二十次全国代表大会开幕盛况。

17日　大连海关组织召开党委理论学习中心组党的二十大专题学习研讨会。

一级总监吴刚在大连收听收看全省疫情防控工作视频周调度会议。

18日　一级总监吴刚在大连收听收看全省疫情防控工作视频周调度会议。

19日　副关长曹建华在大连参加辽宁省东北海陆大通道工作专班（扩大）会议。

21日　一级巡视员孙远志在大连参加全省2021—2022年度松材线虫病疫情防控专项行动总结暨2022—2023年度专项行动启动电视电话会议。

24日　大连海关组织参加全国海关学习宣传贯彻党的二十大精神视频会议。

一级总监吴刚在大连参加全省疫情防控工作视频周调度会议。

25日　大连海关党委召开专题会议研究学习贯彻党的二十大精神相关工作。

26日　关长居峰在大连参加辽宁省传达学习党的二十大精神大会。

大连海关机关工会召开第七届会员代表大会。

27日　关长居峰在大连参加中国预制菜产业科技创新大会开幕式。

28日　关长居峰参加十三届大连市委常委会第40次会议。

一级巡视员孙远志在大连参加全省食品安全"两个责任"落实工作会议暨2022年度食品安全评议考核工作会议。

31日　大连海关组织参加海关总署党委理论学习中心组（扩大）学习暨司局级主要负责同志学习贯彻党的二十大精神培训班开班动员会议。

一级总监吴刚在大连参加全省疫情防控工作视频周调度会议。

11月

1日　大连海关党委组织开展党的二十大精神专题研讨。专题研讨由党委书记、关长居峰主持，党委班子聚焦落实俞建华署长在讲话中提出的"铸忠诚、担使命、守国门、促发展、齐奋斗"要求和全面落实党的二十大涉及海关工作的"12个必"工作要求，针对8个研讨题目，结合自身工作，谈了思想认识，交流观点和想法，提出贯彻落实措施。

缉私局局长陈和建参加全国公安机关学习宣传贯彻党的二十大精神电视电话会议。

2日　一级总监吴刚在大连参加全省疫情防控指挥部视频会议。

3日　一级巡视员孙远志在大连参加学习贯彻党的二十大精神中央宣讲团宣讲报告会。

总检验师于少华在大连参加全省"使命2022——辽宁地震灾害综合应急救援演练"会议。

7日 缉私局局长陈和建参加大连市直机关工委对缉私局2022年度党建工作开展现场调研检查。

一级巡视员孙远志参加全市松材线虫病疫情防控专项行动电视电话会议。

一级总监吴刚在大连参加全省疫情防控工作视频周调度会议。

大连海关牵头制定的减免税管理系统填制规范即日起在全国海关范围内正式实施。该规范前期由大连海关组织青岛、济南、广州海关减免税专家共同拟定，通过梳理海关公告内容、现行进出口税收优惠政策及商品规范申报管理各项规定，为H2018减免税管理系统53个栏目的填写制定了统一标准。该规范的实施对提高减免税申报数据的准确性，提升海关减免税审核确认整体工作质量具有积极意义。

10日 大连市直机关工委副书记于华盛一行到大连海关开展调研检查。

11日 关长居峰在大连收听收看全国疫情防控工作电视电话会议。

党委纪检组组长张军参加全国海关纪检机构学习宣传贯彻党的二十大精神专题辅导视频会议。

14日 副关长吴志秀参加大连市十七届人民政府第三十次常务会议。

14日—18日 大连海关组织召开2022年第四季度党委理论学习中心组（扩大）学习暨各部门单位主要负责同志学习贯彻党的二十大精神培训班。

16日 关长居峰、副关长吴志秀出席RCEP（大连）国际商务区启用仪式。

副关长吴志秀在大连参加辽宁省今冬明春能源保供和2023年煤炭中长期合同签订工作视频会议。

17日 一级总监吴刚参加中国东北地区和俄罗斯远东及贝加尔地区政府间合作委员会第四次会议。

18日 党委书记、关长居峰主持召开2022年第四次巡察工作领导小组会议。会议专题学习了海关总署关于强化巡察整改责任的精神，审议通过大连海关巡察整改工作制度，听取了巡察监督工作安排和五年巡察工作情况。

19日 一级总监吴刚参加辽宁国际投资贸易洽谈会——东北海陆大通道高峰论坛。

23日 大连海关组织参加全国海关政治部门学习宣传贯彻党的二十大精神学习宣讲视频会议。

副关长曹建华在大连参加全省疫情防控工作视频周调度会议暨优化疫情防控二十条措施培训会。

25日 关长居峰会见庄河市委书记申守勃、市长孙功利一行。

关长居峰参加中国共产党大连市第十三届委员会第四次全体会议。

27日 关长居峰在大连参加大连市安全生产电视电话会议暨市安委会工作会议。

29日 副关长曹建华在大连参加辽宁省疫情防控指挥部专题调度会议。

12月

1日 政治部主任戴文涛参加海关总署2022年海关新录用公务员初任培训班（第二期）结业仪式。

4日 一级总监吴刚在大连参加全省疫情防控工作视频周调度会议。

5日 一级总监吴刚参加大连市疫情防控调度会议。

8日 副关长曹建华在大连参加全省贯彻落实国家优化新冠病毒感染疫情防控10条措施视频专题会议。

一级巡视员孙远志在大连参加国务院稳住大盘辽宁督导和服务"回头看"工作电视电话会议。

9日 政治部主任戴文涛在大连参加辽宁省委统战工作会议。

17日 副关长曲罡在大连参加国务院联防联控机制综合组第三督查组来辽督查对接会议。

17日—21日 大连海关选手获评全国科普讲解大赛二、三等奖。在2022年第九届全国科普讲解大赛中,大连海关代表海关总署参赛的两名选手凭借出色表现在全国249名选手中脱颖而出,分别获评二等奖和三等奖,取得科普讲解工作最好成绩。

19日 关长居峰参加大连市委常委会(扩大)会议和大连市委常委会第47次会议。

19日—23日 大连海关承担的"进出口高经济价值杂粮食品安全检测体系的建立"等13项海关总署科研项目顺利通过海关总署科技发展司组织的项目集中验收。

23日 大连海关国门生物安全教育社会服务志愿项目获评2022年度辽宁省"最佳志愿服务项目"称号。

26日 副关长曹建华在大连参加辽宁省委经济工作会议。

28日 大连海关组织收听收看全国海关新冠病毒感染疫情防控工作专题视频会议。

30日 副关长曹建华在大连参加辽宁省疫情防控指挥部视频专题会议。

大连海关组织参加全国海关全面加强审计整改工作专题视频会议。

第四篇

党的建设

党建工作

【概况】2022年,大连海关以习近平新时代中国特色社会主义思想为指导,以全面学习把握落实党的二十大精神为主线,深化政治理论武装,不断拓展"强基提质"成效,持续强化全面从严治党,推进正风肃纪,积极营造和谐向上的良好氛围,为社会主义现代化海关建设提供坚强的政治保障。截至2022年年底,大连海关有党员3570人,其中在职党员2590人,关区建立390个基层党组织(含大连海关机关党委),设置机关党委(含事业单位党委)11个,党总支26个,党支部353个。

【思想引领】2022年,大连海关不断强化对习近平新时代中国特色社会主义思想的学习领会,营造积极向上的政治氛围。围绕党的十九届六中全会精神、《习近平谈治国理政》第四卷、《习近平经济思想学习纲要》等9项重点内容,细化学习方案,推动系统学习,关党委开展党委理论学习中心组学习43次,关区上下通过专题学习、"三会一课"、教育培训、个人自学等多种方式,累计开展学习4000余场,组织"思想理论学用讲坛"5期780场,讲党课和主题宣讲活动1059场。利用"学习强国"App开展好个人自学,活跃度位于大连市直机关前列,各级党员干部通过不间断地系统学习,加深理解把握,推动入脑入心。关党委召开意识形态工作会议2次,定期开展思想动态调研,推动落实好意识形态责任制。制发防范化解意识形态风险的工作方案,推动各项措施落实落细。开展干部职工网络行为教育及整治,定期发布工作提醒,组织自查,引导党员干部主动约束个人言行。制发年度精神文明建设工作要点并认真落实,扎实推进文明单位、最美家庭、最美志愿者等创建活动,3个家庭获评2021"滨城最美家庭",文明创建先进事迹被"人民网"专题刊发。

【典型培树宣传】2022年,大连海关大力培树和宣传先进典型,营造"创先争优"的良好氛围。3月,开展"国门之星,抗疫有我"主题宣传,线上线下展播关区抗疫先进典型风采,1名疫情防控先进典型事迹被《光明日报》刊发,多篇先进事迹被"海关发布"公众号、《中国国门时报》发表。6月,海关总署组织开展海关系统"党务之星"评选工作。经自评推选、材料审核、命题答卷、在线"云"展示、综合评定等程序,关区1名同志获评海关系统"党务之星"。7月,通过基层单位推选、直属海关单位推荐、初审、组织公示考察、复审等程序，大连国际旅行卫生保健中心（大连海关口岸门诊部）、大连海关所属大连周水子机场海关旅检四科2个集体获评全国海关系统先进集体。8月，组织开展"业务岗位能手"评选工作，坚持重政治、重基层、重实绩3个导向，通过全面培训培养、基层考核自评、量化考核评估、现场集中评审等环节，在关区400多名相关业务人员中，评选出卫生检疫和食品安全两个业务领域"十大岗位能手"。评选活动宣传信息在海关总署《金钥匙》杂志等媒体上宣传报道。日常通过"党建风采""梦海连天"公众号和文化走廊等线上线下平台常态化开展政治宣传，加强对线上平台和线下阵地的管理和维护，上线宣传平台18个，更换文化走廊展板128块，各平台发布先进典型事迹96期、各类信息宣传1500余篇，被海关总署《金钥匙》杂志公众号采编29篇。

【党建"双提升"】2022年，大连海关开展"党建效能提升年"活动，以党建提升"四项工程"扎实推进基层党建"双提升"行动，加强基层党组织政治功能与组织功能。年内，对350个合格党支部进行复核验收，完善"合格支部—'四强'党支部—示范（培育）品牌支部"动态晋级体系，新评选表彰"四强"党支部50个、党建品牌18个，大连长兴岛海关综合业务科党支部党建品牌获评海关总署党建培育品牌，56个党支部获评省市标准化规范化建设示范点、培育点。实施党建硬件提升工程，制定"六有"建设标准，聚焦规范覆盖范围、建设规模、功能设置、管理使用等，加大经费保障力度，推动新建完善党员活动阵地76个，支部覆盖率达到23.5%，持续提升党内政治生活"四性"。推动总关机关和隶属海关建设完善"1+17"党建宣传平台，围绕政治机关建设、党的二十大等内容，宣传推广基层优秀党建做法，提升活动成效。实施结对帮扶提升工程，推动重点任务落实，统筹建立两级党委委员联系点74个，党委委员每年2次深入基层一线开展调研，帮助解决基层实际问题。发挥示范引领作用，常态化开展结对帮扶，年内推动先进支部与其他支部开展联建活动240余次。强化分类指导，结合机关部门和基层一线科室党支部特点，分类别、有针对性地加强指导。实施双融双促提升工程，印发发挥党组织战斗堡垒作用和党员先锋模范作用系列通知，健全成立"党员突击队""临时党支部"工作机制，持续发挥党组织在政治引领、组织动员、服务保障等方面的组织作用。组织163名党员干部下沉社区参与防控工作，3名党员得到大连市直机关工委通报表扬。组织关区党员干部积极参与无偿献血，为25名党龄满50年的党员颁发"光荣在党50年"纪念章。实施党建能力提升工程，健全换届提醒工作机制，及时督促指导基层党组织按期完成换届工作。制定支部书记、支委委员、党小组长责任清单，推动知责、明责、履责。围绕支部书记、支部委员主要职责和作用发挥，分类开展4期精准培训。选派2名党支部书记参加大连市示范培训班。积极参与海关总署党务干部练兵活动，组织500余名党务干部通过"钉钉"平台参与培训并通过考试。

▲2022年11月9日，大连海关"四强"党支部和党建品牌评审组对基层创建情况进行实地检查　［大连海关机关党委（政工办）供稿］

【管党治党责任】2022年1月，大连海关召开全面从严治党工作会议，深入学习贯彻习近平总书记重要讲话和十九届中央纪委六次全会精神，落实全国海关全面从严治党工作会议部署，明确57项年度重点任务，全年召开党委会议专题研究全面从严治党工作31次，深入开展政治生态分析。加强履责指导，传导责任压力，下发隶属海关党委全面从严治党主体责任工作指引清单，明确11项全面从严治党重点任务工作标准和完成时限，完善隶属海关党委自查报告、抽查核实、问题通报等考核措施，开展书记述责述廉述党建，选取6名党委书记和9名直属党组织书记现场述职，继续开展书记组长谈责任视频访谈活动，组织4名党委书记和2名党委派驻纪检组组长分享履责经验，发挥示范效应。每季度组织各部门单位"一把手"和领导班子其他成员开展重点事项监督自查报告工作，累计开展413人次，实现常态化监督提醒。针对下级"一把手"存在的苗头性、倾向性问题，关党委委员运用"第一种形态"开展提醒谈话13人次。坚持有责必问、问责必严，规范问责工作程序，建立问责通报机制。年内，对1个党组织和6名党员领导进行问责，以严肃问责倒逼责任落实。推动各级党组织常态化、规范化运用"第一种形态"，年内开展谈话提醒216人次，其中提醒谈话193人次、诫勉谈话6人次、谈话函询14人次、批评教育2人次、书面检查1人次，释放从严信号。

【廉洁文化建设】2022年，大连海关系统推进新时代海关廉洁文化建设，出台并落实6个方面39条措施。召开加强新时代海关廉洁文化建设暨警示教育大会，组织开展警示教育月和弘扬清廉家风"五个一"活动，关区各级党组织紧密结合自身实际开展对党忠诚教育、党性修养教育、担当作为教育，组织形式多样的主题文化活动，强化同级同类警示教育，完善教育培训"必谈廉洁"机制，推动形成关区共抓廉洁文化建设的良好态势。开设《廉洁文化》宣传专栏，定期发布廉洁教育文章、典型案例和纪法学习资料，开展"廉洁故事大家讲"、好家风、"清风国门"廉洁文化作品创作等12项活动，征集的127件作品中3件获全国海关三等奖、54件获东北文化协作区不同等次奖励，打造13个

▲2022年9月警示教育月期间，大连海关组织关区4名隶属海关党委书记、2名党委派驻纪检组组长以"知责于心、担责于身、履责于行"为主题，开展责任访谈活动　[大连海关机关党委（政工办）供稿]

廉洁文化阵地，举办廉洁文化作品线上"廉"欢会和线下作品展，廉洁文化氛围日益浓厚。年内，发布廉洁文化宣传信息120余篇，2篇信息被署内信息快报采用、1篇在海关总署《金钥匙》杂志发布。强化理论研究，形成的《大连海关关于运用"全周期管理"方式一体推进基层海关"三不腐"初探的调研报告》在全国海关转发。

撰稿人

郝桓宇

巡视巡察

【概况】2022年，大连海关党委深入贯彻党的二十大精神和党中央关于巡视工作的新部署，全面落实海关总署巡视巡察工作新要求，健全完善巡察工作体系，高质量完成5年全覆盖任务。制定清单精准把握重点，对4个部门单位开展政治监督。形成5大类19条巡察岗位政治要求，确定专项整治风险问题清单。建立巡察工作机制，健全监督要点，打造"巡察工作清单七张牌"。持续深化巡视巡察整改成果运用，有力推动政治监督向具体化、精准化、常态化方向发展。

【巡察监督常态化】2022年，大连海关党委在完成5年"全覆盖"基础上自我加压，统筹使用常规巡察、专项巡察和巡察"回头看"，对数据中心、机关党委（政工办）、北良港海关、大连港湾海关4个部门单位开展政治

▲2022年7月25日，大连海关召开2022年度巡察动员部署会（大连海关党委巡察工作办公室　供稿）

监督。注重在监督方向上坚持政治站位，在监督内容上制定清单精准把握重点，提升巡察工作质效。

【巡视整改】2022年，大连海关党委及时调整巡视整改工作领导小组组成，召开党委会议研究大连海关巡视整改工作推进情况。截至5月份，海关总署巡视大连海关反馈的问题全部整改完毕，并按要求开展巡视发现问题自查整改工作，累计发现4个方面10项共性问题在关区进行通报，并按要求整改完毕。

【政治监督】2022年，大连海关党委将巡察与政治机关建设和专项整治等其他全面从严治党工作同部署、同安排、同落实，把政治机关建设、专项整治工作要求纳入监督重点，开展"大讨论""大排查"，全面分析党

的十九大以来巡察问题，查摆重点领域和廉政风险，形成5大类19条巡察岗位政治要求，确定专项整治风险问题清单，强化监督合力。

【总结谋划】2022年，大连海关党委守正创新，完成海关总署巡察"全覆盖"调研专项工作，系统总结5年实践中行之有效的典型性做法，做好经验推广和宣传工作，宣传信息在海关总署《金钥匙》杂志刊发，巡察案例被海关总署采编；针对5年巡察问题数据开展分项分层研究，建立统计模型，提炼共性问题，深入剖析原因，研究谋划新一轮巡察工作思路。

【巡察工作质效】2022年，大连海关党委建立"系统化推进、项目式运行、清单化管理"巡察工作机制，健全3种78类503项监督要点，构建全流程思维导图管理模式、形成组办间"三联合"工作方式，打造"巡察工作清单七张牌"。

▲2022年7月21日，海关总署巡视办到大连海关巡察"全覆盖"调研专项工作（大连海关党委巡察工作办公室　供稿）

【巡察"后半篇文章"】2022年，大连海关党委以推动问题解决作为"落脚点"，突出标本兼治，及时修订大连海关巡察整改工作实施办法，压实压紧各方责任，突出纪检监察全面监督作用。完善上下联动整改，将巡视和巡察整改集中清查工作同步研究、同时落实，组织24个单位对巡察反馈问题进行再审视，对整改措施完成情况进行再检查。完善督导量化评估机制，先后组织3轮对10个被巡察党组织开展综合评估，推动整改走深走实。

撰稿人

王明慧　孙　凯

纪检工作

【概况】2022年，大连海关党委纪检组在驻海关总署纪检监察组的正确指导和大连海关党委的坚强领导下，落实"效能提升年"要求，忠诚履职尽责，全面提升纪检工作效能。聚焦政治监督，推动贯彻落实习近平总书记重要指示批示精神和党中央重大决策部署，落实海关总署党委以及大连海关党委部署要求；聚焦日常监督，推动压力层层传导，压紧压实两级党委全面从严治党政治责任；聚焦"专项整治"，推动防范化解风险；聚焦从严正风肃纪反腐，督促以案促改，推动关区政治生态不断改善净化；聚焦纪检干部队伍自身建设，持续锻造纪检"铁军"，为大连海关改革发展事业作出积极贡献。

【政治监督】2022年，大连海关党委纪检组坚定捍卫"两个确立"、坚决做到"两个维护"，把学习宣传贯彻党的二十大精神作为政治监督重点内容，督促各级党委带头学习宣贯，推动入脑入心、落实落地。心怀"国之大者"，统筹疫情防控和促进外贸保稳提质、安全生产，创新"4个1"监督机制，开展监督55次，督促落实优化营商环境27条和促进外贸保稳提质20条措施。部署推进巡察整改监督，对相关派驻纪检组开展约谈提醒，监督保障执行、促进完善发展作用得到有效发挥。

【日常监督】2022年，大连海关党委纪检组紧盯"关键少数"、关键节点、关键环节，层层传导压力，协助关党委全面分析研判政治生态，研究部署全面从严治党重点任务57项。落实"一把手"和领导班子监督要求，开展民主集中制、"三重一大"等制度执行情况检查，与"一把手"、班子成员开展廉政工作谈话125人次。完善廉政档案系统，严把党风廉政意见回复关。党委各派驻纪检组会同驻在单位专题研究全面从严治党工作40次，监督民主生活会、组织生活会36次，专项监督24次。紧盯关键节点，印发纪律通知，通报违反中央八项规定精神案例，推动日常监督抓在平常、严在经常。

【专项整治】2022年，大连海关党委纪检组坚持标本兼治，在深化"现场监管与外勤执法权力寻租"专项整治效果基础上，开展"海关重点项目和财物管理以权谋私"专项整治。建立4项机制，明确58条措施，创新"九查九听一汇报"工作法，全面摸清关区10年来非执法领域问题底数，梳理可疑数据，排查问题风险，健全制度机制，查办典型案件。专项整治成绩排名全国海关第六，受到海关总署通报肯定。通过连续两年的专项整治，关区风险防范意识显著增强，权力运行得到有效制约监督。

【执纪问责】2022年，大连海关党委纪检组有效开展"讲政治、抓落实、提效能"案件清理专项工作；处置问题线索51件，立案22件，处分20人；运用"四种形态"批评教育帮助和处理77人次，其中"第一种形态"57人次。着力加强打私反腐一案双查工作。深化与纪委监委协作配合。对1个党组织、6名领导干部精准规范追责问责。通报关区案件，对党员干部开展回访教育和处分决定执行检查，督促做好以案促改各项工作，持续释放反腐败的穿透力、影响力和震慑力。

【自身建设】2022年，大连海关党委纪检组坚持"打铁必须自身硬"，践行"三应"机制，弘扬"三实"文化，不断滋养纪检干部队伍。第一时间举办关区纪检干部学习贯彻党的二十大精神专题培训班，70余名纪检干部全员参训，党委纪检组组长张军和各纪检机构负责人带头宣讲14次。完善案件集体审议机制，修订作业指导书，建立审查、审理人才库，选派12人次参与驻海关总署纪检监察组、纪委监委专项工作，组织开展办案安全大检查，制度化、规范化水平不断增强。党委选配14名干部到纪检队伍，9名纪检干部被提拔任用到重要岗位，一大批精兵强将迅速成长、脱颖而出。年内，监察室"大廉关"

▲2022年3月2日，大连海关召开"海关重点项目和财物管理以权谋私"专项整治工作动员部署会议（大连海关监察室　供稿）

▲2022年10月31日,大连海关举行纪检干部学习贯彻党的二十大精神暨新任职人员能力提升专题培训班 (大连海关监察室 供稿)

党建品牌持续深化,12个党委派驻纪检组党建工作取得新进展,有6个获评"四强"党支部荣誉,纪检条线13篇党建和工作经验被署级媒体报道,原创诗朗诵获东北片区廉洁文化作品一等奖,展现连关纪检"铁军"良好风貌。

撰稿人

孔祥鑫

队伍管理

【概况】2022年，大连海关深入学习贯彻党的二十大精神，认真践行新时代党的组织路线，贯彻落实海关总署党委关于干部人事工作的各项部署，努力建设堪当新时代重任的高素质干部队伍，为社会主义现代化海关建设提供坚强组织保障。坚持正确选人用人导向，突出政治素质考察，组织开展干部调研，科学精准选贤任能，坚持定期分析、动态配备，持续优化领导班子结构。坚持统筹规划、整体推进，大力选拔优秀年轻干部，合理使用各年龄段干部，畅通行政、事业、企业三支队伍交流渠道。加强专业人才引进和培养，打造专业化公务员队伍，提升资质管理水平。强化正向激励，每半年开展一轮次职级晋升，每季度开展奖励。严格监督管理，着力强化重点监督，把政治监督摆在首位，从严开展日常监督，狠抓违规问题整治。开展机构编制管理评估，优化调整"三定"方案，从严管理干部人事档案，提升人事系统数据质量。做好疫情防控人力资源系统筹划和充分预备，健全完善关区三级梯队运行机制，落实关心爱护疫情防控一线人员各项措施。

【干部选拔任用】2022年，大连海关突出科学精准选贤任能，坚持定期分析、动态配备，常态化开展领导班子运行情况评估，综合研判领导班子结构，对处级领导班子进行调整。坚持统筹规划、整体推进，组织开展干部调研，突出政治素质考察，做好"精准画像"，选拔优秀年轻干部，合理使用各年龄段干部。坚持重基层、重实绩导向，新提任副处级领导干部中执法一线科长占比三分之一，参加"百名科长百日督查"的执法一线科长全部提任或晋升职级。制定《大连海关机关部门、隶属海关单位、派驻纪检组领导班子和领导干部年度考核实施细则》《大连海关公务员平时考核实施细则（试行）》《大连海关领导干部交流工作规定》3项管理制度。

【公务员管理】2022年，大连海关加强专业人才引进和培养，充分调研需求，开展高校选招，引进具有专业背景的急需紧缺人才，接收安置军转干部2人、招录49人。开展专业技术类公务员任职资格评授工作，打造专业化公务员队伍，全年评定正高级任职资格3人、副高级任职资格10人、中级任职资格4人。提升资质管理水平，每季度对关区资质人员分布进行分析梳理，建立资质人员数据库，入库1191人，取得岗位资质2949项，建立优势互补、协同配合机制，解决资质人员供需不平衡问题。发挥职级晋升导向作用，加强顶层设计，定期分析研判，每半年开展一轮次，用好各层次职数，坚持择优导向、引导树立合理预期。发挥及时奖励示范作用，坚持每季度开展奖励，及时表彰在重点工作和疫情防控等领域成绩显著的集体和个人，1个集体、29人分别被海关总署记功、表扬，26个集体、594人分别被大连海关记功、嘉奖、表扬。修订《大连海关工作人员休假管理办法》《大连海关工作人员因私出国（境）管理办法》2项管理制度。

【事业单位管理】2022年，大连海关规范事业单位领导职数管理，梳理检查事业单位领导职数核定和领导人员配备情况。畅通行政、事业、企业三支队伍交流渠道，在公务员队伍中选拔管理岗位领导干部，管理岗位领导干部调任公务员队伍，推荐事业单位人员到企业任职。印发关于进一步明确事业单位所属企业相关管理事项的通知，压紧压实企业党的建设、财务管理、人事管理、日常管理责任。

【干部监督管理】2022年，大连海关着力强化重点监督，把政治监督摆在首位，加强对各级"一把手"和领导班子的监督，把"关键少数"管住用好，加大监督检查力度，对4个隶属海关进行选人用人工作检查和"回头看"，实现隶属海关选人用人工作检查"五年全覆盖"。严把选人用人关口，落实"凡提四必"，有效防止干部"带病提拔"。从严开展日常监督，严格个人有关事项报告填报，加强指导和重点审核。推动提醒函询诫勉常态化，注重抓早抓小，年内对22人次进行提醒，对1人进行诫勉，强化监督执纪问责，合理运用"四种形态"。加强信访举报查核处理，积极回应群众诉求、化解问题风险，切实落实属地维稳责任。狠抓违规问题整治，组织开展公职人员违规投资企业及在企业兼职、"裸官"等重点问题专项整治，加强全过程监督，实行项目化推进、销号式管理，清退违规投资企业及在企业兼职人员，对涉及"裸官"人员任职进行规范，实现违规问题"动态清零"。

【人事基础工作】2022年，大连海关积极保障工资和社保待遇，及时调整兑现在职人员工资待遇，严格落实事业单位绩效工资总额管理要求，缴清养老保险和职业年金历史欠费，落实各项社保待遇。优化机构编制配置，开展机构编制管理评估工作，优化调整"三定"方案，调整关区涉案财物管理、在职学历学位认定、检验检疫行政处罚案件管理和金普地区后勤保障职责，完成9个隶属海关和2个事业单位科室更名或增撤工作，业务运行更加顺畅高效。从严管理干部人事档案，健全管理制度，规范工作流程，精准做好档案审核，开展干部档案自查工作，聚焦历史遗留问题和疑难问题，形成5个方面27项细化自查清单，确保整改问题销号清零。提升人事系统数据质量，建立双人作业、变更备案、即时更新、当月校核、按季检查、精准指导的人事数据维护工作机制，强化任务督办，比对干部档案538卷，完善信息5000余项，开展核查通报3次。组织开展人事教育工作培训班，提升干部人事工作的专业化水平，建设讲政治、重公道、业务精、作风好的模范部门。

【抗疫人力保障】2022年，大

连海关周密细致制订人力资源调配方案和配套应急预案，制订《大连海关口岸疫情防控人力资源保障应急工作预案（试行）》，细化Ⅲ级响应方案，做到口岸现场"多对一"应急支援方案全覆盖，做好人力资源系统筹划和充分预备。健全完善关区一线、预备、应急3个人员梯队运行机制，科学合理安排工作班次，确保一线人员及时轮换调休，保证一线人员战斗力。成立大连海关关心爱护疫情防控一线人员工作领导小组，制订大连海关关心爱护疫情防控一线人员工作方案，细化人力资源保障、身心健康保障、加强学习培训、加大宣传激励力度4个方面13条具体措施，确保各项关心爱护措施落地见效。

撰稿人

赵喜文

教育培训

【概况】2022年,大连海关以"效能提升年"为主线,紧盯海关总署绩效考核客观指标,强化"精品意识"和"协作意识",坚持目标导向和需求导向,突出重点、统筹规划、协调组织、精准施训,不断推进关区教育培训效能提升,圆满完成关区教育培训任务。开展学习贯彻党的十九届六中全会精神培训,确保全员覆盖;结合教育培训发展新要求,高标准建设多媒体教室;进一步推动"关心爱护疫情防控一线人员"教育培训工作措施落地见效,完善常态化培训机制。全年,完成关区范围培训117期,培训24186人次,培训计划完成率达100%。其中,集中调训76期,参训17640人次;网上培训班32期,参训3877人次;连关讲堂9期,参训2669人次。组织开展资质类岗位培训4期、资质类考试9场。

【学习党的十九届六中全会精神培训】2022年,大连海关积极贯彻落实海关总署学习党的十九届六中全会精神部署,统筹"线上+线下"方式,组织关区268名处级干部参加集中轮训,组织关区2929人参加专题学习并通过理论测试。在轮训和培训中大力弘扬伟大建党精神,在深入开展对党忠诚教育,加强党性教育和海关职业操守教育中增强参训学员理论素养,促进能力提升。

【多媒体教室建设】2022年,大连海关结合培训发展新要求,成立"多媒体教室"建设专班,历时8个月时间,高标准建成"多媒体教室",通过"双师教学""线上实操""远程互动"等新功能使

▲2022年2月21日,大连海关政治部主任戴文涛听取直播课堂建设工作汇报
(大连海关教育处 供稿)

用加强关检业务培训，拓宽培训受众。全年，通过多媒体教室完成培训45期，组织视频会议4期，工作日有效利用率达到89.09%，有效提升干部综合素质和参训热情。结合多媒体教室使用，统筹关区139名兼职教师制作关区各条线精品课程，力求推出署级兼职教师和精品课程，纳入海关总署师资库人员4名，向海关总署报送习近平新时代中国特色社会主义思想特色课程1门。

▲2022年4月25日，大连海关组织开展关区处级干部深入学习贯彻党的十九届六中全会精神专题培训班（大连海关教育处 供稿）

【"关心爱护疫情防控一线人员"教育培训】2022年，大连海关进一步推动"关心爱护疫情防控一线人员"教育培训工作措施落地见效，完善常态化培训机制，合理安排封闭管理干部参加政治学习、业务培训。强化培训考核，围绕实战需要，以"抽查+督导"监督模式提高操作规范化水平，联合其他职能处室对10个隶属海关单位疫情防控实操培训进行现场点评。组织关区各隶属海关单位开展疫情防控类岗前培训216期，实操培训250期，参训3645人次，培训新上岗人员109人，提升疫情防控一线人员操作规范性。

撰稿人

孙泽宇

第五篇

业务建设

法治建设

【概况】2022年,大连海关认真落实全国海关、大连海关工作会议和全面从严治党工作会议部署,以政治机关建设为统领,以"效能提升年"为载体,强化政治机关建设,完善制度规范体系,做好权责清单编制,不断提升制度规范效能、行政执法效能、法治监督效能及服务保障效能,为"一流强关"建设贡献法治力量。参与《中华人民共和国海关法》修订和海关总署规章立法后评估,提出相关意见60余条。制订关区编制工作方案,开展权责事项预认领,厘清权责边界。与大连市中级人民法院签署合作备忘录,建立合作机制。牵头海关总署法治建设第二协作区普法工作,开展"民法典进乡村"主题普法活动。开展第一批普法品牌创建工作。宣传重点法律法规和海关政策,面向全关展演"模拟法庭"普法公开课。

【政治建设】2022年,大连海关全面学习把握党的二十大精神,统筹推进政治机关专项教育及"学查改"两个专项工作,围绕参与《中华人民共和国海关法》修订、证照分离改革、打击"异宠"防止外来物种侵害等重点工作,坚决落实习近平总书记重要指示批示要求;参与海关总署法治建设第二协作区主题党日学习交流活动,与稽查处和金石滩海关建立党建业务联学共建长效机制;在海关总署政工网站、大连海关"党建园地"等发布信息新闻30余篇,在《金钥匙》杂志、"梦海连天"新媒体刊发稿件12篇,多次入选"双TOP"排行榜,通过"四强"党支部复核,机关内务规范评比中获得优胜单位。

【制度规范】2022年,大连海关参与《中华人民共和国

▲2022年10月13日,大连海关与大连市中级人民法院签署合作备忘录(大连海关法规处 供稿)

海关法》修订和海关总署规章立法后评估，提出相关意见60余条，撰写《进境水果检验检疫监督管理办法》立法后评估报告；全年为9件事务性公告提供法律意见，审核规范性文件1件、内部业务文件6件，对28件业务制度开展立法后评估；先后对"综合保税区设备零配件便捷监管模式"等3项创新举措进行法律论证，释放政策红利为企业发展赋能的同时，防止局部合理政策叠加可能产生的负面效应。

【法治保障】2022年，大连海关制订关区编制工作方案，开展权责事项预认领，摸清各业务条线权力和责任底数，厘清权责边界；参与海关总署专班，发布"三项制度"推进情况通报，瞄准关区执法薄弱环节和业务风险点，围绕8个执法领域编发专项业务通用文件和操作指引，促进"三项制度+业务"深度融合；完善行政许可公开目录要素，更新行政许可服务指南，升级行政审批平台功能，优化5个审批事项办理流程，继续压减企业申请材料，指导调整出口监管仓库、保税仓库延期及变更的审批权限，协助下放D级特殊物品检疫审批权限，开展行政审批专项检查；部署开展课题研究，编制问卷，查找造成执法不统一的原因，梳理汇总关区执法不统一典型问题。

【规范监督】2022年，大连海关所属18个隶属海关设立践行新时代"枫桥经验"实践基地或工作室，开展"说理式"执法将矛盾消除于萌芽，对投诉举报、信息公开答复或复议咨询提前介入研判处置，提供法律意见百余条，解决难点、堵点问题10余个；与大连市中级人民法院签署合作备忘录，共同建立诉源治理等5大合作机制，以府院联动提升司法和执法水平，共同营造更优更好的法治化营商环境；2019年以来关区积存的行政诉讼案件，在2021年年底实现历史性清零，无一败诉；成功推动隶属海关涉税涉诉情事等10起历史遗留问题从根本上得到解决；2022年办理新发行政复议案件13起，未引发新诉，办理新发行政诉讼案件5起，未引发败诉。

【普法宣传】2022年，大连海关出台《大连海关法治宣传教育分级分类实施办法》，细化"八五"普法重点任务分解，制定总关和隶属海关年度普法责任清单；牵头海关总署法治建设第二协作区普法工作，组织协作区联合开展"民法典进乡村"主题普法活动；印发《大连海关

▲2022年11月10日，大连海关举办"模拟法庭"普法活动（大连海关法规处　供稿）

普法品牌建设工作方案》，开展第一批普法品牌创建工作；抓住关键时间节点，通过普法讲师团巡讲、印制普法材料、线上宣讲、法律"六进"等形式宣传重点法律法规和海关政策；面向全关展演"模拟法庭"普法公开课，以案释法、寓教于例，以创新载体提升普法针对性和实效性，引起广大关警员热烈反响，尊法、学法、守法、用法氛围进一步浓厚，增强法治服务保障中心工作效能。

撰稿人

高　硕

业务改革与发展

【概况】2022年，大连海关坚持以习近平新时代中国特色社会主义思想为指导，深入学习宣传贯彻党的十九大及历次全会、党的二十大精神，深刻领悟"两个确立"的决定性意义，增强"四个意识"、坚定"四个自信"、做到"两个维护"，进一步强化政治机关意识，认真落实海关总署以及大连海关党委部署，支持区域协调发展，积极促进外贸保稳提质，切实维护产业链供应链安全稳定，落实国家禁限监管制度要求，持续完善技术性贸易措施工作体系；持续压缩通关时间，提升通关运行质量；深化改革创新，破解发展难题；加强实际监管，维护国门安全，在关区内开展代号为"龙腾行动2022""蓝网行动2022""净网行动2022"的知识产权海关保护专项执法行动，遏制侵权易发态势。

【改革与发展】2022年，大连海关统筹推进业务改革，围绕"拓围、提质、增效"目标，制定大连海关2022年全面深化业务改革工作要点，出台30项改革创新举措，其中24项取得良好成效。推荐4项改革创新举措参与辽宁省第二届制度性创新成果评选。构建高效顺畅的运行机制，落实海关总署关于进一步推动关检业务由"物理整合"向"化学反应"转变的要求，坚持问题导向和需求导向，组织开展改革融合调研、系统互联互通调研，并向海关总署报送调研报告，在《"如何进一步深化改革融合"课题书面调研情况》的报告中上报47条问题和建议。参与《大连海关关于优化海关出口通关作业流程的调研报告》和《构建海关执法技术保障智能化运行体系的思考》，均获署领导批示。推进"问题清零"机制，制订大连海关推进"问题清零"工作实施方案，成立"问题清零"领导小组，组织召开"推进问题清零、解百家企业难题"线上企业座谈会，发放企业调查问卷592份，邀请近百家企业参加4次座谈会，对160个问题进行现场研究；拓宽问题收集渠道，上线"单一窗口""问题清零系统"，创建"共享邮箱"，建立70余人的专家团队，及时响应解决企业难点、堵点、痛点问题，全年解决疑难问题200余个。

【业务协调】2022年，大连海关支持区域协调发展，牵头落实《东北全面振兴2022年工作要点》涉及的海关任务；成立大连海关支持东北海陆大通道建设工作专班，制定11条具体措施，统筹推动东北海陆大通道建设涉及海关重点任务分工落地落实；深化关港合作，组织召开关港联席会议，确定18个重点合作项目，助力辽港集团整合优化。促进外贸保稳提质，组织召开关区促进外贸保稳提质推进会议、优化营商环境会议，研究制定促进外贸保稳提质20条措施和优化营商环境27条措施，开展全关区专项督察，召开促进保稳提质调度会，确保各项措施落地见效。回应企业合理诉求，成立大连海关重点项目通关支持工作专班，"一企一策"服务SK海力士投资项目和恒力石化聚酯产业园项目。

【业务运行保障】2022年，大连海关聚力打造通关提速系统工程，制发进出口货物作业效率提升工作机制，建立现场作业、职能部门、问题收集、过程和结果管理4项制度安排，细化19个环节衔接规范和4个重点管控领域，首次构建全链条效率管控体系，实施"总关＋现场"两级实时预警，全年编制监控分析报告180余篇；成立工作专班定向攻坚冷链、大宗商品及转关货物通关时效，解决一线14个突出堵点问题，实时专项分析50余次，分别实现通关时间25%~60%降幅；搭建港口信息综合服务平台，"实时预报"口岸通行环境，推动出口"提前申报"率超80%，领先全国水平；"两步申报"服务1000余家企业，应用企业同比新增10%。2022年，关区进、出口整体通关时间分别为35.83小时、0.95小时，创关区历年最佳，提前实现"海关十四五"规划目标，较2017年分别压缩70%、94%，同比2021年分别压缩27%、31%，各项指标全面优于全国平均水平。强化通关应急保障，快速应对本土疫情，启动"处级＋科级"通关值守，对外发布大连海关通关业务应急联系清单，对内制定通关应急值守工作要求，出台应急值守预案、通关业务分类台账和分流方案，制定多元化通关模式，建设形成关区通关保障快速反应机制，以"联动备勤""异地通签"创新实施"大现场"应急通关模式，保障货物顺利进出口，受理企业700余项热线咨询。坚决贯彻党中央国务院关于优化疫情防控措施的重大决策部署，建立防疫物资通关绿色通道和应急机制，启动省市两级重点医药物资保供专班工作，保障紧急药品顺利通关。

【维护产业链供应链安全稳定】2022年，大连海关加强省内海关联动协作，主动对接省市工业和信息化部门，

▲2022年8月29日，大连海关启动通关应急机制，保障进出口通关绿色畅通（大连海关综合业务处　供稿）

为全省370家重点产业链供应链企业做好全面通关保障。制定大连海关进口能源物资通关应急机制，对关区规模级企业通关计划开展稳外贸调研，形成覆盖能源、粮食、高新技术等重点行业536家龙头企业、305种商品类别、4万余批次、1100亿元贸易货值的通关清单，配套制定《进一步优化通关监管服务　促进外贸保稳提质工作措施》，全链条保障5000余万吨能源物资绿色通关。

【禁限管理与技术性贸易措施】2022年，大连海关落实国家禁止、限制类进出口货物管控要求，积极应对禁限管理措施变化，严格关区监管证件日常监控及后续核查，对漏输监管证件、监管证件异常等高风险环节进行排查，加强对货运渠道固体废物、濒危物种及其制品等进行重点监控。完善以加强预警、应对、研究为重点的大连海关技术性贸易措施工作体系，加强对国外技术性贸易措施研究，编写《大连海关技术性贸易措施口袋书（2022）》，报送相关研究成果。在各平台发布55篇技术性贸易措施预警信息。完成年度国外技术性贸易措施影响调查，参与海关总署多项行业、国别类报告的编写。发挥好技术规范对海关业务工作的技术支撑作用，提升关区技术法规与标准国际合作水平。承担、参与6个SN标准的制（修）订项目，另有3个SN标准正式发布实施。

【创新签证管理】2022年，大连海关服务"双循环"发展，深化"放管服"改革，以"三智"海关建设为引领，开发应用"出口货物海关证书云签发系统"，以"六智"（智能录入、智能审核、智能缮制、智能申领、智能互认、智能监控）为核心内容，向科技与改革要效率，达到"零接触、零延时、零障碍、高效率"预期，促进外贸保稳提质成效显著。全年，通过"云签发"累计签发输往130余个国家（地区）出口货物兽医卫生证单、植物检疫证单、卫生证书、包装性能检验结果单等18大类单证8.3万余份，覆盖大连关区90%以上的出口货物签证业务。

【知识产权海关保护】2022年，大连海关认真学习贯彻习近平总书记关于加强知识产权保护的重要指示批示精神，深入落实国家创新驱动发展战略和知识产权强国战略，印发《大连海关关于"十四五"时期加强和完善知识产权海关保护工作的实施意见》，全面谋划"十四五"时期关区知识产权海关保护整体工作，部署开展"龙腾行动2022""蓝网行动

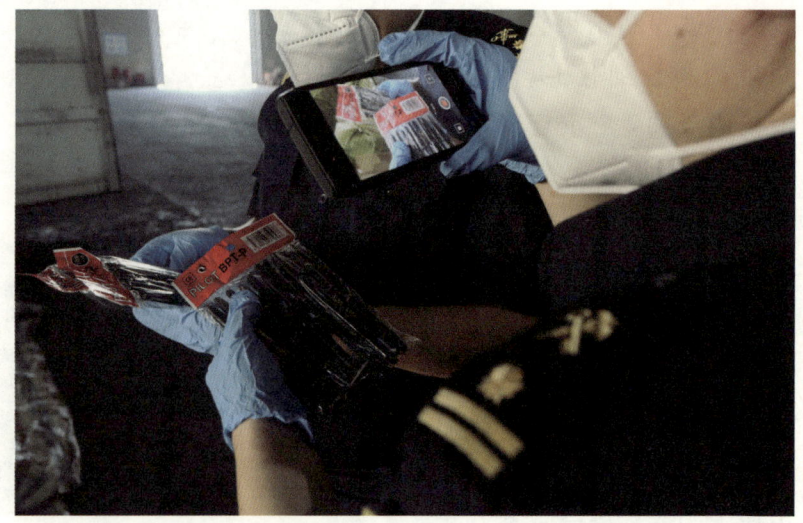

▲2022年8月24日，大连海关所属北良港海关查获出口侵权圆珠笔（大连海关综合业务处　供稿）

2022""净网行动2022"等知识产权保护专项行动，坚持"打促结合、高效便捷、综合治理"的原则，夯实工作基础，强化风险分析，加大打击侵权力度，提升执法效能，优化服务自主知识产权企业措施，支持企业创新发展，加强知识产权保护政策宣教，推进知识产权全链条保护。对侵权嫌疑货物采取知识产权保护措施157批次，查扣侵权货物（物品）116批次，涉及货物数量25.4万件；通过风险布控，先后查获出口侵权旧鞋系列案、出口侵权圆珠笔案等一批典型案例；全年新增备案企业7家，新增备案权利8项，企业满意度与获得感进一步提升。

撰稿人

史　平　孙　瑶　杨　威　陈成贵　罗　建
赵晨星　高悦涵

自贸区和特殊区域管理

【概况】2022年，大连海关紧密围绕中心任务，支持自由贸易试验区创新发展，发挥综合保税区等海关特殊监管区域的政策优势，促进两区高水平开放高质量发展。海关监管制度创新成果显著。年内，6项海关监管制度创新项目纳入中国（辽宁）自由贸易试验区第六批制度创新案例，在全省复制推广。"委托加工出口产品检验监管新模式"和"综合保税区设备零配件便捷监管模式"获得海关总署自贸创新举措备案。关区特殊区域参与国内国际双循环作用明显。作为中国"北硅谷"的重要项目之一SK海力士非易失性存储器项目入驻大连湾里综合保税区，大连海尔电冰箱有限公司通过开展委托加工业务顺利打通国内国际双循环通道，3个跨境电商项目分别入驻大连湾里综合保税区和营口综合保税区。理论研究能力与业务能力同步提高。围绕大宗商品基地建设、保税混矿和汽车进出口业务发展情况开展研究并形成研究成果，全面提升关区业务条线内的调研水平和业务水平；围绕海关总署提出的课题要求全面开展调研与思考，完成《大连海关关于优化海关出口通关作业流程的调研报告》《关于探索建立海关特殊监管区域分类管理监管模式的调研报告》课题研究，为推动中国（辽宁）自由贸易试验区和海关特殊监管区域更高质量发展建言献策。

【特殊监管区域开放平台】2022年，大连海关积极开展综合保税区监管办法及项目入区指引政策宣讲，使更多区内区外企业了解区域特殊监管政策。1月1日《中华人民共和国海关综合保税区管理办法》发布，4月1日起施行。这是海关总署对综合保税区制定的第一份系统性管理办法，在海关特殊监管区域发展史上具有里程碑意义。为使辽宁省广大外贸进出口企业更好地了解相关政策，3月21日，大连海关联合大连、营口市政府召开"综合保税区政策'云端'宣讲会"。会上，大连海关系统讲解国家赋予综合保税区的战略定位、管理要求和便利化措施，介绍国内其他综合保税区的企业发展成功案例，让广大企业详细了解适合入区项目，更好利用综合保税区功能政策优势实现跨越式发展。海关与地方政府的40余名工作人员及60余家省内外贸企业负责人进行线上互动交流，现场解答企业提出的产业政策、便利化措施等方面的多个问题。

【综合保税区新兴业务发展】2022年，大连海关辖区内海

▲2022年3月21日，大连海关联合大连、营口市政府召开"综合保税区政策'云端'宣讲会"，大连海关与多家外贸企业进行了线上互动交流（大连海关自贸区和特殊区域发展处 供稿）

关特殊监管区域在对外开放、稳外贸稳外资方面起到重要作用。全年，辖区4个特殊监管区域进出口总值714.7亿元，占辽宁省外贸进出口总值的9%。新兴业务发展态势不断趋好，年内"委托加工"业务产值约8.2亿元，同比增长约7.9%；按货物仓储分类监管新增企业3家，货值15.3亿元；增值税一般纳税人资格试点企业在原来英特尔的基础上，又新增加海尔集团；特殊区域保税维修业务有了新突破，12月底在营口综合保税区完成保税维修的日本进口二手钢琴顺利发往加拿大，成为东北地区特殊区域内首票保税维修业务。

【提高自由贸易试验区发展工作水平】2022年，大连海关聚焦共建"一带一路"、"保税监管"改革、大宗商品基地建设和智慧海关建设等方面，推出自由贸易试验区12个海关监管制度创新项目，10个项目取得成效。对国务院58项涉及海关的改革试点经验进行全面梳理、研究，建立复制推广清单，其中除2项因政策变化等原因无法复制外，其余56项全部在关区落地。推动相关业务部门及单位积极复制海关总署推出的2项创新制度——"国际航行船舶转港数据应用""企业集团加工贸易保税监管模式"，提高通关速度，降低企业运营成本，优化口岸通关环境。

【2项创新举措获海关总署备案】综合保税区设备零配件便捷监管模式是大连海关积极服务综合保税区内新兴业

态、防控监管风险的典型创新案例，通过该模式，可以满足综合保税区内随自用设备整机进口未独立申报的零配件出境（区）处置、检测维修等需求，提高通关效率、降低运营成本。2022年7月13日，该模式获得海关总署自由贸易试验区创新举措的备案。委托加工产品出区检验监管新模式是大连海关贯彻落实中央"放管服"改革措施和海关总署提出持续改善营商环境的总体要求服务特殊监管区域内新兴业态的典型创新案例，通过该模式，海关对特殊监管区域内以委托加工方式生产加工的内销产品的取样送检指令，采取"合格保证＋验证＋质量追溯"的合格评定方式，降低企业成本，提高通关效率，服务地方经济发展。7月28日，该模式获得海关总署自由贸易试验区创新举措的备案。

▲2022年10月19日，大连海关关员在大连海尔电冰箱有限公司开展产品出区检验业务调研（大连海关自贸区和特殊区域发展处　供稿）

撰稿人

邢　彦

风险管理

【概况】2022年，大连海关坚持系统观念，构建以"一会两机制"（风险管理委员会、跨部门联合研判机制、布控联动机制）为主要内容的风险管理"三应"机制；突出重点管控，坚持正面风险防控和专项行动相结合，针对重点领域、重点渠道、重点商品风险，开展"清邮"等风险防控专项行动和固体废物、濒危专项风险防控，坚决守护国门安全；坚持数据赋能，加强情报先导，深化大数据实战应用，丰富完善风险智能识别模型，优化提升风险防控实效；深化多元共治，加强口岸联防联控，推动口岸安全风险综合治理。

【风险管理委员会】2022年，大连海关根据海关总署部署要求，成立大连海关关区两级风险管理委员会，细化落实全国海关风险管理委员会运行机制实施细则，体系化实施关区风险管理，强化跨部门、跨领域、跨渠道风险统筹防控，组织对关区业务风险进行系统排查，对排查问题逐一推进整改，补齐防控短板。

【风险防控配套机制建设】2022年，大连海关建立完善业务风险跨部门联合研判机制，发挥各业务部门专业优势、技术优势和资源优势，靶向锁定各领域重点风险。建立风险防控分局与业务现场联动工作机制，优化完善"中心—现场式"运行模式，加强高效联动，及时解决现场执行难点、堵点问题，畅通风险布控指令生成、下达、执行、反馈闭环，并根据海关总署部署适时选取7个隶属海关开展现场即决布控试点。

【强化口岸联防联控】2022年，大连海关紧跟口岸安全形势需要，加强与其他海关的沟通配合，开展查获经验

▲2022年11月7日，大连海关风险防控分局开展业务培训，以典型案例分析进一步提升人工分析布控精准性（大连海关风险防控分局　供稿）

和信息交流，有针对性地开展风险分析，防范风险跨口岸漂移。强化与口岸相关部门单位的协同联动，全方位开展信息共享，针对固体废物、危险化学品等安全准入情事，推进跨部门联合研判，实质性开展联合执法协作，促进口岸安全风险综合治理，坚决筑牢口岸安全防线。年内协同地方公安部门联合开展案件线索经营，破获一起出口水貂毛球骗取退税案，深挖关联公司，案件总体规模7.6亿元。

【固体废物专项风险防控】2022年，大连海关坚决贯彻落实习近平总书记重要指示批示精神，坚持情报先导和人工分析相结合，丰富完善智能化风险分析手段，开展固体废物专项风险防控，实现重点商品靶向锁定。全年，布控查获扇贝壳、胶合板等固体废物17起，涉及货重1124吨。

【濒危及野生动物专项风险防控】2022年，大连海关坚决贯彻落实习近平总书记重要指示批示精神，进一步加强濒危及野生动物专项风险防控，紧盯象牙等重点物种伪瞒报夹藏风险，聚焦市场需求，加大象牙、珍稀木材等野生动植物防控力度。全年，查发濒危物种安全情事136起。

【"清邮"专项行动】2022年，大连海关坚持"上级部署与关区实际相结合、传统作业与创新方式相结合、专项行动与综合治理相结合"，针对邮递渠道重点安全风险，开展"清邮"专项行动，精准防控、精准打击，查获反宣品、涉濒危物种、涉毒等多起安全准入情事。

【重点商品风险防控】2022年，大连海关聚焦危险化学品、化肥、医疗物品等重点商品，全方位多角度开展风险分析，及时加载布控指令实施风险验证，精准有效拦截相关风险。开展"口岸危险品综合治理"百日专项行动等涉危风险防控工作，严厉打击进出口危险品伪瞒报行为，排查关区伪瞒报高风险企业18家；开展出口化肥逃避法检风险专项防控，查证涉嫌逃检出口化肥760吨；严防医疗美容器械伪瞒报走私入境，破解"识别难""界定难"问题，查获不合格进口医疗器械6884件，消除进口医疗器械质量安全风险隐患。

【知识产权海关保护】2022年，大连海关全力开展知识产权保护工作。通过风险分析精准布控，查获进口申报品名为"包装盒"货物实为香烟包装材料，涉及"中华""云烟""芙蓉王"等多个国内知名品牌，4个40尺集装箱，货重92.5吨；查获千余双出口侵权旧鞋，涉及阿迪达斯、耐克、匡威等

▲2022年8月26日，大连海关风险防控分局与缉私局加强工作联系配合（大连海关风险防控分局　供稿）

品牌。

【破获走私进口燃料油大案】 2022年，大连海关严格执行海关总署风险防控局（青岛）布控指令要求，加强指令后续跟踪，针对风险异动深入开展研判分析，加强缉私线索转化，联合海关总署风险防控局（青岛）、大连海关相关部门，破获进口走私燃料油大案，以伪报品名、伪造检测报告等方式涉嫌走私进口燃料油67.42万吨，案值27亿元。

撰稿人

吕硕学　姜　雪

税收征管

【概况】2022年，大连海关对标"五关"建设和"效能提升年"要求，筑牢税收安全防线，提升税收征管效能。落实"发展要安全"要求，深化综合治税，依法科学征管，加强日常分析监控，着力提升自主发现和化解税收风险能力。积极与辽宁省、大连市财政部门、税务局等地方政府部门及行业协会沟通，广泛征求和听取建议，深化税政调研，提出税收优惠政策的完善建议和支持措施，辅助国家产业政策决策。认真执行"十四五"期间减税、进口税收优惠政策和自贸协定关税减让等措施，稳步实施汇总征税、预裁定等便利措施。加强科技创新政策指导运用，与工信部门联合制定《减税降费政策清单》支持中小微企业发展。高质量推进RCEP协定实施，与大连市商务局等政企机构联合开展专题式RCEP政策讲座，指导关区企业提升应用原产地规则的能力，指导关区企业取得经核准出口商资格，研发"优惠协定税率查询分析服务系统"，确保企业充分享受RCEP政策红利。推进"海关进出口商品规范申报智能评估"信息化系统税收领域新技术研究成果落地应用，有效促进新技术与关税传统职能融合发展。全年，大连海关实现税收入库778.86亿元，同比增长19.1%。其中，征收关税74.28亿元，同比减少6.58%；征收进口环节税704.58亿元，同比增长22.63%。

【综合治税】2022年，大连海关根据海关总署年中综合治税专题会议精神优化综合治税方案，调整完善关区综合治税领导小组工作机制，定期开展税收预测和分析，提升税收吻合度。加强税收风险态势研判，关注涉税高风险领域和重点税源商品、企业，全面、及时分析税收增减收因素，排查、处置重大风险。坚持量质效并举，综合运用税收优惠政策营造良好纳税环境，涵养优质税源，推动税收源发性增长。

【税收风险防控】2022年，大连海关成立价格、归类、原产地、减免税、税收征管5个风险分析研判小组加强日常分析监控，着力提升自主发现和化解税收风险能力。加大行邮物品征税征管力度，赴大连港湾海关、大连邮局海关、北良港海关调研5次，开展进境物品税收分析监控，下发布控指令，制定风险参数。实行公式定价"备案+动态"管理，开展政策宣讲10次，建立"公式定价商品管理台账"源头引导企业合规申报价格。

【减免税管理】2022年,大连海关提出的"增补远洋自捕水产品品种以及合并水产品俗名、学名建议"获农业农村部采纳,精准解决企业诉求。牵头制定的《减免税管理系统填制规范》在全国海关范围内正式实施,对提升海关减免税审核确认整体工作质量具有积极意义。"主体+货物"双向发力,全覆盖开展减免税申请人主体变更情况分析。落实中央减税降费决策部署,与地方工信局联合制定中小微企业《减税降费政策清单》,涵盖重大技术装备、鼓励项目、科技创新等12项进口税收优惠政策及目录。指导30家中小微企业精准申报各类减免税政策享惠主体资质获批。全年,为辖区中小微企业减免税款1.12亿元。

【属地纳税服务】2022年,大连海关用好通关便利化措施为企业减负增效,审核关税保证保险、银行保函和集团财务公司98.36亿元,同比增长47.82%。深入推进税款担保改革,运用"一保多用"助企降低纳税成本,适用"即到即审、即审即过"模式,将担保审核平均时长由48小时压缩至20分钟。办理政策性退税46.18亿元,同比增长1.64倍。主动担当作为,服务现场海关,指导现场做好走私案件计核,及时答复现场提出的归类专业认定申请,辅助现场海关依托日常监控和税收风险协同防控机制落实属地管理职责,推动税收全链条管理。

【税政调研】2022年,大连海关关注地方发展需求,以改善民生、先进技术、绿色低碳、乡村振兴等方面为调研重点,提出税收优惠政策的完善建议和支持措施,报送税政调研建议22项,其中牵头组织水产品全国范围课题调研1项,参与集成电路、液晶显示等全国范围课题调研15项,光斑发生器的税政调整建议被《2023年关税调整方案》采纳。参与海关总署课题研究,牵头司级课题"全球主要国家或地区进口税收优惠政策研究",提出完善我国进口税收优惠政策及管理制度建议5条;参与司级课题"促进绿色低碳循环发展等相关税收政策研究",提出完善现行进口税收优惠政策、促进我国绿色低碳循环发展的措施和建议4条;参与司级课题"中日韩集成电路产业政策比较研究",提出完善我国集成电路产业政策的建议4条。

【RCEP关税减让政策实施】2022年,大连海关与大连市商务局、中日经济交流协会、大连韩国贸易馆等政企机构联合开展专题式RCEP政策讲座13次,惠及企业

▲2022年1月12日,大连海关关税处与企业研讨关税保证保险业务(大连海关关税处 供稿)

2000余家。围绕关键时间节点，做好RCEP关税减让政策新闻宣传，发布央视、省市等媒体宣传新闻40余篇。梳理RCEP国别（地区）关税减让情况，分析整理大连市优势进出口商品清单，调研并指导企业提升应用关税减让政策能力。分类分阶段开展企业培育，指导关区14家企业取得经核准出口商资格，合规自主签发原产地声明411份，货值2300.46万美元。与科技部门合作在"单一窗口"搭建"优惠协定税率查询分析服务系统"，帮助企业选择最优税率，充分享受关税减让政策红利。全年，大连关区RCEP项下进出口货物享惠货值达9.57亿美元，助企享受税款减让6629.95万元。

【探索智慧征管】2022年，大连海关贯彻落实2022年全国海关关税工作要点，深耕"进出口商品文本信息语义识别"优势领域，推进税收领域新技术研究成果落地应用。完成"海关进出口商品规范申报智能评估"信息化系统上线运行，辅助开展规范申报日常管理，自该系统应用以来，关区规范申报数据审核能力由每月8000条提升至13万条，关区自测规范申报率提升至99.68%。开展"商品信息标准化编码系统""基于标签的智能归类查询系统"的应用研发，与科技处合作开展"数智筛"研发及业务测试，促进新技术与关税传统职能融合发展。

▲2022年2月23日，大连海关举办RCEP政策专题讲座（大连海关关税处 供稿）

撰稿人

孟繁立

卫生检疫

【概况】2022年，大连海关以习近平新时代中国特色社会主义思想为指导，全面贯彻党的十九大、十九届历次全会、二十大精神，深入贯彻海关总署及大连海关工作会议、全面从严治党工作会议和海关卫生检疫工作会议部署，压实责任，强化落实，全面提升工作效能，把效率、效益、效果作为衡量工作成果的尺度，以"效能提升年"为目标，严防境外输入，扎实做好常态化疫情防控，坚决筑牢国门安全防线。全年实时调整完善疫情防控各类方案预案，制定"水、陆、空"三类口岸疫情防控岗位作业指引，梳理业务文件；每日搜集疫情信息，撰写传染病疫情风险评估报告，为领导决策提供参考，为一线执法提供依据；口岸区域病媒生物监测捕获病媒生物1629只；监测捕获黄色柯蚊，捕获的黑线姬鼠检出7只钝跗硬蜱，均为大连关区及辽宁省首次检出；输入性病媒生物监测截获57批次120只。

【检疫查验】2022年，大连海关按照疫情防控的不同阶段要求，从严从紧从细抓实各项措施的落实。积极参与流调溯源、口岸防控等专班，实现入境人员信息共享，妥善做好确诊病例等人员移交，实现闭环管理。动态调整防控重点，实行"一机一案""一船一策"，规范进境船舶检出阳性船员后续通报工作流程，精准开展卫生检疫工作。加强秋冬季、冬春季疫情防控，做好北京冬奥会、冬残奥会卫生检疫保障。提高突发公共卫生事件应急处置能力，坚持常态与应急相结合，细化响应、处置、报告、信息公布全流程处置要求。坚持"多病共防"，全面掌握口岸重点关注传染病的临床表现、流行病学史等，有针对性地加强对重点国家（地区）、重点航班和重点人群的卫生检疫，在做好新冠病毒感染疫情防控的同时，严防拉沙热、不明原因儿童急性重型肝炎、埃博拉病毒病、霍乱、猴痘、黄热病等其他传染病传入。

【疾病监测】2022年，大连海关充分调动关区内人才力量，组建新一届疫情监测工作组，举办"全球传染病疫情监测和风险评估"专题培训，加强全球传染病疫情监测和专业队伍建设。按海关总署任务分工，初审Q热（寇热）、莱姆病等6种传染病信息填报情况。开展奥密克戎变异株输入风险专项评估。每个季度对新冠、猴痘、流感等疫情经由大连口岸跨境传播的风险开展分析研判，提出针对性防控措施，发挥早期监测预警能力。

【病媒生物监测】2022年，大连海关积极开展病媒生物监测工作，取得显著成绩。口岸区域病媒生物监测捕获病媒生物1629只，鼠类病原微生物检测检出流行性出血热病毒阳性6只、博卡病毒阳性5只、致病性钩端螺旋体核酸阳性1只。其中，鲅鱼圈海关监测捕获的黄色柯蚊，丹东海关捕获的黑线姬鼠检出7只钝跗硬蜱，均为大连关区及辽宁省首次检出。输入性病媒生物监测截获57批次120只，其中小钩口大光蠓和姬蠓科刺板蠓属蜚蠓均为全国口岸首次截获，雨点玛蠛为大连关区首次截获。

【口岸核心能力建设】2022年，大连海关关区6个口岸参加口岸公共卫生核心能力建设复核考核。为做好复核工作，积极行动，主动作为，组织关区各口岸关积极开展自查，补充完善验证材料等工作；组建工作专班对大连地区相关隶属海关进行逐一督查，逐一指导，发现问题并跟踪督导问题整改；相关单位结对互查，对迎检材料及问题整改情况进行再完善。6个口岸均通过海关总署迎检材料审核验收及无预案桌面推演考核。

【特殊物品卫生检疫监管】2022年，大连海关推进出入境特殊物品分级分类监管，对D级特殊物品向隶属海关下放审批权限。开展进口研发样品便利化试点改革，向企业提供"一对一"指导，进一步提高通关时效。推广海关总署新版审批与分析系统，提升特殊物品管理信息化水平。落实海关总署新冠病毒疫苗出境监管服务要求，服务稳外贸大局。全年完成出入境特殊物品检疫审批153批次。

【国际旅行卫生健康】2022

▲2022年3月9日，大连海关一行到大连某生物制药有限公司调研（大连海关卫生检疫处　供稿）

▲ 2022年4月26日,大连海关所属旅顺海关在码头开展"全国疟疾日"宣传活动（大连海关卫生检疫处 供稿）

年,大连海关持续推进常态化国际旅行健康教育与健康促进工作,促进出入境人员提高国际旅行健康意识和能力。在"全国疟疾日""世界艾滋病日"前后,组织各隶属海关和大连国际旅行卫生保健中心,通过线上、线下等多种形式,面向出国劳务人员、国际航行交通工具员工、留学生等重点人群广泛开展宣传教育,普及防治知识,提高出入境人员自我防护意识和能力。做好猴痘、黄热病等宣传教育工作,提升出入境人员的防控意识。加强艾滋病、疟疾等重点传染病监测,做好防止疟疾输入再传播工作。

撰稿人

纪　嘉　周　玲

动植物检疫

【概况】2022年，大连海关认真落实"疫情要防住、经济要稳住、发展要安全"重要要求，以"效能提升年"为抓手，高效统筹口岸动植物疫病疫情防控，坚守口岸检疫防线，把牢国门生物安全，扎实开展动植物检疫工作，有效应对各类安全挑战。严防非洲猪瘟、禽流感、松材线虫等动植物疫情和外来物种入侵，截获检疫性植物有害生物52种、4931种次，检出检疫性动物疫病7种20项次，检出一般有害生物488种、23670种次，销毁进境不合格农产品18批，退运2批粮食，上报海关总署违规通报442份。制发"国门绿盾2022"行动方案，开展"跨境电商寄递'异宠'综合治理"专项行动，非贸渠道截获外来活体动植物54次，维护国家生态安全和生物安全，相关工作得到辽宁省政府肯定。发挥技术优势，对外推荐新增注册水生动物养殖场、果园及包装厂61家，促进特色农产品扩大出口；利用"云签发"、原产地智能审核、自助打印等措施实现各类证书快速申领；开辟查检绿色通道，优先查验、优先送检，实行"5+2"全天候预约通关。配合海关总署对外协商与谈判，恢复辖区对俄出口仁果、核果，涉及供俄水果包装厂16家，果园29家。制订大连、沈阳海关进境种球跨关区附条件提离监管方案，实施绿色通道，优先查验、优先检测，提升通关效率，保障关区繁种基地优质种源供应。全年进境种子11.84吨，同比增长34.9%；种球2719.05万个，同比增长37.05%。完成澳大利亚和新西兰4618头种牛及加拿大12万粒鲑鱼卵检疫，促进地方牧渔产业升级。

【动植物疫病疫情及外来物种防控】2022年，大连海关制发入境口岸外来入侵物种普查方案、开展"国门绿盾2022"行动、"跨境电商寄递'异宠'综合治理"专项行动，建立分析报告制度，开展风险信息研判，加强查验监管、强化督导检查，建立东北四省区五关（大连海关、沈阳海关、长春海关、哈尔滨海关、满洲里海关）"异宠"外来物种防控联系机制，统筹开展口岸动植物检疫监管工作，普查到外来物种23种，非贸渠道截获外来活体动植物54次，其中包括外来物种22次，相关信息被多家中央新闻媒体报道。修订进出境重大动物疫情、进出境重大植物疫情、非洲猪瘟应急处置预案，印发加强口岸高致病性禽流感防控工作分工方案，印发4个加强动物及其产品相关布控建议和风险动态。全年，检疫查验来自非洲猪瘟疫区国际运输工具3265艘（架）次，截获来自非洲猪瘟疫区猪肉产品4批次。

【生物安全监测及风险预警研判】2022年，大连海关印发进出境动植物及其产品国门生物安全监测、非贸渠道疫情及外来物种监测等6类监测方案；细化松材线虫病等12项外来有害生物监测计划，设置诱捕监测点500余个，统一配备诱捕器具；优化关区外来入侵物种监测、评估、预警及应急处置工作流程，组建动植物疫情信息收集工作组，集中开展风险评估，发布风险预警，科学开展应急处置。全年，监测到17种检疫性有害生物，其中1种有害生物达到暴发水平，已通报地方政府建议进行加强监测和铲除；检出7种动物疫病，不合格样品20个，其中从进境种牛中检出一类动物传染病（蓝舌病抗体阳性）1项次、二类动物传染病12项次。

【助企纾困顺畅通关】2022年，大连海关联合长春海关印发输澳大利亚木制家具熏蒸处理联合监管实施方案，实时交流共享监管信息、实

▲2022年7月5日，大连海关关员对瓦房店市出口苹果果园开展实蝇监测工作（大连海关动植物检疫处　供稿）

现口岸熏蒸与半成品加工过程有效监管、全程可溯。两关联合监管出口木制家具2.9万批，货值23.8亿元。建立压缩通关时长长效机制，推进东北四省区五关实施进境粮食跨关区附条件提离监管，加强口岸、属地协同配合，进境粮食通关时间同比压缩58.33%。在海关总署动植物检疫司支持下，与沈阳海关开展进境种球"两段准入"监管，服务辽宁亿元花卉产业，为企业节省通关时间、费用，种球第一时间从港口进入田间，为企业创收赢得先机。深化"证照分离"改革，优化出境动植物及其产品审批服务，减少出境水果注册登记土壤、水检测报告80份。

【助力农产品"抢鲜"进口】2022年，大连海关针对海上过鲜方式进口活鱼水质要求高、靠泊检疫难等特点，量身定制监管方案，保证通关环节税不"漏"、证单"准"、效率"高"；创新通关监管模式，统筹活鱼检疫、运输工具检疫和指定监管场地要求，采用"离岸通关、锚地卫检、网箱货检"模式，大幅提高通关效率和监管水平；建立海上过鲜进口活鱼绿色通道，实施全天候预约查验，为活鱼进口企业提供优先审单、优先查验、优先送检、优先出证的"四优"服务。进口

活鱼每批次通关时长缩短60%以上，提高监管和通关效率。制订进境动物及遗传物质检疫监管工作方案、疫情应急处置预案，明确职责分工；召开协调机制会议，做到全程无缝监管，确保检疫安全，圆满完成澳大利亚和新西兰4618头种牛及加拿大12万粒鲑鱼卵检疫，促进地方牧渔产业升级。多措并举，保障新鲜水果进口。成立进口鲜果通关保障专班，健全协调机制；实行风险动态分级管理，健全疫病溯源体系；通过强化疏港清关能力，整合调配查检场站资源，全年监管进境新鲜水果56.02万吨、货值4.34亿美元，同比分别增长32%、84%。

【保障进口粮食供应链稳定】2022年，大连海关建立粮食进口动态跟踪机制，指导企业运用"两段准入"等便利举措，运用5G+无人机技术实施"零接触"表层检疫，通关时间同比下降59.23%；密切"海关—企业—港口"联系配合，实现查检、装卸和调运无缝衔接，帮扶企业通过"水路＋铁路""水路＋公路"等方式优化进境物流路径，协调提高粮食异地调运效率20%以上；利用植物疫情收集专家组跟踪境外植物疫情动态，对传带疫情风险进行分析研判，开展针对性查验。完成15家企业相关备案作业，监管进口粮食855万吨，货值334.23亿元。

【国门生物安全宣传教育】2022年，大连海关突出线上

▲2022年4月15日，大连海关发起倡议，联合杭州海关、福州海关、成都海关等十余个直属海关推出"铮铮有声"国门把关配音体验活动 （大连海关动植物检疫处　供稿）

宣传，开展特色活动。联合十余个直属海关，创新推出国门把关配音体验活动。全国首创法条音频化，便于多场景语音普法。出品《国门生物安全守护者》系列有声故事。依托新浪大事件直播平台，开展国门生物安全"云"课堂及"异宠"主题直播活动，累计收听收看人数约270万人次，营造良好社会共治氛围。大连海关国门生物安全教育社会服务志愿项目获评2022年度辽宁省"最佳志愿服务项目"称号。

【"跨境电商寄递'异宠'综合治理"专项行动】2022年，大连海关成立关区专项行动领导小组，印发大连海关"跨境电商寄递'异宠'综合治理"专项行动方案，建立"日分析、周报告、月调度"制度，开展风险信息研判，加强查验监管、强化督导检查，建立东北四省区五关"异宠"外来物种防控联系机制，加强信息报送宣传教育，推动专项行动走深走实。约谈相关企业43家次，召开关领导参加工作会议3次，部门会议4次，开展关领导参加督导2次，赴一线监管调研检查4次；报送工作简报33期，被海关总署采编32条；加强高风险寄递物品查验，大连周水子机场海关查发"异宠"红原鸡鸡蛋。

撰稿人

刘　琼

进出口食品安全监管

【概况】2022年，大连海关进一步强化监管，优化服务，重点围绕口岸疫情防控和食品安全监管，加强监测检测，强化联防联控，坚决筑牢进出口食品安全防线，持续提升关区进出口食品安全监管工作效能。扎实开展"国门守护行动"，完成进出口食品、食用农产品、化妆品安全监督抽检和风险监测样品数2043个。全年，检出不合格进口食品化妆品59批次，对47批次境外不合格食品通报开展通报调查。落实进口冷链和高风险非冷链食品口岸疫情防控措施，配合做好进口冷链食品分级分类处置和通关保障工作，服务企业复工复产需要。全力以赴促进外贸保稳提质，关区腌渍蔬菜、鹌鹑蛋罐头、海蜇、香菇菌棒、裙带菜、月见草油等特色产品出口量均有一定增长。优化"进境动植物产品检疫许可审批""进口预包装食品监管""进口冷链食品检出新冠病毒核酸阳性后续处置工作"流程，提高精准布控效能，显著降低货物通关时长。以岗位资质管理为重要抓手，结合"质量提升""岗位能手"等专项活动开展专业培训31学时，参训学员合计500余人次，提升监管人员履职能力。

【进口冷链食品口岸疫情防控】2022年，大连海关从严坚决贯彻习近平总书记重要指示批示精神，认真落实党中央、国务院决策部署，严格执行海关总署和省市联防联控机制工作要求，加强进口冷链食品疫情防控，严防新冠病毒感染疫情通过进口冷链食品输入风险。落实进口冷链食品检出阳性分级分类处置要求，在全国率先建立海关和属地联防联控机制协调配合机制，实现移交地方分级分类处置核酸检测阳性货物，最大限度减少疫情防控对经济社会发展的影响。积极配合海关总署做好境外食品源头管控工作，对境外水产品企业开展视频检查，消除境外源头食品安全和疫情防控风险。高效统筹疫情防控和促进外贸稳增长，及时贯彻落实海关总署关于进口冷链食品疫情防控优化调整要求。

【监督抽检及风险监测工作】2022年，大连海关从严执行进出口食品、食用农产品、化妆品安全监督抽检和风险监测计划，按照布控指令进行取样送检，确保取样送检项目完整，取样规范。落实进口金银箔粉食品安全监管，执行《市场监管总局 国家卫生健康委 海关总署关于依法查处生产经营含金银箔粉食品违法行为的通知》要求，加强关区含金银箔粉食品安全监管力度，查获1批次跨境电商渠道进口的日本金箔酒。

【食品安全质量提升专项行动】2022年，大连海关开展出口食品质量提升专项行动，制订大连海关提升企业出口食品质量安全专项工作实施方案，压紧压实出口企业主体责任和隶属海关对企业监管责任。以境外通报问题为抓手，认真做好核查发现问题整改监督工作，确保问题清零，提升出口食品质量安全水平。开展关区出口食品企业网络问卷调研，覆盖关区352家企业，做好分析研究。联合大连市市场监督管理局推送9项重点培训，培训企业352家，参与人数657人，集中解决问题35项，增强企业规则意识。提升企业自检自控能力，指导30家企业实验室开展能力验证25项，签订委托服务协议12家。

【食品安全2部规章宣贯落实】2022年，大连海关建立工作专班议事制度，制定应急处置措施，下发关于海关总署令第248号、第249号实施过程相关问题应急处置措施的通知，确保《中华人民共和国进口食品境外生产

▲2022年6月23日，大连海关关员对出口禽肉企业开展现场监管（大连海关进出口食品安全处　供稿）

企业注册管理规定》（海关总署令第248号）、《中华人民共和国进出口食品安全管理办法》（海关总署令第249号）2部规章实施后各项工作顺利过渡；印制2部规章释义1000册，通过进企业、进媒体，开展广泛宣传；开展2部规章线上培训，调研企业300余家，培训覆盖辖区350家企业，有效解决2部规章相关问题35项次；积极参与海关总署境外生产企业书面评审和境外生产企业视频检查，助力符合要求境外生产企业顺利获得在华注册编号。全年，大连海关参与完成境外生产企业注册系统评审883家，境外生产企业视频检查32家。

【技术性贸易工作】2022年，大连海关加强技术性贸易措施研究，代表中方参加WTO/SPS第83次例会，提交对输巴西水产品技术贸易关注，通过多双边沟通，促使巴西修订标签法规要求。参与海关总署技术性贸易评议，对6个SPS通报开展评议，评议结果得到海关总署标法中心认可。撰写《大连海关技贸措施工作口袋书》食品部分，为关区食品技术性贸易评议开展提供有效指导；持续跟踪研究东欧六国食品管理体系，向海关总署报送东欧六国进出口食品管理体系比较分析报告，2个进出口食品管理体系比较分析被海关总署食品安全管

理体系研究报告（第二卷）收录。

【**助力外贸高质量发展**】2022年，大连海关针对性开展重点食品监管风险研究，开展全国进出口水产品、进口粮食及制品质量安全风险评估工作，为海关总署制定相应监管措施提供技术支撑；指导庄河、大东港海关督促辖区20家企业按照巴西法规要求完成整改，并向海关总署提交整改报告，15家企业已经解除限制措施，10家企业已经正常对巴西开展贸易；开展走访调研助企纾困，了解辖区食品进出口企业管理现状，优化沟通协调机制，通过"白名单"等快速应对机制解决171批进境申报异常滞港问题，确保通关顺畅，获2家企业赠送锦旗。关区多个特色食品农产品出口量实现大幅增长，其中盐渍鸡油菌、冷冻蒜蓉粉丝水产制品、谷维素等产品首次出口至法国、马来西亚、中国香港等国家和地区。

▲2022年9月2日，大连海关积极组织参与"食品安全宣传周"活动（大连海关进出口食品安全处　供稿）

【**食品安全宣传周**】2022年，大连海关紧紧围绕"共担安全责任　共享美好生活"主题，以社会需要、群众喜欢为出发点，依托职能优势，开展食品安全宣传。参加地方政府组织的"食品安全宣传周"活动启动仪式，开展食品安全宣传"四进"活动，引导各界共同参与。出动执法人员228人次，开展现场大型宣传活动10场次，进社区15个，宣贯食品企业261家，发放各类宣传材料8000份，张贴展板、条幅68个，接受群众咨询千余次，拉近进出口食品安全监管与群众、企业的关系。

撰稿人

靳晓妍

商品检验

【概况】2022年，大连海关深入落实海关总署进出口商品检验工作会议要求，聚焦"安全、卫生、健康、环保"，落实"效能提升年"各项部署，严把进出口商品质量安全关，增强商品检验监管能力，助力企业高质量发展，大连海关商品检验工作取得进一步成效。关区初次检验检出不合格进出口工业品2294批次，最终检验不合格69批次，数重量鉴定不合格189批次。扎实推进危险化学品"百日行动"专项工作，抽调业务骨干组成专家组，推动解决涉危涂料、涉危医用消毒剂CIQ（检验检疫代码）编码问题等5个疑难问题。对关区进口大宗矿产品通关时长进行调研，向相关隶属海关提出提前申报、加强各环节配合、强化预约管理、优化作业流程、加强实验室检测能力5条有针对性工作建议，可压缩进口大宗矿产品流程时长50个小时以上。抓好常态化强化疫情防控，制订《大连海关进口工业品风险监测工作方案（第二版）》。受海关总署商品检验司委托派员参与《进口旧机电商品装运前检验培训教材》编写工作，形成培训教材内容近1万字。针对重大项目、进口成套设备，创新检验监管模式服务企业，建立企业预研判紧急布控机制，推动恒力石化联系市场监管部门做好特种设备检验工作。认真落实加强进口医疗器械检验工作要求，检出的单光子发射及X射线计算机断层成像系统CT机不合格案例，被列入海关总署印发的进口医疗器械不合格典型案例。发挥风险监测海外哨点"情报先导"作用，联合研判医疗美容器械"识别难""界定难"问题，锁定高风险未注册医疗美容器械21类，查获不合格进口医疗器械6884件，有效消除进口医疗器械质量安全风险隐患。聚焦关区新能源电池出口企业包装箱循环使用诉求，提出"企业自检+逐批检验+抽查检验"的锂电池循环使用包装箱出口危包装检验模式，指导企业建立射频追溯标签（RFID）信息化系统，企业全年节省包装成本1500万元以上。

【严禁"洋垃圾"进境】2022年，大连海关组织开展进口再生金属原料检验工作，检验进口再生金属原料8批次，重量3081.58吨，金额171.03万美元。在规范和促进再生钢铁进口、保障金属资源安全和减少碳排放等方面有力发挥海关职能作用；加强对进口铁矿石等大宗资源性商品的卸货全过程固体废物排查，防止废矿渣等固体废物借道入境；关区开展进口固体废物属性鉴别96批、货物重量5.98万吨，其中19批、重量1207.05吨被鉴定为固体废物，主要为无纺布及胶合板等。

【危险品及其包装检验监管】2022年，大连海关印发《大连海关关于进一步加强进出口危险品及其包装检验监管领域安全生产工作的通知》等6份文件，联合相关职能部门组织开展6轮检查，实地检查隶属海关12个。优化取样送检和实验室检测流程，解决旅顺某船务公司进口涂料口岸滞港问题，帮助企业供应链持续稳定，得到政府肯定和企业好评。优化进口危险化学品检验监管，降低进口原油等商品取样送检比例。开展风险研判，联合风控部门对煤焦油等产品进行涉危布控，有效防范打击"伪瞒报"。组织关区人员参加海关总署危化危包培训考核，225人通过考试。向海关总署报送不合格典型案例16例。

【出口化肥检验监管】2022年，大连海关落实海关总署出口化肥检验监管工作要求，开展风险研判，对氯化铵等存在伪报税号逃检风险产品

▲2022年7月5日，大连海关商品检验处组织人员赴大窑湾危险化学品场站调研进口危险化学品检验工作（大连海关商品检验处 供稿）

实施布控，靶向防范"伪瞒报""逃漏检"风险。查发"伪瞒报"8批，重量657.7吨；检出不合格化肥2批，重量60吨。

【大宗资源监管改革】2022年，大连海关大力支持能源资源进口，维护能源资源重要产业链供应链安全。持续推动进口矿产品"先放后检""依企业申请""保税混矿"等改革举措，进口矿产品882批次，货值56.5亿美元。大幅调减大宗原油取样送检，提高原油通关效率，进口原油323批，重量4128.16万吨，货值298.27亿美元。调整优化煤炭检验要求，调减送检比例，快检快放，进口煤炭315批，重量1318.85万吨，货值22.44亿美元，关区年内进口煤炭均检验合格，品质良好。

【委内加工商品自贸措施优化】2022年，大连海关在海关特殊监管区域"分送集报"模式出区进口商品法定检验工作要求的基础上，助力企业打造全国集散中心，通关提货时效缩短至2小时，通关时长直接缩短70个小时左右，降低企业物流成本150万元/年。委内加工产品出区检验监管新模式获得海关总署自贸创新举措备案，试行"验证+合格保证+溯源"检验监管便利化措施，已在沈阳、哈尔滨关区复制。

【海关总署一级风险监测点建设】2022年，大连海关联

合辽宁省教育厅、市场监督管理局开展"2022年儿童和学生用品安全守护行动",组织开展"开学安全教育第一课——国门消费安全教育"进校园等活动;对重点儿童用品等开展联合风险监测,对出口法检目录外商品开展联合抽查,开展进口儿童彩泥专项监测,对发现的8批不合格商品实施下架、退运、销毁处理。大连海关作为牵头单位,积极调动各界力量参与东北六关(呼和浩特海关、满洲里海关、沈阳海关、长春海关、哈尔滨海关、大连海关)进出口商品质量安全风险监测体系建设,初步形成较为完善的海外风险监测机制和联合风险监测体系,监测网络运转良好。监测信息涵盖范围包括71个原产地信息、15类商品,涉及健康、物理、化学、生物和环境等多种安全要素危害,形成多重质量安全警示信息。

【商品鉴定工作】2022年,大连海关"口岸散货堆场无人机三维建模重量鉴定快速测算方法研究"通过关级科研项目验收,探索建立铁矿全流程监管体系。持续开展"清风行动",打击进出口假冒伪劣商品,查获假冒伪劣案件21起,对相关货物实施退运或销毁。

【支持重点项目建设】2022年,大连海关针对重点项目进口大型成套设备,对照进口设备形成工作清单,实施卸货过程中查验、设备安装中检验等嵌入式顺势监管。按需送教上门,帮助企业梳理通关环节重点疑难问题,为企业讲解监管要求,做好企业与市场监督管理等其他部门间的纽带。

【进口旧机电检验监管】2022年,大连海关针对2021年以来海关总署发布的关于进口旧机电产品指令和入境验证工作进行解读,组织学习2021—2022年度大连海关查发的进口旧机电典型案例,提升一线关员政策掌握水平和业务能力。针对大连海关2019年以来的进口旧机电商品检验监管情况,组织专家开展运行监控,对发现的问题挂账销号,立行立改。全面梳理现行有效的进口机电类商品检验标准文件60余份,为一线执法提供支持。针对进口旧机电入境验核装运前检验证书、进口违规车辆调查、入境维修再制造等方面检验监管工作进行督导检查,指导各隶属海关采取针对性措施防范风险。

▲2022年8月19日,大连海关一行赴恒力集团调研(大连海关商品检验处 供稿)

撰稿人

梁译文

口岸监管

【概况】2022年，大连海关不断强化政治意识，提升政治机关建设效能；坚决落实落细习近平总书记关于疫情防控、禁止"洋垃圾"入境等重要指示批示精神，成立大连海关疫情防控工作运行监控专班；加大固体废物和濒危物种及其制品进出口的口岸监管力度；建立健全口岸监管工作机制，提高口岸检查作业规范化水平，提高机检设备使用效能，推进智能审图创新应用；严格进出口贸易禁限管控，加强口岸环节反恐维稳，实施辐射监测设备联网；推进安全生产专项整治三年行动，开展"口岸危险品综合治理"百日专项行动和常态化口岸危险品综合治理工作；规范监管作业场所运行管理，完善口岸三级运行监控指挥体系；支持地方政府开展指定监管场地立项验收工作，支持地方对外经贸发展；推进行李物品、免税品、邮递物品监管智能化、规范化建设，完善旅检"无感通关"模式，提升信息化新技术在旅检监管领域的应用效能；完善快件全链条监管体系，推动快件监管业务规范、有序、健康发展；对进出口印刷品音像制品实施严密监管；助力东北亚国际航运中心建设，支持中欧班列运营发展，开展"直提""直装"试点工作；支持跨境电子商务综合试验区建设，完善市场采购贸易工作机制，推进全国统一版边民互市贸易系统试运行，促进新业态健康发展。

【海关监管】2022年，大连海关加大固体废物和濒危物种及其制品进出口的口岸监管力度，严格执行"月报告、季通报、年总结"工作机制，开展实地督查3次，查发固体废物非法进口情事16起，重量1114.78吨，退运1089.48吨，涉及濒危物种及其制品非法进出境情事92起。加强快件监管。落实岗位分离设置、执行查验"双随机"、完善执法录证、规范业务系统作业信息录入等各项制度措施；开展风险研判，对快件历史进境情况等数据进行监控、分析、核查，推动快件监管业务规范、有序、健康发展。做好业务监控，利用"云擎"等系统在跨境电商领域开展业务监控，会同相关部门开展联合研判，移交处置问题线索。成立大连海关"扫黄打非"工作领导小组，梳理工作重点、排查薄弱环节、制定推进措施，开展打击违禁印刷品音像制品进出境工作；加强风险研判，精准发力提升邮递渠道新型毒品监管工作效能。

【口岸疫情防控】2022年，大连海关疫情防控工作运行监控专班运行平稳，开展视频监控检查3047次，其中进口冷链商品口岸环节监控检查1086次，进口高风险非冷链货物口岸环节监控检查749次；抓好进境客运航班终末消毒监督工作，抽查照片、视频，有力维护国门安全。

【口岸检查作业】2022年，大连海关推进新查管系统全面应用，做好货运监管领域复查复验和实货复核工作。指导业务现场提升关区监管查验能力和水平，下发关区进出口货物口岸监管查验业务通报10期；提高机检设备使用效能，持续推进智能审图创新应用；扩大智能审图系统的识别范围，开展智能审图算法分类试点工作，拦截商品总体漏报率0%。

【安全生产】2022年，大连海关建立"2+9+8+4"安全生产制度体系，建立《风险隐患台账清单》和《岗位责任清单》，推动风险隐患动态清零。签署安全生产联防联控监管合作协议，深化安全生产配合机制，开展季度安全生产风险隐患排查整改，组织开展风险隐患排查6次，查发问题隐患，限期整改；开展"口岸危险品综合治理"百日专项行动，疏解治理口岸危险品滞留风险隐患，危险品货物提前申报率达95%。

【口岸环节反恐维稳】2022年，大连海关组织开展关区"缉枪治爆"专项行动和"口岸监管环节反恐应急演练"。演练采用实兵、实时、实装、实地、实战的模式，涵盖核与辐射涉恐事件应急处置的各环节，提升大连海关应对核生化类恐怖袭击事件的应急处理能力；启动物流监控子系统核辐射监测应用模块功能，49台门户式辐射探测设备完成联网。全年查发核辐射有害因子超标情事11起。

【监管作业场所（场地）管理】2022年，大连海关推进海关经营许可事项"证照分离"改革全覆盖，支持地方政府开展指定监管场地立项验收，开展关区内指定监管场地核查工作，整改10家不符合设置规范的指定监管场地，退出5家2年内未开展业务的指定监管场地；做好视频监控摄像头巡查工作，推送海关总署视频摄像头2329个，海关总署月度在线率绩效考核情况全年均为优秀。

【"跨境电商寄递'异宠'综合治理"专项行动】2022年，大连海关按照"源头管控、情报共享、执法互助、刨根断链、打宣并重"原则，通过约谈企业、跨境电商销售平台网上巡查、组织"异宠"常识和智能审图应用培训、利用CT机等非侵入式检查

▲2022年9月28日，大连海关开展口岸监管环节反恐应急演练（大连海关口岸监管处　供稿）

设备对进境寄递物品开展100%机检查验、依托布控指令开展人工彻查等方式坚决防控外来物种入侵,维护国家生物安全和生态安全。自10月专项行动开展以来,截获国家二级保护动物红原鸡鸡蛋1枚、黑菌虫1只、秀丽隐杆线虫5盒。

【助力东北亚航运中心建设】2022年,大连海关助力东北亚航运中心建设,推进转关作业无纸化,实行"7×24小时"预约通关,推行"第一时间、第一地点"的主动工作模式。监管出口中欧班列107列,同比增长24.4%;探索符合大连关区特点的直装直提模式,开展集装箱"两直"试点工作;推进关区口岸物流监控信息化建设,完成"直装直提""中欧班列电子放行""散货国际转运"等新增业务功能需求的制定。

【新兴业态发展】2022年,大连海关支持跨境电商综合试验区建设,继续推广B2B出口模式,全年备案出口海外仓4个;促进关区市场采购贸易健康发展,打造对韩航线市场采购贸易"转关半天达"样板速度,受理出口报关单2699票,出口金额3.61亿美元;试运行全国统一版边民互市贸易系统,开发关区物流监控系统的边民互市贸易货物管理功能。

▲2022年2月10日,大连海关所属大窑湾海关关员对中欧班列(波兰马拉舍维奇—大连)回程班列进行现场监管 (大连海关口岸监管处 供稿)

【促进外贸保稳提质】2022年,大连海关支持开通"大连—首尔""大连—大阪"两条邮航航空专线,临时开通"大连—美洲"水运邮路,疏解国内其他地区出境邮件20余万件,确保邮路畅通高效;推进行李物品智能化监管创新——人脸识别应用。

撰稿人

刘 欢 安路萍

政策研究与统计

【概况】2022年，大连海关持续强化理论武装，深入学习宣传贯彻党的二十大精神，坚决贯彻落实习近平总书记重要指示批示精神和党中央、国务院重大决策部署，坚决扛起做好统计工作的政治责任。压紧压实各部门单位规划落实的主体责任，将"十四五"规划落实情况纳入关区绩效考核体系、巡察监督要点和审计督察项目，做好督导检查和年度评估，确保规划各项目标任务落到实处。建立"六学、三为、一清单"机制，将建立党史学习教育长效机制、强化政治机关建设专项教育活动和"学查改"专项工作统筹开展，查摆问题清单，逐一挂账销号，确保各项工作取得良好政治效果。持续夯实统计基础，强化数据安全治理，开展数据资产梳理摸底，组织落实数据分类分级管理，规范业务数据使用安全审核，坚决守住数据安全底线、红线。强化分析研究，提升服务发展效能，加强统计调查调研，强化精准服务，加强政策研究，做好辅助决策参考，加强外贸形势分析研判，服务地方外贸保稳提质。

【统计调查与服务】2022年，大连海关紧盯基层诉求、企业需求和政府要求，组织开展中国外贸出口先导指数样本企业问卷调查，撰写分析报告、运行监测报告24篇，为外贸形势研判提供第一手资料；完成贸易景气指数（进口）月度调查、跨境电商平台等统计调查工作，大连海关关区样本企业填报率、及时率均为100%。年内，开展线上线下各类统计调查调研45次，涉及企业421家，及时收集情况反馈问题。依法合规开展数据共享，确保

▲2022年5月13日，大连海关召开2022年政策研究和统计工作会议（大连海关统计分析处　供稿）

海关数据安全可控，提供统计服务131次。

【贸易统计工作】2022年，大连海关发挥全国海关数据审核分中心副组长单位职责，协助海关总署做好全国贸易统计数据审核工作。建立关区维护统计数据真实准确工作责任制，探索建立标准化作业清单制度和统计库数据维护台账制度，完善统计数据质量综合管控工作机制，实现对统计数据全生命周期管控。制发更加有效发挥统计监督职能作用的若干措施，明确统计监督工作指引清单，将维护海关统计数据真实准确、不实贸易管控等工作纳入关区巡察工作项目，实现统计监督与巡察监督统筹衔接，提升综合监督效能。年内，针对市场采购等新业态风险制发统计监督信息13期，防范化解风险。

【统计数据管理】2022年，大连海关完善数据安全管理制度，组织开展海关数据分类分级工作，开展关区业务数据使用安全专项检查。落实系统数据安全规范指引要求，指导关区新系统进行数据安全设计。强化对外提供业务数据审核，制发大连海关关于进一步规范海关统计数据发布及提供相关工作的通知，明确数据提供范围和方式，从制度上确保数据发布和提供的准确性和安全性，守住数据安全底线。

【统计分析】2022年，大连海关建立外贸形势分析会议制度，充分利用全球贸易监测分析中心（大连）优势，重点关注东北亚国家等经贸数据和贸易形势，密切跟踪省市重点产品、重点产业、重点贸易伙伴，做好监测分析，为外贸稳增长和高质量发展提供有力预期引导。年内，31篇分析报告被海关总署相关载体采用，报送省市外贸分析报告8篇。

【政策研究】2022年，大连海关落实加强政策与分析研究工作20条措施，扎实推进"一关一品""一处一品"工程建设，构建"大政研"格局；建立关区调研选题申报制度，形成关长牵头、统计分析处统筹协调、相关部门单位下沉调研、工作专班重点攻关的工作配合机制；完善关领导牵头、全流程跟进的课题管理模式，提高课题管理水平。年内报海关总署调研报告6篇。组织开展"12个必"、38个"深入思考"课题研究，形成调研报告21篇。挖掘基层单位的研究潜能和积极性，推动隶属海关形成调研报告20篇。承办署级课题14个，组织开展关级课题16个。在海关总署《海关政研》栏目发表文章3篇，在"连关政研""业务研究"等媒体发表文章85篇。

▲2022年8月25日，大连海关召开8月外贸形势分析例会（大连海关统计分析处 供稿）

【统计队伍建设】2022年,大连海关统计分析处党支部"红色引领·数说海关"党建品牌通过基层党建培育品牌复核。提升准军事化纪律部队建设水平,获得机关内务规范评比优胜单位。发挥职能作用,加强组织、指导、协调,优化绩效考核指标体系,推动形成统计工作合力。分类设立人才库,强化人才选拔培养。实施青年人才培养工程,成立统计青年理论学习小组,开展"学贯党的二十大 统研青年心向党"等系列活动6次,红色经典诵读视频在海关总署《金钥匙》杂志发表,5篇信息被海关总署统计分析司统研青草地采用,为统计青年搭建干事创业的舞台。坚决贯彻落实全面从严治党的要求,坚决扛起领导班子主体责任和"一把手"第一责任,锻造过硬处级领导班子。加强廉洁文化建设,开展党规党纪教育,推进用制度管权管事管人,强化日常管理监督,狠抓作风建设,一体推进"三不腐",营造风清气正的政治生态。

撰稿人

陈 宇

企业管理和稽查

【概况】2022年,大连海关企业管理和稽查工作按照两级海关工作会议和全国海关稽查工作会议部署,强化监管、优化服务、稳中向好,深化稽查和属地查检业务改革,夯实审核监督基础,优化完善资质管理,强化信用管理和保税监管,推动稽查工作高质量发展。全年,新增报关单位备案1957家,注销1477家;新增高级认证企业5家;办理核查作业2410起,办理稽查作业284起。

【稽查业务改革】2022年,大连海关转变稽查理念,构建以查发为导向、以大要案攻坚为重点的工作新机制,建立"直接出击"和关级重大挂牌督办模式,承接稽查部门办理自主查发的简易程序案件、快速办理案件管理工作。强化大数据分析,聚焦"重点商品、重点行业、重点企业"开展13次行业稽查行动,查发成效显著。

【提升核查效能】2022年,大连海关推动核查分类改革,对涉及准入安全、税收安全、食品安全等重点领域加强研判,统筹开展风险类核查,通过管理类核查规范企业管理和进出口行为,推进属地查检和稽核查执法联动,形成稽核查、属地查检错位互补的监管格局。推动与市场监管部门联合抽查执法常态化,实现信息共享、执法互助。

【保税新模式、新业态发展】2022年,大连海关梳理加工贸易及保税监管手账册管理流程,强化对海关监管区域、保税监管场所安全生产监管,开展关区两仓、特殊区域专项整治检查评估,排查风险隐患,提升监管有效性。积极推动电子、船舶制造业"集团保税"监管模式实施,引导关区企业集团参与试点,充分享受政策红利。支持跨境电商网购保税进口业务、增值税一般纳税人等新兴业态发展,提升跨境贸易便利化水平。

【属地查检管理】2022年,大连海关制定关区属地查验指导性文件,明确工作职责,规范执法程序。抓好进口冷链食品、危险化学品等属地查检工作,总结形成查发典型案例。建立进口目的地指令时限管理机制。聚焦危险化学品、进口冷链食品,组织开展安全风险隐患排查,压紧压实属地查检领域安全生产责任。压缩属地查检作业时限,建立查检作业效率提升机制,设立出口鲜活易腐农食产品绿色通道。

【企业资质管理】2022年,大连海关深化"放管服",推进落实报关单位备案、注销操作规程,加强与辽宁省市场监督管理局联系,确保

▲2022年5月31日，大连海关所属金普海关关员对出口鲜活水产品设立绿色通道（大连海关企业管理和稽查处 供稿）

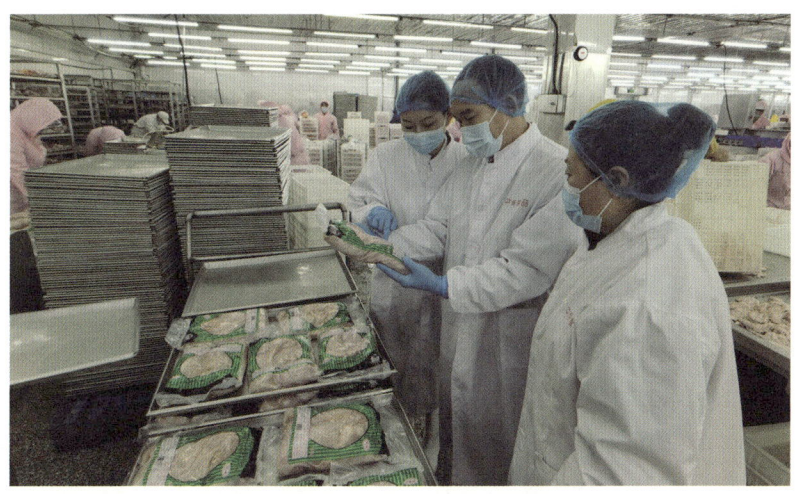

▲2022年2月11日，大连海关所属大连长兴岛海关关员对大连某食品企业开展对香港推荐注册实地审核（大连海关企业管理和稽查处 供稿）

"注销便利化"数据推送及时高效。加快出口食品企业备案，推荐企业对外注册，服务企业开拓国际市场。全年，关区办理出口食品企业备案67家次，对外推荐企业注册35家次。

【信用管理】2022年，大连海关对企业信用等级实施动态监控，开展"多层级+多模式"企业信用培育，加大对专精特新企业培育力度。承接中韩AEO互认效益评估工作，推进中韩AEO互认8周年成效显著。聚焦企业的"痛点、堵点、难点"，推动"百人千企"精准帮扶再升级，主动问需、送策上门、贴身服务，助企纾困解难。

【审核监督】2022年，大连海关落实海关总署"三智"部署，强化业务运行可视化平台数据监控，实现"进系统、标准化、留痕迹、可追溯"的规范化管理。组织开展各业务领域现场执法检查，提升执法统一性，防范化解各类风险。承接检验检疫行政处罚工作，年内办结涉检行政处罚案件188件。

【企业诚信经营环境优化】2022年，大连海关构建以信用为基础的企业分类监管，推动差别化管理措施落地，提升高级认证企业的国际竞争力。在海关认证企业中试点"采信第三方认证机构出具报告"和"企业自查结果认可"等核查新模式，推进差异化监管措施改革试点。加强主动披露政策宣讲，引导企业诚信经营，年内关区接收主动披露92起。

撰稿人

孙　亮

查缉走私

【概况】2022年,大连海关缉私部门坚持以习近平新时代中国特色社会主义思想为指导,全面贯彻落实习近平总书记关于打击走私工作的重要指示批示精神,持续保持打击走私高压态势,推进"国门利剑2022"联合专项行动,开展夏季治安打击整治、"以打促税"两个百日行动。全年,查办各类走私违法案件2225起,案值69.19亿元。开展5次"国门利剑2022"联合专项行动暨大连海关DJ系列缉私行动,3起刑事专案被列为海关总署缉私局挂牌管理案件、2起行政专案被列为海关总署行政大要案。有力落实全员打私责任,持续强化正面监管查缉。

【打击涉税走私违法犯罪】2022年,大连海关缉私部门锚定重点渠道、重点商品,高压严打各类涉税走私案件。"水客"渠道查获案件26起,查扣高档箱包、烟酒、珍珠首饰等各类物品9000余件。开展打击走私医疗美容产品专项行动,案值1.6亿元,查证美容针剂12万件,查扣2373件。开展"以打促税"百日攻坚行动,打击伪报原产地走私海蜇专项行动查证涉案物品7400余吨,查扣3100吨;破获价格瞒骗走私冻品案,案值4.66亿元,涉案物品1.9万吨;破获集装箱夹藏走私洋酒案,查扣高档洋酒5690瓶;开展打击走私韩国商品专项行动,案值3.6亿元,查扣涉案集装箱货物31柜、18.5万余票;侦办走私成品油案件,案值27亿元,涉案燃料油67.42万吨。开展六部门打击骗取留抵退税违法犯罪行为专项行动,立案行政案件29起、案值2.88亿元,向公安机关移

▲2022年7月6日,大连海关查获高报价格骗取留抵退税的水貂毛球(大连海关缉私局 供稿)

交的冻泥鳅泥和水貂毛球两起案件，案值47.6亿元，大连海关作为海关系统唯一代表在全国工作交流会上作经验介绍。

【打击非涉税走私违法犯罪】2022年，大连海关缉私部门重拳打击重点领域走私违法犯罪。严厉打击"洋垃圾"走私，查发固体废物非法进境案件16起、退运1089.48吨。严厉打击濒危物种及其制品走私，查发非法出入境情事92批次，开展DJ系列专项行动，查证走私印度小叶紫檀原木8.2吨，查扣3根、35.5千克，案值千万元。严厉打击枪爆走私，刑事立案2起。严厉打击淫秽物品走私，查获多起走私淫秽物品案件，查扣淫秽书刊1645本。严厉打击毒品走私，刑事立案6起，其中1起为致幻剂类毒品"δ-羟基丁酸"。

【水上缉私及刑事科学技术】2022年，大连海关缉私部门以沿海沿边地区为重点，开展夏夜治安巡查宣防行动，重点打击武器弹药、毒品、"水客"、农产品、"洋垃圾"、象牙等濒危物种等重点领域走私，出动警力200余人次，巡航里程270海里，检查船舶25艘次，检查非设关地码头十余处。3月17日，海关总署缉私局正式批复成立大连海关缉私局司法鉴定中心，现有电子物证实验室1个，使用面积310平方米，居全国海关缉私系统第二位。10月25日，实验室通过2022年全国公安机关刑事技术实验室能力验证，获得考核最高等次。

【"智慧缉私"建设】2022年，大连海关缉私部门强化专业支撑，成功经营全国首例伪报原产地走私海蜇案和近年来全国首例低报价格走私食用油案。承担并完成海关总署科研项目1项、大连海关科研项目2项，申请发明专利2项，获得实用新型专利3项、计算机软件著作权7个。自主研发"查缉现场电子数据快采器"项目先后获得"智慧公安我先行"全国缉私基层技术革新专项二等奖、全国公安基层技术革新专项二等奖。撰写的《5G传输技术下移动终端快采数据模型化分析初探》被《海关研究》杂志刊发并在全国推广。紧密跟踪反走私及疫情态势，参加辽宁省、大连市打私办专项研判会议7次，辅助领导决策。

【缉私法制建设】2022年，大连海关缉私部门坚持依法履职，持续推动执法规范化建设。着力健全执法制度，起草完成刑事转行政案件线

▲2022年3月17日，海关总署缉私局正式批复成立大连海关缉私局司法鉴定中心（大连海关缉私局 供稿）

索联席会议机制、刑事案件涉案财物先行变卖问题集中整治方案、与检法机关走私进境固体废物先行处置联系配合办法等多项刑事执法工作制度；落实刑事案件"两统一"工作机制，印发《大连海关缉私局刑事案件统一审核 统一出口工作机制实施细则（试行）》《大连海关缉私局刑事案件统一审核 统一出口工作机制分工表》《大连海关缉私局刑事案件主办责任制度》，强化执法机制建设。强化执法效能，发挥集体议案把关作用；紧跟效率指标考评开展定期监控督办工作。

【综合治理】2022年，大连海关缉私部门坚持多元共治，扎实推进反走私综合治理。与地方打私办协同推进非设关地走私打击整治，与营口市烟草局组建海上涉烟反走私联合研判中心，强化边境重点地段巡防查缉，丹东界江联合巡航执法形成常态化。与辽宁省公安厅、大连、丹东、营口等市公安局构建多警种合成作战机制，协调开通多个信息数据资源平台等最高级别授权。联动刑侦、经侦、技侦、网安、交管、治安、禁毒部门共同侦办走私枪支、毒品、淫秽物品、禁运物品等刑事案件16起，与丹东市公安局联合破获多起禁限类商品走私大案。

撰稿人

王　鑫

第六篇

综合保障

政务管理

【概况】2022年,大连海关以"时时放心不下"的责任感、"处处紧抓快干"的紧迫感、"事事争当一流"的荣誉感,不断提升政务管理能力和水平。始终把贯彻落实习近平总书记重要指示批示精神作为首要政治任务,抓好"第一议题"制度落实和督促办理。根据海关总署要求和疫情防控形势变化及时调整发布相关措施,做好预警监测排查、完善台账管理等各项内部防控工作,抓好常态化疫情防控监督检查工作,强化日常监督检查,完善应急处置机制,全方位加强疫情内部防控。发挥统筹协调作用,优化完善"三重一大"决策制度。加强基础制度建设,增强信访诉求人满意度,稳妥开展信访工作。做好建议提案办理工作,按时办结率和代表委员满意率均为100%。提高政务公开质量,推进"12360"热线品牌建设。巩固精文简会成果,加强会议管理。做好应急处突工作,执行值班工作要求,强化安全领域各项工作。加强保密管理,推进档案工作。提升信息报送质效,提升新闻舆论影响力。支持地方高水平开放,将"三智"及技术性贸易工作落实落细,打造"单一窗口"亮点工作。开展关区"工作质量提升"专项行动,梳理排查,逐项抓好整改。推进为基层减负工作,对职能部门要求各隶属海关周期性报送的数据表格材料进行统筹清理和精减合并,建立《隶属海关周期性报送数据表格材料正面清单》。

【督查督办】2022年,大连海关始终把贯彻落实习近平总书记重要指示批示精神作为首要政治任务,抓好"第一议题"制度落实和督促办理。紧密围绕习近平总书记最新重要指示批示精神,推动"第一议题"不断落地落实。每月跟踪督办及时反馈办理情况,选取14项重要指示批示精神纳入一级督办跟踪办理,推动关区严禁"洋垃圾"入境、打击濒危野生动植物及其制品走私、疫情防控等工作取得实效。关领导对重要文件的批示第一时间进行立项并跟踪办理,推动工作落实。采取"周、月、季、年"工作法推动督查工作顺利开展,实现对关区各项重点工作推进情况的全过程、动态化管理。创新督查方法,推动实现"闭环式"管理、"全链条"运行,完善"立项—督办—落实—反馈—通报"机制,每周将重点督查情况汇总形成专报,每月针对当月督查情况进行定期通报,为关党委决策提供参谋辅助。全年立项督办434

项，已全部办结，推动各项工作落实落地落细。

【"三办"工作】2022年，大连海关狠抓精文简会，全年发文总量同比下降29.3%，其中发基层正式下行文件同比下降9.5%、非正式文件同比下降34.8%；修订《大连海关会议管理办法》，控制会议规模、压缩会议时间、优化会议形式，规范会议报批程序，强化会议保密管理，严格会议纪律。强化统筹协调，着眼工作大局，突出重点，抓住要害，在部门之间找到"共同点"，在纷繁复杂的工作中找到"着力点"，沟通上下、联系左右，妥善处理各方关系。立足工作实际，积极思考、努力创新，撰写关区年度工作会议报告；聚焦工作重点，以文辅政，高质量起草关党委重要材料和讲话材料。

【信息工作】2022年，大连海关着力提升信息报送质效，将信息工作作为落实重大事项请示报告制度的重要方式，及时报送大连海关贯彻党中央、国务院重要会议精神及重要决策部署，落实海关总署各项工作的相关情况，全方位、多角度展现大连海关在创新监管、服务外贸等方面工作成效，发挥政务信息以文辅政、服务决策的重要作用，提升关区信息工作质量。全年，被海关总署各政务信息载体采用信息180篇（条）。

▲2022年8月26日，大连海关办公室组织开展公文写作练兵活动（大连海关办公室 供稿）

【新闻宣传】2022年，大连海关着力提升新闻舆论影响力，聚焦海关深入学习贯彻落实习近平总书记重要讲话和重要指示批示精神，宣传好海关贯彻落实党中央、国务院决策部署，强化监管、优化服务，统筹疫情防控和促进外贸稳增长的具体实践。做好舆情监测和处置工作，营造良好社会舆论环境。全年，编发各类稿件749篇（次），在各级媒体累计刊发623篇（次），其中中央媒体报道72篇（次）、海关总署媒体报道380篇（次）、省市级媒体报道171篇（次）。

【应急值守】2022年，大连海关规范高效开展应急安全工作，妥善应对关区各类突发应急事件。制发大连海关值班岗位"十要、十不准"工作要求，整理发布大连海关总关值班应急岗位重点工作；举办隶属海关值班工作线上视频培训90人次。开展办公场所安全工作，制定印发《大连海关办公场所安全工作机制（试行）》，编写录制大连海关办公场所安全培训课程视频，组织办公场所用电消防安全、取暖季安全专项自查。落实地方各级国安、应急、政法等部门工作要求，组织开展消防安全月、"平安过年"反诈宣传月等活动。全年，向海关总署总值班室上报各类值班信息192条，值班信息获海关总署领导批示3篇次。

▲2022年10月12日,大连海关组织新闻舆论培训班 (大连海关办公室 供稿)

【保密管理】2022年,大连海关加强保密管理,修订印发《大连海关工作秘密管理暂行办法》《大连海关工作秘密事项清单》《大连海关保密委员会成员和机关定密责任人名单》,建立健全保密管理机制。完成海关总署和大连市委涉密网安可替代工作,加强管理网、互联网以及手机、微信、互联网邮箱的保密管理。聚焦国家安全教育日,结合具体工作,开展保密形势宣讲,对千余人次开展保密安全教育。

【档案管理】2022年,大连海关推进档案工作,做好档案库房搬迁工作,确保档案完整、安全保管。完成2021年疫情档案整理归档工作,上线"大连海关新冠疫情文件查询系统"。精心组织"喜迎二十大,档案颂辉煌"宣传活动,提高公众档案意识,拓展档案文化,展现档案价值。开展关区文书档案归档工作跟班培训。

【政务公开】2022年,大连海关着力提高政务公开质量,通过各类政务公开渠道主动公开海关政府信息2890条,主动公开信息全文电子化率100%,群众满意率100%。推进"12360"热线品牌建设,完成大连海关"12360"热线与地方"12345"热线对接实施服务项目验收;"12360"热线接听电话24807条,问题解决率100%。加强和改进门户网站的内容建设、栏目设置,建立特色栏目《连关统计》等,提供模拟场景式便民服务。

【信访工作】2022年,大连海关稳妥开展信访工作,通过网络、信件、海关总署转办等渠道收到的各类信访件,及时明确信访案件相关责任单位和具体经办人员,并在规定的时限内作出调查回复意见,提升信访诉求人的满意度。加强基础制度建设,与地方信访联席会议建立互联互通机制,加强对隶属海关信访办理指导,印发《大连海关信访工作制度》《大连海关依法分类办理信访诉求清单(修订版)》《信访应急处置预案》《关长接待日》多个规范制度。

【口岸工作】2022年,大连海关进一步促进对外开放,服务高质量发展。成立推动太平湾口岸开放工作领导小组,支持太平湾口岸开放相关工作;完成长兴岛10万吨原油码头泊位、大连港汽车码头泊位开放验收工作;支持丹东铁路口岸2次复通工作;支持营口港泊位口岸扩大开放问题整改。印发《大连海关加快"三智"建设服务"一带一路"高质量发展实施方案》;开展技术性贸易措施交涉应对工作,全年提出SPS通报评议意见17篇,报送特别贸易关注2篇。加强国际贸易"单一窗口"建设和应用推广,支持国际贸易"单一窗口"与国家大数据物流平台互联互通大连口岸试点验证工作;与大连市口岸办合作推动在中国（辽宁）国际贸易单一窗口实现"RCEP 公共查询—税优选"功能；配合辽宁省口岸办推进水运口岸通过"单一窗口"向企业传输查验信息工作；推荐 2023 年度中国（辽宁）国际贸易单一窗口地方特色功能拟建设项目需求 2 个。

【疫情防控】2022 年，大连海关全方位加强疫情内部防控，紧盯疫情发展形势，跟紧国务院以及海关总署、地方防指的各项防控政策，对内部防控措施进行调整，落实"四方责任"。做好预警监测排查、完善台账管理等各项内部防控工作。抓好常态化疫情防控监督检查工作，强化日常监督检查。完善应急处置机制。对关区疫情内部防控有关应急处置预案进行梳理汇总，开展内部人员新冠病毒感染疫情桌面推演 2 次。

撰稿人

陈鸿华

财务管理

【概况】2022年，大连海关认真落实海关总署年度海关工作会议、全面从严治党工作会议部署要求，在海关总署党委的正确领导下，强化政治机关建设，以"效能提升年"为抓手，着力提升财务保障质量和管理效能。落实各项重大决策部署，持续夯实禁止"洋垃圾"入境、打击象牙等濒危动植物及其制品走私、打击冻品走私以及侵犯知识产权案件罚没财物处置机制；巩固和扩大减税降费工作成效，落实国企改革3年计划，加快推进企业脱钩工作，拓展财关库银合作，优化口岸营商环境。保障常态化新冠病毒感染疫情防控物资平稳充足，为统筹新冠病毒感染疫情防控和促进外贸稳增长、筑牢国门安全提供必要的财力保障。落实"过紧日子"要求，加强全面统筹，集中有限财力优先保民生、重点保运转、精准保发展，严控"三公"经费，压减非刚性、非重点项目支出。做好缉私部门财务保障。压紧压实安全生产责任，排查关区涉案财物管理仓库以及关区各类房产消防安全隐患，抓好整改。

【关税和进口环节税】2022年，大连海关征收关税和进口环节税净入库778.86亿元，比上年多收124.79亿元，同比增长19.08%，创历史新高，完成年度税收计划安排的113.54%。

【中央财政汇缴专户清理】2022年，大连海关为加强财政资金管理，优化非税收入收缴流程，落实非税收入电子化改革工作要求，启动中央财政汇缴专户的清理工作，协调海关总署财务司、国库与中国银行，于6月末完成该账户的销户工作。实现应缴国库的非税收入资金直达国库，减少中间环节，规避财政资金风险，确保财政资金安全。

【预算管理】2022年，大连海关落实党政机关"过紧日子"要求，组织关区各海关单位，以"优先保民生、重点保运转、精准保发展"为原则，完成部门预算编制工作。多措并举，勤俭节约办事业，压缩一般性公共支出，统筹整合资源、调整优化结构，重点保障关区日常运转资金，精准保障海关国门安全、科技支撑、打击走私等重点工作任务需要。执行《中华人民共和国预算法》及其实施条例，进一步强化主体责任，完成年度部门预算批复及公开工作。根据预算管理制度要求，加大部门预算公开工作力度，提高部门预算透明度，促进透明政府、廉洁政府建设。对关区预算执行综合运用实时监控、定期通报、动态计划、预警督促等管控措施，推动预算执行工作，完成年度预算执行指标。

【缉私部门财务保障】2022年，大连海关以高度的思想自觉和行动自觉，完善新形势下缉私财务一体化保障机制，保障打击"水客"走私和打击"洋垃圾"、濒危动植物走私等重大案件资金需求；保障关区开展DJ系列行动、夏季治安打击整治、"以打促税"两个百日行动等大规模缉私行动资金需求；保障涉枪涉毒等严重危害社会安全稳定的打私经费需求，做好涉案财物后续管理和处置，坚持不懈推进全员打私，为大连海关缉私工作提供坚强财务保障。

【部门决算管理】2022年，大连海关组织关区业务骨干，运用信息化手段，通过财务处现场归口审核汇总、各审核工作小组远程审核相结合的方式，开展2021年度海关部门决算编报工作，按时保质向海关总署报送2021年大连海关部门决算编报说明和分析报告。根据《中华人民共和国预算法实施条例》要求，做好2021年部门决算批复及公开工作，提升公开质量。

【涉案财物管理】2022年，大连海关持续贯彻落实习近平总书记关于食品安全"四个最严"重要指示批示精神，根据关于海关查获走私冻品实施归口处置的通知要求，指导大连海关所属大窑湾海关缉私分局向营口市打私办移交处置涉案冻品248.95吨，化解走私冻品处置中的食品安全和廉政风险。贯彻落实习近平总书记关于严禁"洋垃圾"入境的重要指示批示精神，根据《中华人民共和国固体废物污染环境防治法》相关规定，在推动2021年辽宁省出台《关于依法组织处理非法入境固体废物有关事宜的通知》的基础上，于8月8日推动大连市打击走私综合治理办公室印发《大连市"双无"固废移交处理工作机制（试行）》，在大连市行政区域内进一步落实落细"双无"固体废物移交处置工作机制。按照移交机制要求，6月21日，向长兴岛管委会移交处理"双无"固体废物21.81吨。组织落实关区涉案财物仓库安全管理要求；建立安全管理长效机制；组织开展5次关区安全检查集中行动，以"四不两直"或实地检查方式对重点单位涉案财物仓库开展督导检查。制定印发《大连海关涉案财物管理实施细则》《大连海关涉案财物拍卖工作管理办法（试行）》，优

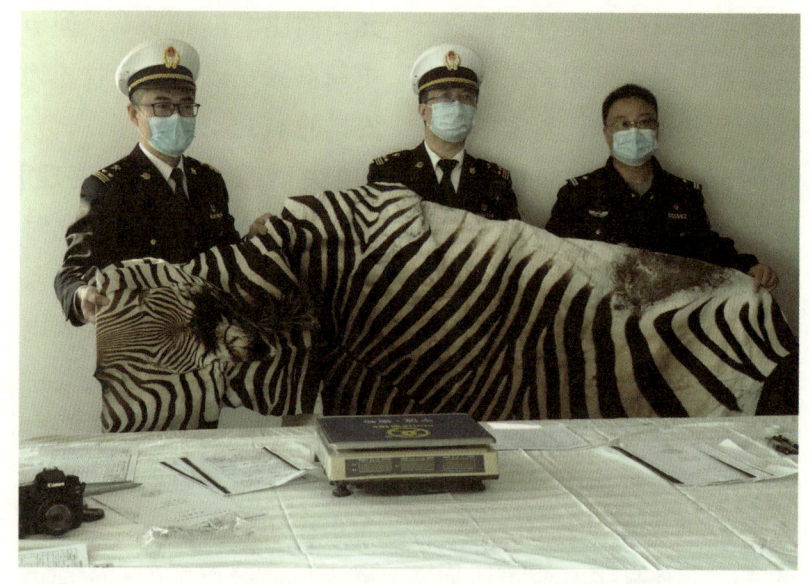
▲2022年1月7日，大连海关向辽宁省林业和草原局移交查没陆生濒危动植物制品（大连海关财务处　供稿）

化关区涉案财物管理工作机制，提升涉案财物管理工作效能。持续加大库存涉案财物处置力度；联合大连市烟草专卖局无害化销毁走私罚没卷烟258条；无害化销毁侵权货物2229件；向辽宁省林业和草原局集中移交205件查没陆生濒危动植物制品。

【企事业财务管理】2022年，大连海关发挥关区两级事业单位监督管理委员会监督管理职责，压实各单位作为资金使用部门主体责任，按照"谁花钱，谁负责"的原则，对预算完整性、规范性、真实性以及执行结果负责，规范事业单位财务管理。落实国企改革3年行动实施方案，开展企业名录编报、国有资产产权登记和国有资本收益上缴申报工作，规范国有资本管理，按时保质完成改革任务。清退无效低效对外投资资产，推进脱钩企业资产处置。推进企业清理注销和/或转让工作。

【基建管理】2022年，大连海关指导推进"大连国际旅行卫生保健中心生物安全二级实验室改扩建项目"建设，批复并启动"丹东国际旅行卫生保健中心业务用房改造项目"建设。根据海关总署进一步加大支持保障边关的22条措施，依据《艰苦地区边关生活保障设施建设指引》，批复并启动"大连海关边关生活设施保障能力提升工程"建设，推进边关中心海关建设，建立完善医疗、生活等后勤集中保障工作机制，为关警员婚恋、子女教育、看病就医、人员轮换上岗等创造有利条件。

【脱贫地区农副产品采购】2022年，大连海关落实党中央、国务院关于实现巩固拓展脱贫攻坚成果同乡村振兴有效衔接部署要求，加大脱贫地区农副产品的采购力度。关区17个预算单位提前超额完成全年采购脱贫地区农副产品任务。

【公务用车管理】2022年，大连海关按照海关总署关于公务用车更新配备使用管理有关事项的相关要求，组织关区相关单位完成公务用车购置配备工作，响应国家节能减排号召，指导4个隶属海关单位首次购置配备新能源汽车。

【节能管理】2022年，大连海关关区各单位做好节能管理工作，19个单位创建成为节约型机关，关区节约型机关创建比率达100%，完成关区处级以上行政单位建成节约型机关的整体目标。

【资产管理】2022年，大连海关通过维护资产管理角色授权系统，实现不相容岗位分离、落实内控管理要求。根据财政部要求，按照海关总署统一部署，组织全关区开展2021年度行政事业性国有资产报告编报工作。对各项资产数据严格把关、精益求精，确保数据编报客观准确，完成2021年度行政事业性国有资产报告编报工作，通过海关总署远程数据审核专家组的审核。按照《中央垂直管理系统行政单位国有资产管理暂行实施办法》要求，向海关总署报备2022年大连海关国有资产出租等审批情况。

撰稿人

周大鹏

科技发展

【概况】2022年,大连海关紧紧围绕中心工作,以党建做引领,聚焦信息化建设,持续推广大连海关主导开发的"云签发"系统;积极推进"数智平台"建设,打造科技创新生态体系,深化"科技微创新"工作机制,备案"微创新"项目15项;完成署级承办项目的应用升级开发,5个关级信息化应用项目通过网信领导小组审议。聚焦实验室能力,强化疫情防控技术保障,配置新冠病毒检测高通量检测设备20台(套);大连国际旅行卫生保健中心、丹东海关保健中心先后获得猴痘病毒核酸检测资质备案。聚焦科研管理,拓宽科研项目立项渠道,开展海关总署、省市各级科研项目申报;加速科研成果转化,完成信息化创新实验室"数智筛"的构建;组织参加2022年全国海关科普讲解比赛,再创佳绩。聚焦科技安全保障,开展网络安全应急演练,完成重点时期的网络安保工作;加强实验室和计算机机房安全生产工作,建立风险隐患排查、常态应急值班管理、风险隐患动态清零3项长效管理机制;构建关区基于5G网络的全业务传输通道,完成17个隶属关办的5G网络的高速通道建设。

【疫情防控信息化支撑】2022年,大连海关"疫情防控文件查询"移动端上线运行,拓宽疫情防控实时文件查询应用场景,开发建设疫情防控文件智能检索应用,实现关区人员对政策要求的智能检索。开发应用大连海关空港入境旅客健康申报远程核验程序,提升大连空港疫情防控及整体运行效能,为大连空港进境航班、进境旅客的健康申报和流行病调查提供可靠支持。

【科技微创新项目建设】2022年,大连海关利用"科技微创新"工作机制,备案"微创新"项目15项。在海关旅检现场方面,开发应用入境旅客健康申明辅助验核机器人助手;在海关视频化监管方面,基于大连海关视频监控平台,深入挖潜,构建视频点位智能预警、数据分析新功能;在促进营商环境方面,针对地方商务部门提出提供贸易统计数据的要求,在保证海关数据安全的前提下,率先开发出相关应用程序。

【"云签发"系统建设推广】2022年,大连海关创新再造出口检验检疫证书管理模式和工作流程,开发运用"云签发"系统,解决关检业务融合后出口货物检验检疫证书签证管理的痛点问题,取得良好效果。综合信息呈报《大连海关开发运用"云签

第六篇 综合保障 | 科技发展

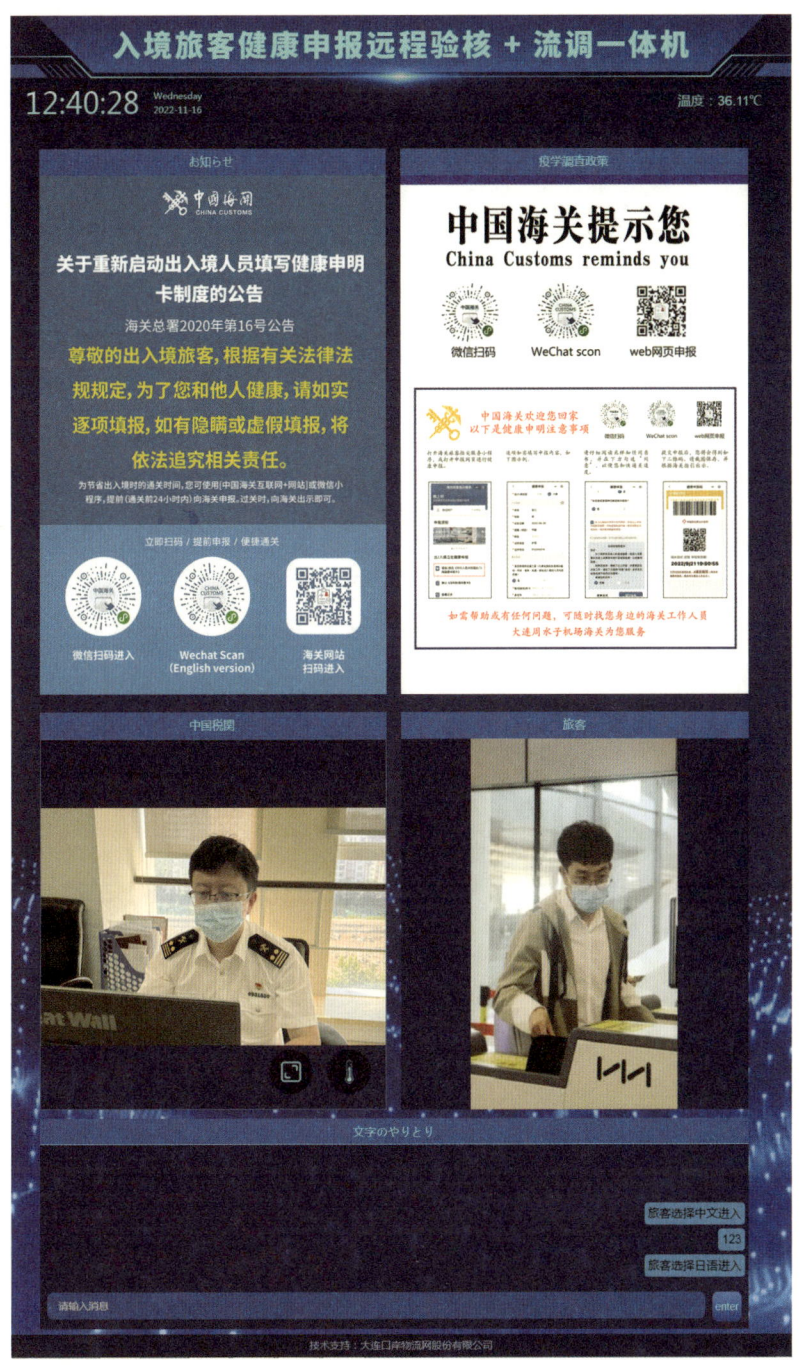

▲2022年10月12日,"机场入境人员健康申明智能验核助手"助力旅客疫情风险快速甄别（大连海关科技处 供稿）

发"系统探索属地查检业务智能化管理新模式》获海关总署相关载体刊发，相关工作获得署领导批示肯定，并在全国复制推广。

【"数智平台"建设】2022年，大连海关以数字化、智能化运行为目标，打造大连海关"数智平台"，立项建设消息推送服务、信息搜索服务、访问控制服务、日志审计服务、系统集成服务、数据共享服务6项基础技术服务，"云灵境""云灵昉""云灵御"3大应用体系支撑框架以及1个统一服务网关，打破数据孤岛，解决安全管控难的局面，以更透彻的信息感知、更智能的IT治理，为智慧海关建设服务。

【署级、关级信息化项目建设】2022年，大连海关完成署级项目教育培训子系统在线考试应用国产化版本在海关总署业务网和互联网的部署工作，完成数据库性能调优，提升国产化后部分场景的查询速度；完成署级项目税管中心管理子系统规范申报管理应用升级开发，优化数据导入和校验逻辑，增加导入数据比对功能和校验结果排序功能；完成关检融合前原海关6个化验中心在涉税化验应用中的分布式历史数据备份工作。完成进口商品税收风险智能筛查"数智筛"第5个版本开发工作，12月在海关总署大数据环境下的应用测试取得成功，获得海关总署关税征管司、风险管理司、科技发展司和税收征管局（京津）、税收征管局（上海）的好评，为建设"智慧海关"提供新的思路与手段。新立项采购管理信息系统、"数智平台"等5项关级信息化应用项目；完成2021年新立项项目开发工作；开发上线"优惠协定税收分析系统"；升级"大连海关跨境电商辅助监管系统"，确保"双十一"业务高峰系统运行平稳。印发大连海关信息化应用项目实施管理细则。

【"单一窗口"建设】2022年，大连海关针对地方特色，提出海关特殊区域企业辅助申报系统、进口货物目的地查检（云眼查）系统企业检查信息接入、海关出口货物检验检疫单证"云签发"系统企业申报升级、出入境检验检测服务平台、大连国际旅行卫生保健服务平台等应用项目立项建议，申报2023年度中国（辽宁）国际贸易单一窗口建设项目，参加国际贸易"单一窗口"与国家物流大数据平台互联互通地方试点验证工作。

【信息系统安全运行管理】2022年，大连海关组织机房停电应急演练和网络安全事件应急演练，全面提高值班人员工作水平和应急处置能力。技术热线服务工作直接处置1396个，形成服务请求单3293条。完成H2010通关管理系统更新10次，完成各类应用上线8个、下线3个，故障处置率100%，关区各类信息系统运行稳定；完成国产化客户端推广和国产化应用兼容工作，对相关软件进行更新，对硬件系统进行升级，增加核心业务容灾备份。

【网络安全管理】2022年5月，大连海关联合大连市委网信办、公安局网警支队、应急保障中心以及大学院校等相关单位部门，以模拟口岸物流监控子系统遭受攻击为基础，开展网络安全应急演练，全景展现网络安全事件的监测、预警、研判、通报、处置、分析总结全过程，并通过视频录像等技术手段固化整个应急演练过程；7月25日至8月8日，完成公安部组织的网络安全攻防演习；成立专班，明确安全管理要求，排除网络安全风险隐患，完成敏感时期信息系统安全稳定运行保障工作。

【网络与视频监控系统】2022年，大连海关完成基于5G网络的VPN全业务传输通道建设，17个隶属关办可通过5G高速网络承载业务系统运行。开启大连海关远程移动办公新模式，提升大连海关移动办公的安全性。完成光传输环网改造及大连港湾海关和缉私局的网络系统优化，迁移光传输等核心设备20台套，割接网络链路40余条。启动大连海关视频监控系统升级工作，完成视频监控系统智能预警平台部署，提升视频监控系统在线率，上传海关总署的2200多路视频信号在线率均超过95%，海关总署各项考核指标均为优秀。首创监控新思路，完成视频二级、三级平台及网闸的高冗余互备运行，提高设备的可用性。

【信息化设备管理】2022年，大连海关从更换国产信息化设备、申请海关总署配置、清理报废设备等方面入手，将大连海关本级信息化设备资产数量降至限额以下，实现信息化设备有序更新，提高信息化设备使用效率。

【实验室技术能力】2022年，大连海关强化疫情防控实验室检测设备保障，为关区P2实验室配置荧光定量PCR、核酸提取仪等高通量检测设备20台套。加强P2实验室能力建设。推动大连国际旅行卫生保健中心P2实验室改扩建项目施工建设，大连国际旅行卫生保健中心、丹东保健中心获得猴痘病毒核酸检测资质备案，提升多病同防检测能力。动态调整检测业务，恢复盘锦海关综合实验室功能，弥补口岸缺失植物检疫领域实验室问题。优化检测资源，形成大连、丹东东港、鲅鱼圈3大检测区域，完成食品检验、动植物检疫、卫生检疫等重点领域法检项目扩项434项、标准变更336项。大东港海关实验室获得非洲猪瘟病毒检测CNAS认可资质。规范执法样品对外委托检测工作流程，制定大连海关现场执法保障业务样品对外委托检测咨询服务指引，为外委工作提供技术支持。完成e-Lab系统与旅客通关子系统对接，开展e-Lab系统与属地查检系统模块对接测试。

【实验室安全管理】2022年，大连海关印发关区实验室常态化疫情防控监督检查工作方案，形成制度化、可持续的监督检查长效机制，开展实验室条线安全风险隐患排查，建立安全管理风险隐患问题台账，推动问题动态清零。创新采用"科技条线安全生产风险隐患整改联系单"机制，下发整改联系单13份，整改完毕39个安全问题。全年开展实验室安全检查16次，保证实验室检测工作安全稳定开展。梳理实验室领域安全检查清单，形成《大连海关实验室安全检查清单汇编》5大方面402条内容，印刷成册下发实验室。发布3期文件汇编、79份文件。制定实验室安全管理10项要求，做到管理制度上墙，督促实验室履行安全管理第一责任。

【科研项目管理】2022年，大连海关承担辽宁省中央引导地方科技发展资金项目1项、大连市科技创新基金科技惠民项目1项，组织申报海关总署科研项目13项、大连海关科研项目立项14项。加强在研科研项目全过程管理，召开中期检查会和验收预审会，对2个科研项目开展中期检查、18个科研项目开展预验收；组织关级项目验收会4次，18个项目通过验收。获得大连市科技进步奖三等奖1项。

【科普讲解大赛】2022年，大连海关成立科普创作团队，完成科普作品撰写、辅助视频制作、参赛选手辅导和后勤技术保障工作，2名参赛选手分别获得第一名和第三名，荣获2022年"全国海关十佳科普讲解员"称号，并代表海关总署参加2022年全国科普讲解大赛，分获二等奖、三等奖，实现大连海关科普讲解工作新突破。

▲2022年5月23日—27日，大连海关组织"走进科技 你我同行"科技活动周（大海关科技处 供稿）

【科技活动周】2022年5月23日—27日,大连海关组织开展科技活动周,围绕"走进科技 你我同行"的主题,结合大连海关的实际工作情况和疫情防控工作的要求,用线上展厅展播、网络视频直播、"科技辅导员"线上辅导、筑牢安全意识教育培训、现场趣味体验活动5个场景,贯穿于科技活动周的全过程。《中国国门时报》于6月6日刊发题为《让科技伴 你我同行》的大连海关科技活动周活动侧记专题报道。

撰稿人

王　翊　钟金宇

督察内审

【概况】2022年，大连海关在海关总署党委的坚强领导下，以"效能提升年"为抓手，不断提升督审监督质效。按照海关总署部署，开展署级重大决策部署落实情况跟踪督察。聚焦重点内容，稳步开展关级重大政策决策落实情况跟踪督察。推进清单式督察，发挥各部门单位的职能监控和基层自控作用。重点聚焦习近平总书记重要指示批示落实情况，党中央、国务院重大决策部署落实情况，中央八项规定及其实施细则精神落实情况，服务高水平开放和高质量发展举措落实情况，统筹疫情防控措施落实情况，海关依法全面履职情况，海关改革措施推进落地见效情况。落实海关总署部署，开展专项审计。突出部门协作，配合国家审计。加强能力建设，推进大连关区经济责任审计。强化审计成果的有效转化利用，梳理汇总《全国海关审计发现问题汇编》，"由点及面"解决关区可能存在的问题及风险隐患，提升自身"免疫"能力，达到"减存量，遏增量"的目的。推进内控机制建设与业务管理融合，强化署级内控节点岗位落实清单的执行，推动提升内控节点应用覆盖率。推进海关内部控制与监督子系统各功能模块的应用，提升应用效能。做好执法评估各项工作，参与署级工作组，协助配合海关总署开展专题执法评估调研。结合大连海关工作实际，开展专题评估，提升海关执法评估"云擎"站点的深化应用能力。更新督审人才库，提升督审专业化水平。通过"以干代训""以审促学""跟班学习"等多种形式，在实干中提高督审工作业务能力水平。

【督察监督】2022年，大连海关在关区范围内开展口岸检查作业规范情况督察和支持外贸促稳提质措施落实督察2个署级项目，进出口食品安全"四个最严"要求落实情况督察、"国门绿盾2022"行动落实情况督察、强化企业管理和后续监管落实情况督察、科学精准做好口岸疫情防控落实情况督察4个关级督察项目。制发《大连海关2022年度督察项目清单》，54项督察项目。其中，署级督察项目4项、关级督察项目50项，包括职能部门14项、隶属海关36项。承接海关总署"进出口食品安全'四个最严'要求落实情况督察项目重点"的全国海关督察指南编写工作。收集梳理督察事项涉及的法律法规、规章制度等文件80份，收到反馈意见21条。大连海关制定的"进出口食品安全'四个最严'落实情况督察重点和指南"被海关总署采纳并在全国海关印发执行。

【审计监督】2022年，大连海关制订配合国家审计工作方案，建立业务组、数据组、后勤组协同配合国家审计工作机制。审计期间提供审计资料需求清单680余份，沟通反馈取证单49份，呈报海关总署督察内审司、关党委《迎审动态》51期。针对国家审计发现的问题牵头组织整改，制订审计整改方案并跟踪督办。开展大连海关大金额差错报关单专项审计、企事业单位脱钩专项审计、贸易管制措施专项审计。上报海关总署大金额差错报关单专项审计报告1份，企事业单位脱钩专项审计阶段性报告4份，贸易管制措施4个专题专项审计报告4份。更新涵盖14个业务领域、由74名业务专家组成的督审人才库，提升审计专业化水平。根据审计计划完成对7个单位原主要负责人离任经济责任审计项目。

【内控建设】2022年，大连海关强化署级内控节点岗位落实清单的执行，推动提升内控节点应用覆盖率。提升内控前置审核复核力度，开展19项内控前置审核复核，推动在关级信息化系统建设时进行内控设计，嵌入内控节点。加强对基层单位内控工作的指导和监督，以评促建，结合关区经济责任审计项目同步开展内控落实情况评价，对6个隶属海关开展内控评价。深化科技控权，推进海关内部控制与监督子系统各功能模块的应用，推动各级内控主体主动落实风险防控责任，提升应用效能。发挥"海关内部控制与监督子系统（原新海廉）实操培训基地"作用，针对相应需求开展定制化培训，开展2次系统操作培训，关区176人参加培训。开展系统应用绩效考核评估，对系统应用情况进行"月提醒、季通报、年总结"，细化指导应用方向，以绩效提升促进系统应用效能提升，全年发布应用绩效评估表12次、系统应用通报3期、工作总结1期，编发监控分析报告汇编1期。关区撰写的监控分析报告被海关总署采纳35篇；在海关总署内部控制与监督子系统信息服务平台发布信息30篇。

【执法评估】2022年，大连海关参与署级"全国海关属地查检工作情况专题执法评估"工作组，承担数据调取分析工作，参加工作组集中讨论3次、数据组小组会议3次，完成4个指标数据的

▲2022年10月10日，大连海关审计组进驻某隶属海关开展经济责任审计工作（大连海关督察内审处　供稿）

调取和分析工作。协助配合海关总署开展专题执法评估调研4项。根据海关总署督察内审司要求,结合大连海关工作实际,开展"水产品加工贸易监管"和"进口货物通关时间"专题评估,设计评估指标7个,提出业务建议8项,对2个业务现场开展调研,向76家企业发放调查问卷,撰写专题执法评估报告。提升海关执法评估"云擎"站点的深化应用能力,参与海关总署执法评估指标建设固化工作,参与研讨3次,对指标固化工作提出建设性意见。

【内控示范科室】2022年,大连海关在关区组织开展"内控示范科室"创设评选活动,营造"讲政治、强业务、重内控"的良好氛围,打造政治建设过硬、科室管理规范、内控工作到位、风险防范有效的基层科室。以创设活动为契机积极探索"内控"和"业务"有机融合路径,破解"内控业务两张皮"现象。发挥示范单位典型引领、辐射带动作用,推动内控主体责任落实,激发基层科室管理动能,实现基层工作质量、风险防范化解能力双提升。年内评选出关级内控示范科室6个,并择优向海关总署报送2个科室参与署级"内控示范科室"评选。

▲2022年6月16日,大连海关执法评估工作人员赴企业现场调研(大连海关督察内审处 供稿)

【"督察审计组+临时党小组"双轮运行模式】2022年,大连海关依托督察和审计两种手段,聚焦习近平总书记重要指示批示精神和党中央重大决策部署,验证海关工作开展的实际效果。在开展现场督察和审计过程中,发挥党建核心引领作用,建立"督察审计组+临时党小组"双轮运行模式,将党建工作融入督察审计日常工作中,以督察审计临时党小组为阵地,以大连海关兼职督审人才库党员为核心力量,发挥各领域业务骨干在督察、审计工作中的带动作用,建立"1+1"督察、审计服务模式,开辟双向交流通道,通过督察、审计组与被检查单位的双向交流,增强问题评判的客观性,提升解决问题的实效性,发挥现场督察、审计工作的服务效能,做好"我为群众办实事""后半篇文章"。

撰稿人

王 永

离退休干部管理

【概况】2022年，大连海关持续深化党的建设，落实离退休干部政治待遇，对行动不便的老同志送学上门，通过离退休党支部群每日推送党的二十大精神学习要点，组织线上专题学习研讨，引导老同志在思想上、行动上与党中央保持一致。推进离退休干部党支部"四强"党支部申创及"一支一品"党建品牌建设。修订完善离退休干部党员党费收缴办法。利用信息化手段提升服务时效，制定大连海关"智慧银海"平台管理维护细则，健全离退休人员基础数据库，组织操作培训。通过平台发布各类工作通知、简报、电子书刊、老干部大学课程等300余次，老同志登录次数4341人次。精准化管理优化服务质量，全年协调解决老同志各类诉求700余件，走访慰问330余人次，发放慰问品7000余份；首次采用"套餐+自选"形式为960余名老同志订阅2023年报纸杂志；做好670余名老同志年度健康体检全程服务保障；开通"绿色农产品直通车"，惠及大连地区老同志3800余人次。组织"建言二十大""我看中国特色社会主义新时代"专题调研，在关区召开座谈会6次，开展主题活动20余次，上门走访80余人次，电话访谈60余人次，150余名老同志参与调研，征集建议130余条。

【党建工作】2022年，大连海关离退休干部2个党总支、21个党支部完成换届选举，优化党支部组织架构，统筹增设7个离退休党支部。离退办机关党委组织召开党务工作者培训暨先进支部和优秀个人表彰大会，表彰2022年在离退休干部党务工作中

▲2022年6月30日—7月1日，大连海关离退办机关党委组织召开党务工作者培训暨先进支部和个人表彰大会（大连海关离退办 供稿）

作出突出贡献的先进党支部和优秀个人，为老党员颁发"光荣在党50年"纪念章，邀请大连市委党校教授解析党的十九届六中全会精神。

【精准化服务】2022年，大连海关建立荣誉退休制度，制定《大连海关干部荣誉退休制度（试行）》，组织荣誉退休仪式15场。制定离休干部"一人一策"实施意见，实行亲情化、个性化服务，坚持做到每周一次电话回访、每月一次上门回访，精准落实政治、生活各项待遇。建立"空巢"、重病、困难、异地等特殊群体的精准服务数据库。修订完善离退办慰问探视离退休人员操作规程。

【老干部大学】2022年，大连海关做强老干部大学和老干部活动中心"两个阵地"，保障疫情期间停课不停学，首次开设线上课程，包括绘画、太极、口琴和剪纸4门课程，260余人次参与听课。开展"喜迎二十大　奋进新征程"主题作品展，获得东北协作区一等奖1名、三等奖4名。

▲2022年9月27日，大连海关离退办组织老干部大学口琴班参加全国海关老同志"喜迎二十大　奋进新征程"线上文艺汇演（大连海关离退办　供稿）

【正能量宣导】2022年，大连海关聚焦发挥正能量，打造"银领先锋"，宣传先进典型。配合大连海关学会编写"红色海关记忆——人物篇"个人传记，"永远听党话跟党走的百岁老红军"陈建平革命事迹发表在《中国国门时报》及"鑫海桑榆"微信公众号上，"小巷理发师——胡月媛先进事迹"在《中国国门时报》上发表。组织"炫夕阳"志愿者服务队老同志及离退办年轻同志与大连爱纳孤独症障碍中心"星青年"交流互动，教授书法、奉献爱心。

撰稿人

孙晓彦

第七篇

隶属海关

大窑湾海关

【概况】2022年，大连海关所属大窑湾海关坚持以习近平新时代中国特色社会主义思想为指导，贯彻落实习近平总书记重要指示批示精神和党中央、国务院重大决策部署，弘扬"求实、扎实、朴实"的海关文化，落实海关总署以及大连海关工作要求，圆满完成全年工作任务。年内，监管进出口货物2239.54万吨，进出口货物总值3286.78亿元，监管国际航行船舶4858艘次，完成两税入库141.4亿元，审结报关单72.93万票。

【党建工作】2022年，大窑湾海关坚持和加强党的全面领导，落实"三重一大"决策制度和民主集中制，上下贯通、执行有力的党委领导机制不断健全。参加大连海关2022年"四强"党支部和党建品牌复核评选，新增获评"四强"党支部7个、党建示范品牌1个、党建培育品牌1个。实施党建硬件、结对帮扶、双融双促3项提升工程，形成"六室一广场"的党建活动阵地布局。以"三督一宣"为抓手，成立督导组下沉指导，推动各级党组织开展主题党日活动250余次。挖掘基层党建热源，组织"身边人讲身边事"主题活动，展现窑关人担当、奉献、敬业的良好精神风貌。定期开展意识形态工作分析研判，规范党员干部网络行为，把意识形态工作要求落到实处。

【海关监管】2022年，大窑湾海关开展"口岸危险品综合治理"百日专项行动，查验进出境危险化学品11533箱，"超30天未提离"实现连续120天"零报告"。抓好安全生产，深化安全隐患排查整改长效机制，组织开展安全生产应急演练、危险化学品应急演练、消防应急演练、涉恐事件应急演练。强化机检审图效能，制定集中审像作业操作指引，查发异常情事401起。推动监管作业场所规范化管理，依规对连续2年未开展肉类进境业务的指定监管场地启动退出机制。稳步持续提升异常处置效率和质量，处置查检异常报关单4351票。落实《跨境电子商务零售进口商品清单》的优化调整，构建跨境电商风险防控长效机制。

【检验检疫】2022年，大窑湾海关加强对重点敏感商品检验监管，落实2022年度法定检验商品以外进出口商品的抽查检验，检出进出口不合格工业品1746批次，同比增长44.7%，全国海关首次查发汽车轴距不合格问题，大连关区首次查发平行进口汽车不符合GB 7258新规问题。加大准入食品综合研判

▲2022年3月20日,大连海关所属大窑湾海关关员监管验放跨境电商零售进口商品（大连海关所属大窑湾海关 供稿）

力度,强化不合格食品的全链条监管,完成进口食品安全抽样检验1009批次,送检项目合计21903项次,抽检商品涵盖62个类别;查发进口食品无中文标签或标签不合格659批次,并监督完成标签整改;销毁或退运进口不合格食品36批次,货值159.66万美元。加强进出境动植物检疫,深入推进"国门绿盾2022"专项行动,严防非洲猪瘟、禽流感、松材线虫等动植物疫情和外来物种入侵,全国海关首次截获小勾口大光螨,大连关区首次截获申氏乙螨,在进境原木、水果渠道先后3次截获红火蚁,首次监测到检疫性实蝇JBD、毒莴苣、小蓬草。推进"异宠"综合治理专项行动,开展宣传教育,提高公众认知水平,压紧压实跨境电商平台及寄递企业的主体责任。

【综合治税】2022年,大窑湾海关持续完善税收征管作业模式,完成税收任务。推动各项税收优惠政策落实到位,办理非政策性退税5411万元,减免滞报金6493万元。创新担保通关模式,推进保证金"线上办理＋台账管理"网上审批,征收保证金1949票、2.6亿元。开展RCEP政策宣讲,联合地方政府设立改革创新与企业发展沙龙,推进RCEP政策落地见效。

【查缉走私】2022年,大窑湾海关深化全员打私,巩固拓展"缉私＋稽查""缉私＋现场"等工作模式。开展"国门利剑2022"专项行动,办理走私成品油案件涉税4.5亿元,截获进口夹藏酒走私案件案值300余万元。夏季治安打击整治"百日行动"成效显著,相关工作情况得到海关总署缉私局主要负责同志充分肯定。"快简"案件办结570起,完成全年目标任务。行政一般案件立案271起,同比增长1.8倍;案值11.32亿元,同比增长1.8倍。刑事立案23起,案值27.64亿元,案值同比增长4倍。

【疫情防控】2022年,大窑湾海关不断完善上下协同、运转高效的指挥体系,持续巩固密切联系、信息共享、协作共进的联防联控机制,各级干部职工冲锋在前,不惧困难,凝聚起同心战疫强大力量。优化口岸卫生检疫,规范开展进口冷链食品、进口高风险非冷链集装箱货物风险监测和预防性消毒。合理统筹调配人力资源。提升多病同防能力,加强埃博拉、猴痘、霍乱、疟疾等重点关注传染病的排查处置。

【外贸保稳提质】2022年,大窑湾海关落实海关总署促进外贸保稳提质10条和大连海关20条措施，制定大窑湾海关保稳提质14条措施和支持综合保税区发展10条措施。定期召开企业政策宣讲会和关企座谈会，宣讲海关政策措施，呼应企业诉求和发展需求。引入企业信用水平管理体系，推出"五优"通关措施。推进"入境检验检疫证明"电子化，签发电子证明2.2万份。围绕重点进出口商品和重点贸易伙伴开展统计分析，强化政策研究和数据应用，创建"一关一品"研究品牌，2篇统计要情被海关总署采用。

【营商环境】2022年，大窑湾海关拓宽问题收集反馈宣讲渠道，落实"问题清零"工作机制，发挥"百人千企"联络员作用。压缩通关时间，全年进口平均整体通关时间38.5小时，同比下降36%；出口平均整体通关时间1小时，同比下降22.5%。鼓励符合条件的企业采取进口"船边直提"、出口"运抵直装"模式，完成直提业务2.17万票、直装业务0.93万票。优化中欧班列监管模式，监管出口中欧班列107列、同比增长24.4%，货运量12.66万吨、同比增长106.8%。保障辽宁首条直航澳大利亚海运运邮专线首发成功。

【队伍建设】2022年，大窑湾海关以忠诚干净担当为标准，树立鲜明用人导向。完善考核评价和表彰奖励工作，12人获大连海关三等功、28人获大连海关嘉奖、18人获大窑湾海关三等功、137人获大窑湾海关嘉奖。在大连海关2022年度卫生检疫和食品安全领域业务岗位能手评比中，6名同志获得荣誉，取得获评选手总数第一、2个条线均包揽前两名的好成绩。坚持"需求+培训+反馈"一体融合导向，强化教育培训。加大人文关怀力度，组织开展特色节日及各类文体活动，用好用足各类福利政策。高标准推进准军事化纪律部队建设，开展"内务规范强化月"活动，强化令行禁止、雷厉风行的作风养成。

▲2022年7月29日，大连海关所属大窑湾海关关员在专精特新企业进行调研（大连海关大窑湾海关 供稿）

撰稿人

王洪涛

大连周水子机场海关

【概况】2022年，大连海关所属大连周水子机场海关（以下简称"机场海关"）贯彻落实全国海关、大连海关工作会议精神，贯彻落实大连海关党委"效能提升年"工作要求，立足空港口岸工作实际，统筹推进口岸疫情防控和促进外贸稳增长工作，圆满顺利完成各项任务。年内，监管进出口货运量4.93万吨，监管快件总量253.84万件；入库税收26.71亿元，监管进出境航班2891架次，查获各类走私违规案件429起。

【党建工作】2022年，机场海关驰而不息抓好政治建设，以党的二十大精神学习为重点，明确7个方面16条具体措施，为学习宣传贯彻大会精神划定路线图，组织研讨交流30余次，撰写学习体会50余篇。强化政治机关意识，落实"第一议题"制度，学习贯彻习近平总书记重要讲话和重要指示批示精神100余篇次。组织强化政治机关建设专项教育和"学查改"专项工作，形成53个岗位政治要求清单。发挥党建引领作用，推进党建活动阵地建设，系统规划党建文化"一揽子"方案，升级3个、新建2个党建活动阵地。发挥基层支部和广大党员在疫情防控、改革创新、监管服务等重大任务中的战斗堡垒和先锋模范作用，40余人次获得海关总署、关区和关级表彰奖励。

【疫情防控】2022年，机场海关科学精准落实新冠病毒感染疫情防控措施，筑牢口岸疫情防控防线。根据疫情形势变化、政策措施调整等，更新完善方案预案，提高防控体系建设质量。加强工作闭环管理，实行考核上岗制度，细化岗位职责要求，强化岗前培训和实战演练。对旅客电子健康申报信息实施"预流调"，精准分流旅客95%以上，流调环节减少用时80%；多措并举关心关爱一线人员，科学制订轮换方案，严格落实轮班轮休制度。

【海关监管】2022年，机场海关开展"口岸危险品综合治理"百日专项行动，聚焦"监管能力不足""伪瞒报错漏报""口岸超期滞留"3大风险，实行"双信息"放行筛查措施，提升口岸危险品综合治理效能。聚焦快件监管系统性风险防范，规范查验作业要求，加大智能审图应用力度，实施对智能审图命中的快件100%开箱查验和100%同屏比对监管；首次在出口C类快件中查获SKF轴承侵权案1起，查获伪报品名进境水光针12盒37剂；查获价格低报进境癌症药、球星卡等快件50余票，涉案金额150余万元；查获通过伪报、夹藏等方式走私进境价值超过万元的首饰、违禁药品、管制刀具、进境银行卡、POS机、赌博筹码等20余起，部分案例被海关总署作为典型案例发布。开展涉及压缩通关时间、督察审计、内控机制、数据统计等方面专项督察，下发综合业务管理平台联系单等906份，跟踪做好后续处置工作。

【国门安全】2022年，机场海关全面强化国门生物安全屏障，提高初筛鉴定能力，初步完成初筛实验室建设；防范外来物种入侵，全面打击寄递、夹带外来物种和种子苗木进境行为，截获外来物种18种20批次；开展"跨境电商寄递'异宠'综合治理"专项行动，查获国家二级保护动物红原鸡鸡蛋；深入开展"国门利剑2022""龙腾行动2022""国门守护行动"，保持打击走私高压态势；开展国门生物安全与科普知识宣传，1名同志取得全国海关科普讲解大赛第三名和全国科普讲解大赛二等奖的优异成绩，实现历史性突破。

【营商环境】2022年，机场海关坚持"优无止境"理念，建立"直通总署、直通企业、直通机场集团"的问题清零"三通"工作机制，升级"关企协调平台"，打造集线上沟通与业务办理于一体的智慧服务平台，受理业务咨询400余次，开展视频指导20余次，开展担保、税费提醒等业务70余次，定向宣讲业务7次，协助42家企业建立规范申报"企业专属库"，解决宠物出口、客改货复飞等实际问题，赢得口岸单位和

▲2022年3月24日，大连海关所属大连周水子机场海关关员对入境人员进行检疫监管（大连海关所属大连周水子机场海关 供稿）

▲2022年8月20日,大连海关所属大连周水子机场海关关员指导企业办理通关业务(大连海关所属大连周水子机场海关 供稿)

进出口企业一致好评。

【服务发展】2022年,机场海关融入地方经济发展,以企业需求为导向,建立"两个坚持、两个规范"监管模式,加大重大节假日等时段预约通关班次,做好通关服务保障,进口整体通关时间35.95小时,比预定目标任务缩短1.05小时。优化旅客通关流程,实施入境检疫远程健康申报审核新模式,较2021年旅检整体通关效能提升45%,旅客通关体验大幅提升。完成北京冬奥会、冬残奥会备降保障服务任务。拓展口岸保税功能,协助保税仓库经营单位拓宽经营范围、增加经营项目,主动帮扶免税店妥善解决因疫情导致的库存积压、临期等问题,消化库存难点2.6万件,为企业避免损失115万元。

撰稿人

张冠义

北良港海关

【概况】2022年，大连海关所属北良港海关在大连海关党委的坚强领导下，在地方党委政府的大力支持下，以迎接学习宣传贯彻党的二十大为主题主线，以"效能提升年"为抓手，落实"疫情要防住、经济要稳住、发展要安全"重要要求，守国门促发展，高效统筹口岸疫情防控和促进外贸稳增长，各项工作取得新成效，为营造平稳健康的经济环境、国泰民安的社会环境、风清气正的政治环境作出积极贡献。全年，受理报关业务5277批次、同比增长6.9%，涉及货值267.73亿美元、同比增长7.5%；监管进出口岸货运量5085万吨、同比减少11.2%，货值234.8亿美元、同比增加13.7%；监管进出境船舶1701艘次；完成税收170.99亿元、同比增长52.17%；办理海关事务总担保497批次，涉及担保金额103亿元；完成公式定价备案审核353批次，完成价格审核363批次；为企业办理政策性退税79批次、48.6亿元。

【党建工作】2022年，北良港海关按照"书记抓、抓书记"的党建工作要求，围绕"铸忠诚、担使命、守国门、促发展、齐奋斗"要求，强化党建在统筹口岸疫情防控和促进外贸保稳提质的引领作用，提升治理能力水平。重学习补短板，提升党建工作质量。全年，带头讲党课2次，开展中心组学习26次。推广"良关讲堂"，开展习近平新时代中国特色社会主义思想、疫情防控安全防护、一线业务执法等各类培训45次。组织开展"四强"党支部复核申报，完成合格支部评估，根据实际情况动态调整。组织开展支部委员工作业务能力培训，加强"智慧党建"、支部组织生活开展情况的监督检查。召开党建品牌专题研讨会，深化创建措施，推进支部品牌建设。

【国门安全】2022年，北良港海关落实落细海关总署以及大连海关和联防联控机制工作要求，明确"属地、部门、单位、个人"四方责任，强化沟通协作和信息共享。执行技术方案和操作指南，落实卫生检疫岗位人员封闭管理措施，更新完善疫情防控应急处置预案。强化个人防护安全，开展安全防护培训演练26次，累计500余人次。开展"国门绿盾2022"专项行动，做好猴痘、高致病性禽流感、非洲猪瘟等多病同防，严防外来生物入侵和动植物疫病疫情传入。建设初筛鉴定实验室，做到样品扦取完毕即进行筛检，每船次可截获疫情40～50种，截获植物有害生物6780种次，其中检疫性有害生物871种次、非检疫性有害生物5909种次。单批次截获检疫性有害生物5.8种次，较2021年同期的4.2种次提升38.1%。

【海关监管】2022年，北良港海关制定执行涉税送检验估指令查检操作指引、截取港口码头高杆录像作为执法留痕手段作业指引。健全综合和查检部门协调机制，针对涉税送检验估指令接受、查检准备和执行环节分别建立请示报告制度、分析研判制度、领导带班制度，建立全流程档案。定制高强度塑料自封袋和可施铅封样品桶，提高样品包装质量。全年，监管进出口货运量5085万吨，对11个保税仓库开展盘库核查，巡查监管作业场所86次、视频在线率99%以上。深化综合治税，全年税款入库170.99亿元，同比增长52.17%。开展税政调研，推进多元化税收担保改革，推动各项税收优惠政策、措施落实到位。

【服务发展】2022年，北良港海关推出优化营商环境22条措施、促进外贸保稳提质10条措施，保障粮食、能源资源等进口，服务保供稳价。立足地方外贸特点和企业需求，深化"问题清零"工作机制。对符合退税条件的企业安排专人做好业务指导。推动"两段准入"监管改革，推进对进口原油、粮食、矿石等大宗商品实施"附条件提离"，调整实验室检测、卸货等环节由"串联"为"并联"，到港有取样指令的取样后即可卸货，实验室检测合格后可提离销售。进境粮食调运时长压缩7~9天，原油通关时长缩短为4小时，矿产品口岸堆存验放时间压缩60%。推动"抵港直装""船边直提"改革试点，"直提直装"进口乙二醇4万吨、出口精对苯二甲酸140万吨。实施矿石码头不等待核酸结果直接以"无接触"的方式作业模式，平均每艘次缩短通关时长6小时。创新推出进口液化天然气转场检查、保税原油"入库集中检验、出库分批核销"监管，LNG暂存罐周转效能提升28.6%，保税原油通关查验时间由3天减至1小时。

【保税混矿筛矿创新】2022年，北良港海关借鉴首创海关的管理经验，指导企业理顺操作流程，完善筛矿及中转监管规程，事中同步开展固体废物筛查、放射性检疫风险监测及远程AR监控，事后通过账册库存核对方式进行全流程闭环监管。自"保税混矿、筛矿"创新举措推出以来，保税混矿入库量6594万吨、货值59.5亿美

▲2022年3月21日，大连海关所属北良港海关查验关员操控无人机对进境粮食进行检查（大连海关所属北良港海关 供稿）

▲2022年9月3日,大连海关所属北良港海关关员对进境铁矿开展固体废物前置排查,确保固体废物零落地 (大连海关所属北良港海关 供稿)

元,其中转口3214万吨、货值28.7亿元,为企业累计增加收入13亿元。

【进口液化天然气转场检查】2022年,北良港海关立足企业需求,以"两段准入"改革为切入点,结合企业生产需求和口岸监管区实际情况,推出进口LNG"转场检查"新模式。该措施灵活延伸口岸功能,实现载货船舶到港后即靠、即查、即卸。海关推出"转场检查"新模式以来,卸船前等待时间由原先的2~3天压缩至3小时以内,提高泊位利用率和罐容周转速度,使LNG码头的作业组织更加灵活高效。

撰稿人

邹存武

大连邮局海关

【概况】2022年，大连邮局海关深入学习贯彻习近平新时代中国特色社会主义思想和党的二十大精神，深刻领悟"两个确立"的决定性意义，增强"四个意识"、坚定"四个自信"、做到"两个维护"，严格落实海关总署党委"铸忠诚、担使命、守国门、促发展、齐奋斗"和12个方面重点工作的要求，切实走好第一方阵，以党建为引领，圆满完成"四强"党支部评审和复核工作，新增"四强"党支部1个，新增党建培育品牌1个，参评"全国海关基层党建示范品牌"1个。认真落实海关总署"龙腾行动2022""国门利剑2022"等专项行动，强抓国门生物安全和口岸环节反恐工作，优化口岸营商环境，提升海关窗口服务形象，开创邮局海关各项工作新局面。

【党建工作】2022年，大连邮局海关党委以习近平新时代中国特色社会主义思想为指导，在海关总署以及大连海关党委的正确领导下，以"效能提升年"为抓手，着力提升政治、业务、队伍和廉政建设工作水平。年内，召开党委会30次，召开党委理论学习中心组学习10次，扩大学习3次，各党支部学习70余次。召开意识形态专题会议1次，开展各类纪法、警示教育12次。开展夯基创优行动，在原有两个"四强"党支部的基础上，激发"四强"党支部和党建品牌创建活力，开展"四强"党支部与其他支部"结对子"活动，组织所属支部参加关区第三批"四强"党支部评选和党建品牌认定工作，推动"邮美"品牌参加海关总署党建示范品牌创建工作。推进动植检实训基地建设，筑牢党建活动室、党建学习角、内网"党建园地"等思想政治教育阵地，注重发挥党员先锋模范作用，不断提升队伍整体能力与水平。

【海关监管】2022年，大连邮局海关应用"金关二期邮递物品管理子系统"，全面推进行邮税征管系统上线运行。全年，监管进出境邮件总量103.28万件，同比下降13.20%，其中进口84.52万件、出口18.76万件。退运违规邮件4031件，同比上升26.96%。结关报关单3064份，同比下降20.79%。税收入库1558万元，同比下降12.58%，个人物品征税率39.02%。查获违禁印刷音像制品4021件，同比上升72.81%，占大连海关查获总量的98%，为党的二十大召开营造良好环境。

【专项行动部署】2022年，大连邮局海关贯彻海关总署以及大连海关系统防范重大风险工作精神，完成"清邮行动2022"、"龙腾行动2022"、"国门利剑2022"、韩国邮件专项处置、进出口食品安全"四个最严"等专项行动。查获进境新型毒品γ-羟基丁酸2批次，查获精神药品23批次3821粒；查发寄递入境管制刀具3批次，查获濒危动植物制品3批次，查获夹藏首饰23批次、传销品543批次，查获侵犯知识产权物品58批次。

【国门生物安全】2022年，大连邮局海关完成海关总署"国门绿盾2022"专项行动，截获禁止进境物117批次，检出有害生物5种次、检疫性有害生物1种次。全面启动"跨境电商寄递'异宠'综合治理"专项行动，查获活体昆虫2批次，对1名"异宠"购买人实施行政处罚；建成大连海关邮递检疫生物安全数字展厅。

【疫情防控】2022年，大连邮局海关完成海关总署"百名科长百日督查"、石家庄海关检查组和大连海关检查组对关区的实地检查5次，未发现相关问题。与邮政公司签订合作备忘录，建立联防联控机制，向邮政公司发送防护提醒函。

【服务发展】2022年，大连邮局海关压缩整体通关时间，提高通关效率，进口整体通关时间1.77小时、出口整体通关时间0.73小时。协调邮政公司启动疫情期间通关紧急措施，帮助企业复工复产，扩大邮政代办业务，推进新邮路发展，召开口岸监管处、邮政公司共同参加的工作会议，成立工作推进小组，支持跨境电商"9610"业务恢复运行。全年，接待取件人48329人次，同比上升25%。

【信息宣传】2022年，大连邮局海关开展"4·26"知识产权宣传周、"8·8"海关法治宣传日、"宪法宣传

▲2022年9月6日，大连海关所属大连邮局海关关员进行场所巡查（大连海关所属大连邮局海关　供稿）

▲2022年11月15日，大连海关所属大连邮局海关与邮政公司进行座谈（大连海关所属大连邮局海关　供稿）

周"、"2022年民法典主题宣传"、"知识产权宣传周"等相关活动，联合大连市导游协会开设国门生物安全"云课堂"，走进湖南卫视《新闻大求真》、大连电视台《新闻背后》和大连电台《爱成长》等栏目，科普海关寄递渠道防范外来生物入侵案例。全年，在"海关发布"公众号、海关总署官方微博、《人民日报》公众号、海关总署快报、《中国国门时报》专版、"连关微语"公众号、"喜马拉雅"等媒体宣传报道15次。

撰稿人

熊国华

七贤岭海关

【概况】2022年,大连海关所属七贤岭海关坚决贯彻落实习近平总书记重要指示批示精神和党中央决策部署,深入学习领会党的二十大精神,以全国海关、大连海关工作会议、全面从严治党工作会议精神为指引,结合本关实际,聚焦职责任务,按照"效能提升年"要求,切实把工作质量提升贯穿工作各领域、全过程,高效统筹疫情防控和经济社会发展,强化监管优化服务,促进外贸发展稳中提质。全年,受理进出口报关单379票,进出口货值159.21万美元,征收税款433.51万元。

【党建工作】2022年,七贤岭海关强化政治机关建设,增强思想理论武装,制订七贤岭海关学习宣传贯彻党的二十大精神工作方案,通过党委及时学+支部跟进学、线上系统学+线下重点学、查摆问题学+联系实际学,多层次"学习分享"和交流研讨。在大连海关年中工作会议上,七贤岭海关作为强化政治机关建设工作唯一指定交流单位在大会作交流发言。抓实基层党建,完成七贤岭海关党总支委员选举及5个基层党组织支部书记选举工作。1个党组织获评大连海关"四强"党支部,1个党组织通过"四强"党支部复核评选。发挥七贤岭海关青年理论学习小组青年学习引领作用,1篇论文在大连海关机关团委"青春奋进新时代 政治要求我来讲"主题征文活动中获二等奖。

【海关监管】2022年,七贤岭海关签发各类原产地证书1426份,同比增长6.65%,签证金额7964.83万美元;为5个国家重点实验室出具征免税确认通知书196份,减免税款1126.28万元。备案服务外包D手册305本,同比增长31.5%,备案金额382.79万美元;手册变更

▲2022年7月19日,大连海关所属七贤岭海关组织全体党员参观大连市保密教育实训平台 (大连海关所属七贤岭海关 供稿)

578本，核销147本。为企业办理报关单位备案、变更、注销211家，出具免3C认证证书证明192份。进口属地查检作业69票，出口报检单审核放行1230票；拟制检验检疫证书等227票。办结核查作业59起。办理快速办理案件1起，普通程序案件4起。

【服务发展】2022年，七贤岭海关服务辖区企业，释放RCEP政策红利，聚焦地区重点产品、重点企业，梳理涵盖关税减让表、原产地规则等4大类内容，就RCEP涉及企业关注的热点，整理汇编涵盖3类14项RCEP热点问题，通过"一对一"辅导、新闻媒介宣传等方式，对RCEP原产地规则、降税安排、RCEP原产地证书申办等企业关切问题广泛开展政策宣贯，帮助企业想用、能用、会用RCEP原产地优惠政策。大力推广智能审核、自助打印、邮寄办理等便利化措施，实现RCEP原产地证书"7×24小时"办理，提升原产地证书办理效率。全年，签发RCEP原产地证书393份，签证金额1.1亿元。

▲2022年5月13日，大连海关所属七贤岭海关关员实地指导企业运用RCEP原产地规则（大连海关所属七贤岭海关　供稿）

【特色产业】2022年，七贤岭海关优化监管举措，扶持大连特色产品裙带菜优"鲜"通关。针对辖区企业拥有的8184亩裙带菜养殖面积，1.75万余吨年产量和企业出口需求，成立工作专班，实时跟进了解进口国（地区）的相关技术指标，将政策、服务、指导送到企业。在日常监管中，督促企业对标提升标准化管理水平，指导企业强化提升自检自控及产品溯源能力，确保出口产品持续符合国际质量安全标准。运用"线上审单""预约检验"等一系列便利化措施，最大限度压缩企业通关时间，确保出口裙带菜"随报随检、即检即放"。年内，监管出口裙带菜491批次，货值3181.34万美元。

撰稿人

王雨葳

金普海关

【概况】2022年，大连海关所属金普海关坚定捍卫"两个确立"、坚决做到"两个维护"，贯彻落实习近平总书记重要指示批示精神和党中央重大决策部署，开展政治机关专项教育活动，统筹推进口岸疫情防控和促进外贸稳增长工作，推动各项工作再上新台阶。金普海关首创的"云签发"系统在全国海关复制推广。在2022年发布的2021年度全国综合保税区发展绩效评估中，大连湾里综合保税区在全国和中西部两个序列均评为A级，成为东北地区唯一一个"双A"综合保税区。促进外贸保稳提质创新服务举措获中央电视台《朝闻天下》《东方时空》《新闻直播间》《午夜新闻》等栏目和《经济日报》等中央级媒体报道。全年，监管进出境报关单12.3万票，货值46.4亿美元，实征税款11.1亿元；手册设立9894份、结案9661份、变更8801份；签发出入境检验检疫各类单证12665份；签发原产地证书17131份，金额10.6亿美元。

【党建工作】2022年，金普海关把学习宣传贯彻党的二十大精神作为首要政治任务，党委集体通读、深读、研读报告，组织3次党委理论学习中心组（扩大）专题学习，党委书记带头撰写理论文章，党委委员深入支部宣讲23次，18个党支部书记登台交流学习体会，组织党的二十大精神知识竞赛，169名干部同志手写心得体会。强化政治机关建设，弘扬伟大建党精神，常态化抓好党史学习教育，推进政治机关专项教育活动，组织全体干部职工谈体会写感想，检视排查5个方面32项风险隐患，同步列入内控节点体系。统筹开展"学查改"专项工作，梳理查改问题清单18份，排查问题28个，制定并完成22条整改措施。锻造坚强有力基层党组织，以"四强"党支部标准带动党组织建设标准化规范化，3个支部通过复核评选、3个支部党建品牌复核认定、3个支部新获评"四强"党支部。深入开展"党建效能提升年"活动，用好"智慧党建"平台，参加自贸区"党建联盟"，高质量建设党员活动室3个，深化堡垒阵地建设。驰而不息正风肃纪，坚持准军事化纪律部队建设，开展建关30周年队列考核展示，扎实开展"内务规范强化月"系列活动。开展警示教育月、用身边人教育身边事系列活动，打造"廉洁文化长廊"和"漫画警示长廊"，发放廉政倡议书168份，组织廉政党课和廉政座谈会5次。聘

▲2022年10月21日，大连海关所属金普海关开展党的二十大精神专题学习系列活动（大连海关所属金普海关 供稿）

任第三届特约监督员13名，发挥社会监督作用。

【国门安全】2022年，金普海关落实优化疫情防控措施，统筹疫情防控和经济社会发展；严防"洋垃圾"进境，检出进口工业品不合格97批次，进口退运销毁17批次；落实"四个最严"要求，及时妥善应对辖区出口食品被国外通报情事。建立业务风险联动处置机制，开展12次核查领域联合执法作业，纠正企业问题15家次，办理4起主动披露作业，通报出口不合格情况、风险预警信息12期。牵头撰写的《关于完善货物取样送检业务智能化体系的建议》在海关总署相关载体刊登，获署领导批示。系统防范重大风险隐患，成立金普海关安全生产工作领导小组，建立安全生产责任机制，开展8大领域排查12次，建立风险隐患动态清单，制定金普海关《安全生产风险隐患信息"吹哨人"预警办法（试行）》，开展消防演练和消防技能学习，设置安全责任人，全员动员、全员参与。发挥"信息互通、执法互助、监管互认、协同响应"的"三互一协同"应急监管作用，与地方政府应急、综合执法、公安等部门联合推出危险化学品全链条监管新模式。

【服务发展】2022年，金普海关聚焦企业"痛点堵点难点"分类施策，助力企业降本增效。疫情期间，在管控区内制订企业个性化查检方案，在其他隶属关开设临时办公点，取得良好社会效应。强化加工贸易审核作业中心功能，综合审核效率提升5倍，设立手册、结案手册、账册业务均占大连关区总量的70%左右。新增1家企业集团监管试点，料件调货时间平均由3天缩短为1天，每年节约物流仓储成本约100万元。减免关税391万元、增值税51万元。开

▲2022年10月26日，大连海关所属金普海关关员巡查辖区石化企业（大连海关所属金普海关 供稿）

展RCEP"线上+线下"政策宣讲，编制"问答备忘录"，精准协助5家高级认证企业获得经核准出口商认定资质。探索证书审签"分类管理"，扩大推广"智能签证"和"智能审核"，智能审签率超80%。推行证书自助打印，自助打印率超过88%。推广"快递签"和"快递柜"服务，85%企业实现证书便捷领取。118家企业运用RCEP，全年签发RCEP原产地证书4332份，占证书总量的25.3%，货值2.5亿美元，关税减让1700万元。

【改革创新】2022年，金普海关优化推广"云系列"智慧监管。出口检验检疫证单"云签发"全覆盖应用，"云签发"在全国复制推广，5名同志在"云签发"复制推广工作中受海关总署通报表彰。"云眼查"信息化工程项目验收，应用成效显著，大连自贸片区食品安全监管、大连港湾海关出口船舶监管等应用推广。疫情期间采用共享AR眼镜等形式为企业验放货物400余批次，保障辖区产业链供应链畅通。推出"云企通"自贸创新举措，智能引导企业开展远程自控，实现关企通联指导，帮扶企业合法规范经营，减少制度性成本，11家企业已开展试点，辅助企业完善关务漏洞13处，主动披露3处。联合地方政府探索建立集约化属地查检平台，提升属地查检效率，企业查检等待时间缩减到1~2个工作日。开展出口新能源电池循环使用包装箱检验监管试点，每年为企业节约包装成本1500万元，相关成效获《经济日报》图文报道。

【支持大连湾里综合保税区发展】2022年，金普海关继续推广一般纳税人政策，大连湾里综合保税区A区获得首家增值税一般纳税人试点，帮助企业获退税1.9亿元。推广选择性征税政策，参与企业数量居全国前列，货值3827万元，同比增长31%，企业节省税款420余万元。推进保税展示货物"互联网+"监管模式，保税展示销售额超4000万元。菜鸟中心仓投入运营，万众云仓"园中园"项目顺利竣工。支持解决SK海力士通关查检、账册倒转、一般纳税人资质、临时围网卡口等问题，总投资100亿美元项目顺利开工建设。全国首创的委托加工商品检验新模式获海关总署自贸备案，全年实施新模式减少样品抽样2000余台，节约成本700万元。14家企业开展委托加工业务，产量同比增长44%，货值8.2亿元，同比增长8%，应用企业数、产量、货值均在全国名列前茅。对综合保税区内企业随自用设备整机进口未独立申报的零配件在出区处置、检测维修等实施便捷进出管理模式，全年办理便捷进出2468批次，大幅降低企业运营成本。

撰稿人

汤志坚

金石滩海关

【概况】2022年，大连海关所属金石滩海关上下勠力同心，落实海关总署"铸忠诚、担使命、守国门、促发展、齐奋斗"的工作要求，落实大连海关党委"效能提升年"工作部署，坚持"以管为主"的工作方针、"查发导向"的工作思路、"着眼大局"的服务理念，秉持"坚持旗帜鲜明讲政治、坚持严守底线防风险、坚持聚焦主业强监管、坚持立足本职促创新"的工作理念，推动各项工作效能提升。强化政治机关建设，完成署级党建信息宣传13篇、关级党建信息宣传27篇、《金钥匙》杂志公众号宣传4篇、"梦海连天"公众号宣传14篇。推进稽查改革，提升查发能力。加强内控机制建设，推动完善内部执法和管理，积极组织开展"内控示范科室"创设工作，金石滩海关人事政工科获评大连海关"内控示范科室"定向培育推荐科室。

【党建工作】2022年，金石滩海关贯彻落实"第一议题"制度，开展日常集体学习30次。学习宣传贯彻党的二十大精神，开展各种形式的党的二十大精神全员专题学习4次，党委成员到基层党支部开展党的二十大精神宣讲3次，组织全体党员撰写学习心得体会87篇，征文11篇，联合法规处、稽查处党支部开展学习党的二十大精神专题党建共建活动。深入学习落实习近平新时代中国特色社会主义思想，金石滩海关党委开展专题学习23次，开展专题研讨5次。开展捍卫"两个确立"、做到"两个维护"、强化政治机关建设专项教育活动，党委班子开展主题理论学习和交流研讨35次，对照"四个是否"查摆问题40个并完成整改。总结建立政治教育"五学工作法"，内容包括党委书记讲党课"领学"、制定支部月度工作清单"引学"、检查支部组织生活记录"督学"、落实双重组织生活"同学"、开展党建"金石云"比赛"竞学"等。

【稽查事后监管】2022年，金石滩海关围绕党中央、国务院重大决策部署持续开展再生金属、"国门利剑"、"金钥行动"、涉危商品逃检、打击成品油走私等多个专项行动。全年，办结有效稽查作业202宗，作业数量同比增长55%，作业质量增长1.25倍；办理和移交案件56起，同比增长3.3倍，其中查发刑事大要案1起，充分发挥稽查在海关全链条监管中的威慑和规制作用。在国门安全领域，查发1起危险化学品六水硝酸镁出口逃检案件；在税收征管领域，查发

1起涉税走私案件；在特殊区域和加工贸易监管领域，规范纠正违法行为12起；在涉检领域，办理检验检疫行政案件22起，堵塞出口大豆逃避适载检验、进口食品不按规定建立销售记录的监管漏洞。

【稽查查发能力】2022年8月，金石滩海关查发一起通过伪报品名和成分品质等方式偷逃消费税的走私大要案，查证某能源有限公司涉嫌走私进口燃料油，是大连海关历史首次稽查查发涉税超亿元的走私大案。经缉私部门深挖扩线，查获涉嫌走私进口燃料油67.42万吨，案值27亿元。

【稽查业务改革】2022年，金石滩海关从管理方式入手，将6个稽查科原本按管辖地域分工的管理方式，改变为按海关监管方式和贸易业态分工的管理方式，以差异化实现专业化；从管理方法入手，推行"三个三稽查工作法"，多角度多渠道还原事实、固定证据，以精细化实现专业化。从制度入手，制订外勤工作管理制度、执法记录仪规范使用制度、外勤执法廉政双向反馈制度等。从管理入手，业务工作建立案情分析会议制度，关党委集体参与研讨，梳理案件难点堵点，推动疑难复杂案件办理。改革后查发能力显著提升，全年稽查作业有效率增幅超过1倍。

【防范三大风险】2022年，金石滩海关推进全面从严治党，强化风险研判和问题整改。坚持推进"一把手"和班子成员监督，落实民主集中制，全年集体决策"三重一大"事项36项；带领队伍加强廉政教育，制定日常监督机制5个，开展全员警示教育16次。建立党委会安全生产专题督导机制，强化安

▲2022年1月29日，大连海关所属金石滩海关关员到企业开展稽查工作（大连海关所属金石滩海关 供稿）

▲2022年9月2日，大连海关所属金石滩海关"枫桥经验"工作室为企业讲解法规政策开展调解工作（大连海关所属金石滩海关 供稿）

全生产责任落实。建立党委会稽查业务专题案情分析机制，强化疑难复杂案件、重要执法决定风险防范。完成巡察全部问题整改，开展2轮整改成效评估。设立金石滩海关新时代"枫桥经验"工作室，设立对外热线电话，为企业提供相关政策咨询服务，加强矛盾纠纷源头预防、前端化解、关口把控。

撰稿人

王爱茹

大连港湾海关

【概况】2022年，大连海关所属大连港湾海关围绕迎接学习宣传贯彻党的二十大为主题主线，在海关总署以及大连海关党委的坚强领导下，坚持以习近平新时代中国特色社会主义思想为指导，始终将学习贯彻习近平总书记重要讲话和重要指示批示精神摆在首位，落实"疫情要防住、经济要稳住、发展要安全"重要要求，稳中求进、难中求成，扎实推动各项工作取得新成效。全年，监管进出境货物1151.05万吨，金额1015.82亿元，入库税收23.57亿元；监管快件684.97万票，监管免税品货值2.01亿元；签发各种类原产地证书23374份，签证金额130.29亿元，助企享受关税优惠4.45亿元；设立加贸手册3937份，变更4426份，核销结案3711份；推进"国门利剑2022"等专项行动，坚持全关打私一盘棋，持续优化"防控、监管、打击"一体化打私体系，全年查获一般案件323起、非涉税刑事案件1起、"快简"案件138起，开展"龙腾行动"，查获侵权物品30批次，配合缉私部门查扣涉案快件3000余件，始终保持对"洋垃圾"、象牙等濒危动植物及其制品走私等情事的高度敏感性，持续重拳打击走私。

【政治机关建设】2022年，大连港湾海关把学习宣传贯彻党的二十大精神作为首要政治任务，突出组织引领，推行党委带头学、理论学习中心组专题学、青年理论学习小组深入学、党支部全面学"四级联动"学习机制，党委班子开展专题学习研讨6次，26个党支部通过"线上自学+线下领学"开展专题学习95次，讲授专题党课32次，通过"清廉港湾"刊发4期34人次学习感悟，引领全关上下把思想和行动统一到党的二十大精神上来；坚持并完善"第一议题"制度，落实民主集中制、"三重一大"决策制度、重大事项请示报告制度；统筹推进政治机关专项教育和"学查改"工作；开展学习研讨62次，针对自查的6个方面12个问题，制定37条具体措施，形成典型推广案例6个，做好巡察"回头看"整改工作；召开3次党委会、5次领导小组会、3次领导小组（扩大）会，全过程跟进督导、全方位评估成效，确保41项整改措施落地见效。

【党建工作】2022年，大连港湾海关开展"双提升"行动，深化"强基提质"，升级改造党建活动阵地3个；开展合格支部动态评估工作，合格支部比率100%；健全支部党建品牌创建体系，开展"四强"党支部结对共建20余次,新增"四强"党支部4个,培育品牌1个;党风廉政建设深入推进,强化"一把手"和领导班子自查监督;开展纪法教育和警示教育,纠治酒驾醉驾、形式主义和官僚主义等问题,在重大节假日发布廉政提醒6次,强化监督执纪;开展廉洁文化建设,各级支部书记讲授廉政主题党课28次,3份作品获"清风国门"廉洁文化创意作品征集活动东北协作区三等奖,大连港湾海关获"优秀组织奖"称号;开展"海关重点项目和财物管理以权谋私"专项整治工作,翻阅纸质及电子档案1200余份,确定专项整治问题及廉政风险3项、高风险项目清单1项、组织更新修订相关制度2份,有效堵塞漏洞,提升非执法领域工作质量,提升全面从严治党向纵深发展。

【疫情防控】2022年,大连港湾海关完善防控指挥体系,因时因势优化防控措施和流程。做好登临检疫工作。跟踪境外疫情发展态势,科学研判船舶疫情输入风险,针对高风险船舶实施"一船一策",严格执行布控指令,强化与卫生、边防、海事、交通、港口等部门联防联控工作机制,筑牢口岸疫情防控全链条"防火墙"。做好进口冷链监管工作。通过打造"防控体系共建,监测结果共享,风险研判共商"一体化防控模式,提炼"不登船搬取采样""按舱计算采样量"等方法持续优化监管流程,保障冷链货物通关作业零延迟、卸货作业零延误。抓好内部安全防护。动态调整常态化防控方案,开展内部人员应急演练8次;做好风险排查处置,维护干部职工生命健康安全。做好监督检查。落实关领导带队每周监督检查和整改落实机制,开展安全防护监督检查91次,制发整改联系单30份,通过"制度+监督"推动刚性要求落实落细。坚持多病同防。密切关注境外重大传染病疫情形势。

【海关监管】2022年,大连港湾海关强化业务风险防控,推进"即决式布控"试点工作;推进"异宠"综合治理专项行动,年内辖区首次查获问题地图1批次;推进安全生产工作专项整治3年行动及"口岸危险品综合治理"百日专项行动,开展视频核查1150次、实地巡查94次,查发各类问题15项42条;深化核查改革,以查发问题为导向,推进联合执法,加强主动披露政策宣讲,完成主动披露作业2起;建设智能卡口10个,构建海关与运输企业、港口企业信息共享

▲2022年5月28日,大连海关所属大连港湾海关关员登临游轮开展检疫工作(大连海关所属大连港湾海关 供稿)

机制，推广分拨分流业务，货物放行时长最短压缩至50秒；通过物流链可视化管理系统和"船讯网"陆基AIS、卫星AIS定位系统等持续加强国际航线船舶监控；全面推广"船边直提"、出口货物"抵港直装"智能作业模式，完成"直装""直提"业务81批次，货重257.08万吨，货值61.58亿元，推动场所管控"信息化"建设。推广"保税滑油"改革试点，备案保税润滑油2500余吨，企业节省成本650万元；推进"集团保税"业务改革，大船重工集团与其项下7家成员企业间实现保税料件自由流转处置，结转货值2200余万元；支持部分企业实行单耗自报自核，提升企业自我管理能力。

【国门安全】2022年，大连港湾海关严防非洲猪瘟、禽流感、松材线虫等动植物疫情和外来物种入侵，检出《大连海关外来入侵物种普查清单》内植物2种，非目录内植物18种；贯彻"四个最严"严把进口食品安全关，开展"国门守护"行动，妥善处理国外通报辖区食品企业质量问题事项，调查新形势下出口食品安全监管问题并开展对策研究，探索食品企业监管新模式并加强实战应用，1票未获准入的进口食品在口岸截获；坚持多病同防，关注境外重大传染病疫情形势，检出乙型流感病毒感染船员8例。

【服务发展】2022年，大连港湾海关设立疫情防控物资、大宗资源商品等重点产业保供稳链绿色通道，实行24小时预约通关模式，优化口岸营商环境；实施重点商品专属快速验放模式，针对医疗器械、重大设备关键零部件等民生物品，在装卸、安装环节开展顺势查验；优化出口危险化学品检验监管模式，运用"周期检验+单项验证"方式代替"批批检验"，做到"随报随检随放"；落实海关总署以及大连海关各项助企纾困措施，制定大连港湾海关帮扶企业疫情防控复工复产7条措施全力促进外贸保稳提质；党委班子成员带头深入重点行业企业开展座谈调研28次，开展关长接待日4次；对辖区内129家企业进行技术性贸易专项深度调查，对30家受影响企业提供"一对一"政策指导；解决企业"难点、堵点"300余条，收到锦旗9面、感谢信3封；选取121家企业建立重点培育企业库，加大对专精特新企业、"白名单"企业、共建"一带一路"相关企业的AEO培育力度，培育认证企业35家，同比增长75%。

【改革创新】2022年，大连

▲2022年3月2日，大连海关所属大连港湾海关采取"船边直提"监管方式为大连造船再提速（大连海关所属大连港湾海关 供稿）

港湾海关推进"提前+两步申报"政策叠加应用，放行提货时间由2个工作日缩减至1个小时内；推广"云眼查""云签发"试点，通过远程可视化作业提升作业效能，深化通关及税收业务领域改革；指导企业灵活选择保证金、保函、关税保证保险等多种担保方式，办理保金保函备案76份，金额8.33亿元，深化税款担保改革；推广汇总征税，简化企业缴税放行模式，汇总征税比率达35.55%；精简税款担保流程，实现无纸化电子审批，担保审办时间由2个工作日缩减至2个小时；指导辖区企业办理全国首笔数字人民币缴纳关税业务；推动税政调研行业全覆盖，全年递交汽车电子等行业税政调整建议10条，牵头液晶平板显示模组分课题，针对全国8家代表性企业开展行业调查形成课题调研报告；通过"政府搭台、海关授课"的形式举办RCEP政策解读会议，实施RCEP业务全链条电子化运行，提供出口原产地规则预裁定与申报员身份认定线上一站式办理，为130家企业做出原产地规则裁定，深化"放管服"改革，拓宽政策宣讲渠道；推进原产地证书无纸化申领、自助打印、智能审核，RCEP项下原产地证书实现100%自助打印，签证流程时间压缩至1个工作日。

【综合保障】2022年，大连港湾海关制发督办单31份，加强跟踪反馈，信息、新闻宣传绩效考核继续走在关区第一方阵；落实中央八项规定，优化会议形式、改进文风会风，精文简会成果进一步巩固；提高财务管理的规范化水平，贯彻落实"过紧日子"要求，执行政府采购流程，压缩"三公"经费支出；后勤服务保障高效有力，车辆管理和食堂服务水平不断提升；创建"普法基层志愿者团队""法润港湾"普法品牌，开展"说理式"执法和"嵌入式"普法5次，召开案审会3次，由点及面逐步推动权力运行规范化；党委委员带头深入调查研究，定期召开外贸形势分析会议，完成政研文章19篇、行业调研报告1篇，报送"一关一品"项目6个；依托"自查重点"+"风险清单"，开展"1+1"审计自查，推动大连海关履行监管职责和税收征管等审计工作落地生根。

撰稿人

刘昌伟

旅顺海关

【概况】2022年，大连海关所属旅顺海关在海关总署以及大连海关党委坚强领导下，坚持不懈用习近平新时代中国特色社会主义思想凝心铸魂，围绕迎接学习宣传贯彻党的二十大精神的主题主线，深刻领悟"两个确立"的决定性意义，增强"四个意识"、坚定"四个自信"、做到"两个维护"，认真落实党中央、国务院决策部署，以及海关总署、大连海关党委各项工作要求，以政治机关建设为统领，以"效能提升年"为抓手，坚持疫情要防住、经济要稳住、发展要安全，不断加强党的建设，强化海关监管，优化服务水平，狠抓工作落实，各项工作取得扎实成效。年内，通关报关单5223票，同比增长30.9%；监管货运量138.2万吨，同比增长28.3%；监管货值109.7亿元，同比增长21.6%；税收入库2800万元，签发各类检验检疫证书1824份；各类原产地证书1228份，涉及签证金额3.69亿元，其中RCEP证书91份，涉及签证金额1981.4万元。

【党建工作】2022年，旅顺海关提升党建工作水平，按照"六有"标准，建立完善党建活动阵地2个，在关网主页开设党建专栏，开展"过政治生日忆入党初心"、红色地标巡礼等主题党日活动，开展结对联建帮扶提升活动18次，有影有形开展党建活动。发挥党委基层联系点作用，党委委员到联系点开展组织生活、深入一线调研、跟班作业16次，确保各项任务在基层落地落实。深化"强基提质工程"，新获评"四强"党支部1个，新增党建培育品牌1个。开展"海关重点项目和财物管理以权谋私"专项整治，实现清单管理，推动建章立制。全年开展各类警示教育11次；打造"清风国门"廉洁文化品牌，开展廉洁故事大家讲等活动，发放"涵养家风—清风传家"倡议书，征集并举办廉政作品展览，创建旅顺海关廉政长廊，风清气正、崇廉尚洁的氛围更加浓厚。

【疫情防控】2022年，旅顺海关严格入境船舶登临检疫，做好检疫处理监督管理，坚持多病同防，防止疫情叠加。建立健全"上级督查、总关检查、本级自查"三级检查体系，开展岗前培训和应急处置演练25次。严格实施封闭管理，解决实际问题。强化监督检查与问题整改，迎接口岸公共卫生核心能力建设检查评估、"百名科长百日督查"、总关"四不两直"检查等，开展工作视频互查。强化联防联控，完善全链条闭环，做到疫情零输入、关员零感染、操作零失误、通关零延误。

【海关监管】2022年,旅顺海关围绕海关总署梳理出的"7+21"项重大、系统性风险,明确责任分工,细化落实措施,提升动态感知各类风险能力和风险防控水平。探索运用无人机技术构建立体口岸监管模式,开展巡查检查135次、安全生产检查90次。建立安全生产风险台账,开辟"危化品"查检快速通道,做到"货到即验""验毕即提"。优化进出口食品商品检验监管,落实食品安全"四个最严"要求,监管出口食品1410批次,抽取安全监督抽检及风险监测样品48批次,检测257项,全年辖区出口食品企业未被国外通报。制订旅顺海关2022年度进出口商品质量安全风险二级监测点监测工作方案,履行查验职能,抽取、送检造船用金属材料等15批次,在进出口商品质量安全监测中发挥积极作用。

【国门安全】2022年,旅顺海关开展"国门绿盾2022"行动,实施口岸检疫监管和疫病监测,做好动植物检疫除害处理监管,严防重大动植物疫病疫情传入。在入境船舶动植物检疫和供船物资监管中,截获各类有害生物15批次,检出检疫性有害生物四纹豆象。

【服务发展】2022年,旅顺海关开展"送服务上门、送政策到家"活动,完善服务企业长效机制,推动海关总

▲2022年10月18日,大连海关所属旅顺海关关员对进境种牛开展隔离检疫监管 (大连海关所属旅顺海关 供稿)

署促进外贸保稳提质10条措施、助企纾困降成本7条措施和大连海关20条措施落实。开展企业调研和政策宣讲38次，收集并解决企业问题30余个。指导企业用好RCEP关税减让政策。引导企业集成使用"提前申报＋两步申报＋两段准入"等改革模式，进口整体通关时间0.65小时、出口整体通关时间0.04小时，通关效率位居大连关区前列。破解船舶原材料进境难题，促进辖区船舶制造转型升级、逆势而上，全年新造船出口24艘次、同比增长15.8%，货值41.52亿元、同比增长50%。为辖区出口预制菜企业"量身定制"服务，助力藻类预制菜等传统优势产品持续开拓国际市场，全年出口预制菜产品806批次，货值1.86亿元。以高品质服务推动大连地区传统业态在旅顺的新发展，全年监管进口活帝王蟹、活雪蟹、活鱼共169吨，货值共1499万元。

▲2022年11月16日，大连海关所属旅顺海关关员在辖区食品企业对出口藻类食品进行现场查验（大连海关所属旅顺海关 供稿）

【进境动物监管】2022年，旅顺海关做好进境动物隔离监管，成立隔离检疫监管工作组、科学制订工作方案、建立人员健康筛查制度。按照新修订的《进境牛羊指定隔离检疫场建设规范》在工作准备阶段进行实地审核，指导隔离场完成10个方面30余项问题整改。完成2批次4624头进境种牛隔离检疫监管工作，保障优质种质资源安全进口，为推进乡村产业振兴，助力畜牧业高质量发展和地方畜牧业供给侧改革提供重要助力。

撰稿人

刘 凡

庄河海关

【概况】2022年,大连海关所属庄河海关深入学习贯彻习近平新时代中国特色社会主义思想和党的二十大精神,落实全国海关、大连海关工作会议要求,以大连海关"效能提升年"为抓手,在政治建设、促进外贸保稳提质、强化口岸开放管理等方面取得积极成效,优化营商环境,支持庄河地区经济社会发展。全年,征收税款2349.9万元,同比下降23.8%。进口报关单1397票,同比下降27.6%;出口报关单262票,同比下降37.2%;出具原产地证书1417票,涉及金额10975.67万美元,同比分别下降8.76%、增长25.69%;缮制检验检疫证书9393份,同比下降14.30%。出具原产地证书1286票,涉及金额9651.5万美元,同比分别增长83.98%、135.16%。

【党建工作】2022年,庄河海关开展"捍卫'两个确立'、做到'两个维护'、强化政治机关建设"专项教育活动,推进"学查改"专项工作,联系工作实际做好"六对照六看六查",对应形成问题清单,抓好整改落实。学习宣传贯彻党的二十大精神,党委带头示范,基层党支部、团支部、青年理论学习小组及封闭管理专班临时党支部利用"三会一课"、主题党日、主题团日等形式深入组织学习;视频连线、骨干分享、集体研讨多种方式相结合,全关干部职工立足岗位实际贯彻落实党的二十大精神。

【地方港口建设】2022年,庄河海关支持庄河港港口建设,扩大港口开放功能,完善港区综合服务配置,支持庄河港申办水路运输类海关监管作业场所,帮助港口打造高水平现代化对外开放口岸。帮扶庄河港水产品冷链物流及冷链仓储业务,促进水产品市场物流服务平台建设。支持辖区水产集散中心建设,丰富业务架构,稳定庄河辖区冷冻水产品进出口大贸易、大流通业务,扩大庄河辖区进口水产品加工贸易精深化发展,提升水产品贸易国际影响力。12月16日,庄河口岸扩大开放首航仪式在庄河港举行,标志着庄河口岸开放、国际业务开启新征程。

【水产中心】2022年,庄河海关加工贸易保税监管集中审核(水产行业)作业中心设立手(账)册586本、办理各类手(账)册变更1385票、核销结案手(账)册727本;办理厂外存放140票、外发加工308票;实现手册报核及时率、结案及时率、保税监管场所账册设立(变更)及时率均为100%,

▲2022年11月15日，大连海关所属庄河海关关员进行口岸开放专班跟班学习汇报（大连海关所属庄河海关 供稿）

审核作业多次退单率为0。优化业务流程，推进水产中心集中审核作业的精耕细作和高效运行，发挥水产中心审单复核机制作用，全年复核复审相关手（账）1871票，复核率达到100%。

【税政红利】2022年，庄河海关做好RCEP协定原产地政策解读，多渠道持续开展RCEP政策宣讲，落实落细RCEP政策红利，年内签发RCEP原产地证书139份，占全年签证总量的10.8%，涉及金额942.9万美元；做好原产地企业备案及产品预审，为享受RCEP政策的产品备案和预审开通"绿色通道"，加大原产地证书自主打印功能的宣传推广力度，年度原产地证书自主打印比率达到64.5%，较2021年同期增长145%。

【进出口食品安全监管】2022年，庄河海关开展出口食品安全专项行动，成立食品安全工作专班，针对国外通报信息采取系列有效措施，加大现场核查力度，借鉴境外食品企业检查模式，对重点企业进行视频检查。做好食品安全溯源工作，帮助企业从原料溯源、生产加工、出口检验检疫等环节查摆问题出现的原因。成立出口水产品单证管理中心，增加业务自查节点，提升证书拟制和流转效率。开展食品安全宣传周活动，"线上+线下"相结合广泛开展食品安全宣传，强化企业主体责任意识，引导社会各界积极参与食品安全共治共享。

【蔬菜种子扩大出口】2022年，庄河海关成立技术工作专班，深入田间调查、取样监测，优化棚内育苗、农药使用、采摘制种、选种包装等各环节，帮助企业建立完整的质量监管体系；制定监

▲2022年9月14日，大连海关所属庄河海关关员进行蔬菜种子监测工作（大连海关所属庄河海关 供稿）

管措施，根据企业生产信息和输入国法律法规变化实行动态监督指导；运用核查手段，定期核查、以查促改、以改带查，督促企业提升卫生质量管理水平；设立企业协调员岗位，综合采取提前申报、预约检验、风险监测等多种便利化检验措施，确保种子出口随报随检，即检即放，保障种子生产达到量、质双增。全年，庄河海关监管出口蔬菜种子46吨，货值2107万元，同比分别增长40%、45%。

撰稿人

赵书仪

大连长兴岛海关

【概况】2022年，大连海关所属大连长兴岛海关坚持以习近平新时代中国特色社会主义思想为指导，深入学习宣传贯彻党的二十大精神，认真落实全国海关、大连海关工作会议和全面从严治党工作会议部署，以政治建设为统领，以"效能提升年"为抓手，坚决落实"铸忠诚、担使命、守国门、促发展、齐奋斗"工作要求，全面提升"五关"建设工作质量，统筹抓好口岸疫情防控和促进外贸稳增长，较好地完成全年各项任务目标。年内，监管进出境船舶866艘次，同比下降0.35%；监管进出口货运量2321.74万吨，同比减少8.1%；报关单累计接单769票，其中进口720票、出口49票；入库税额162.17亿元，同比增长36.91%；受理船舶吨税申请119艘次，征收船舶吨税2945万元；审核、签发原产地证书1571份，同比增长31.1%，缮制、发放检验检疫证书6853份，同比增长36.1%；开展各类核查作业177起，办结普通程序案件2起，办理"快简"案件9起。

【党建工作】2022年，大连长兴岛海关牢牢把握政治机关定位，把"两个确立"的政治共识转化为坚决做到"两个维护"的行动自觉。开展学习贯彻党的二十大精神系列活动，坚持党委带头、以上率下，组织各类专题学习7次、"学习感受大家谈"活动40余场，开展"四级联动"宣讲20余次，以小讨论、小交流、小测验等特色学习形式创新推动青年理论学习，相关理论成果被《金钥匙》杂志、《中国国门时报》、"连关政研"等媒体转载。开展习近平新时代中国特色社会主义思想学习，建立每月1次中心组学习和每季度1次扩大学习的理论学习制度，推动党史学习教育常态化，组织红色读书会、"学史·铸魂"讲坛9场。落地砸实"第一议题"制度，围绕疫情防控、促外贸保稳提质等重点任务实行关党委挂牌督办，年内常规督办布置任务42项、关领导批示事项37项，完成新大楼搬迁工作，升级打造党员活动室2个，以钉钉子精神逐条逐项抓好贯彻落实。推进政治机关专项教育和"学查改"专项工作落实，梳理各岗位政治要求97项，制定"5+23"项整改措施，党员干部政治素养得到有效提升。年内，获评1个海关总署党建培育品牌、1个大连海关党建示范品牌、1个大连海关党建培育品牌；1个集体获评"辽宁省青年文明号"；1个党支部通过"四强"党支部评审，2个党支部通过"四强"党支部复核。

【海关监管】2022年，大连长兴岛海关加强危险品及其包装检验监管，监管进出口危险化学品563批次、危险货物包装36批次，查发不合格情事38起，报送典型不合格案例6起。落实食品安全"四个最严"要求，开展出口食品安全监督抽检27批次、129项次，出口动物源性食品监测84个、289项次，送检率100%。受理口岸食堂卫生许可1家，开展供船物料和辖区企业食堂食品加工快速检测23次、伙食供应企业快速检测18次，检出不合格项2批次，完成口岸食品安全监督抽检5次，检出大肠杆菌超标1次。处置验估指令351条，完成验估补税8396万元。开展核查作业177起。办理保税原油延期16票、225.73万吨，货值8.93亿美元。推进"'油气液体化工品物流监控系统'在保税原油监管中的研究和应用"课题研究，为推动海关更加精准有效开展保税原油监管提供破题解题方向，目前该课题已通过海关总署验收。以体系建设推动安全生产各项工作有效开展，借鉴ISO9001质量管理体系、HACCP预防性食品安全质量控制体系设计思路及理念，采用风险管理领域LS风险矩阵分析法，实现危险品检验、口岸卫生检疫、动植物检疫、食品安全、执法作业现场、办公场所、计算机机房等领域风险隐患排查整治的定性分析、分级评估、分类处置，初步构建安全生产管理体系。

【国门安全】2022年，大连长兴岛海关压紧压实口岸疫情防控责任，做好多病共防，巩固疫情防控成果。坚持党委统筹，加强指挥调度，召开指挥部会议35次，完善各类方案预案15个，开展职业暴露应急演练11次，创新实施"双资质"上岗机制，落实海关总署"百名科长百日督查"和专项监督检查问题整改。开展国门生物安全监测工作，重点围绕红火蚁、舞毒蛾、入境口岸有害生物、检疫性实蝇等8项检测任务，采集各类样本102个。开展病媒生物监测41次，捕获各类病媒生物38只，首次在长兴岛辖区内发现游离蜱2只。推进口岸外来有害生物初筛鉴定室建设工作。做好监测检测、物资保供、综合研判等工作，落实健康监测"零报告、日报告"、加强人员管理、提高办公场所清洁消杀标准等关键举措，保障工作秩序平稳运行。年内，获评大连海关"卫检领域十大岗位能手"1人，获评大连海关三等功1人次、嘉奖6人次，获得通报表扬9人次。

【服务发展】2022年，大连长兴岛海关主动融入辖区高

▲2022年12月2日，大连海关所属大连长兴岛海关关员对进口科研设备开展进口目的地查检（大连海关所属大连长兴岛海关 供稿）

质量发展大局,助力长兴岛"二次创业,再次腾飞",支持地方政府申建综合保税区项目,向地方招商部门和企业宣讲海关最新政策。深化与恒力石化、长兴岛港口等辖区重点企业战略合作。配合地方政府掀起产业发展新高潮,协助推进"进境种牛隔离检疫场项目",支持中林木材产业园开工建设。落实AEO认证惠企政策,2家企业获得经核准出口商资格,运用差别化管理措施对4家高级认证企业开展评估。加快出口食品生产企业、海关收发货人备案办理,优化备案审核流程,实施出口食品生产企业备案无纸化,备案时间从3个工作日缩短至1个工作日,全年办理报关单位备案业务155起,新备案出口食品生产企业5家。助力长兴岛10万吨原油码头泊位顺利通过验收,指导恒力聚酯产业园、恒力重工和太平湾口岸开放工作。围绕辖区修船行业新发展机遇,助力大船修船、恒力重工修船业务顺序开展。

【营商环境】2022年,大连长兴岛海关落实"放管服"等改革措施,推进市场化、法治化、国际化口岸营商环

▲2022年10月13日,大连海关所属大连长兴岛海关关员在辖区出口葡萄备案果园开展现场监管工作,助力地方特色农产品走出国门(大连海关所属大连长兴岛海关 供稿)

境建设。深化申报模式改革,提高"提前申报"和"两段准入"应用比例,压缩货物通关时间,实现进口总体通关时效3.48小时,同比压缩67.29%。推广出口货物检验检疫证书"云签发",减少企业证书申领工作量50%以上,签证时间压缩80%以上,节省企业各项成本约50万元。签发RCEP项下出口原产地证书339份,助力企业享受关税减让157.72万元。指导恒力石化完成石脑油消费税退税7339万元。巩固"我为群众办实事"活动成果,原油进口实现100%先放后检,下半年取样送检比率下降72.54%以上,助力辖区应季李子突破技术贸易壁垒走进印度市场、保障香港同胞"菜篮子"安全、助推大樱桃抢鲜登陆国际市场等措施成果被各大媒体广泛转发。推进课题研究成果有效转化,"出境种苗检疫监管模式"助力辖区进出口种苗企业订单量增加15%以上。

撰稿人

姚志刚

营口海关

【概况】2022年,大连海关所属营口海关在大连海关党委的坚强领导下,坚定围绕迎接学习宣传贯彻党的二十大精神这条工作主线,防疫情、促发展、保安全,在全面建设社会主义现代化新征程上迈出坚定步伐,在积极应对大灾大战大考的峥嵘岁月中谱写营口海关阔步发展的崭新篇章。全年,两税入库9.8亿元;出口报关单量1123票;进出口货运量1096.2万吨,货运总值11.4亿美元;签发原产地证书43700份,同比增长18%,货值22.32亿美元,助力企业享惠1.12亿美元。设立加工贸易手册289份,进出口货值14547万美元,内销征税86.9万元人民币,同比增长29.3%。监管进口快件25395票,总价值655.9万元人民币,征税34.26万元。办理报关单位备案179家,变更91家次,注销106家。办理进口食品收货人备案5家、出口食品种植场基地备案1家。办理原产地证备案企业84家,同比增加31.25%。检验进出口工业品752批,货值7137.5万美元。监管查检出口动植物及其产品、食品824批次,货值1057万美元。贯彻落实总体国家安全观,坚持问题导向、底线思维,强化事前、事中、事后全链条防控,国门安全体系更完善,国门安全防控更有力。

【党建工作】2022年,营口海关牢牢把握政治机关定位,推动捍卫"两个确立"、做到"两个维护"、强化政治机关建设专项教育活动。制订专项教育活动实施方案、专项教育活动推进计划表,对5个方面15项22条具体推进措施强力推进落实;走好"第一方阵",落实"第一议题"制度,开展"走好第一方阵 我为二十大作贡献"专题党课、"喜迎二十大过政治生日"座谈会、"修身修德,淬炼忠诚本色"道德讲堂、巧手颂党恩等活动,营造庆祝中国共产党成立101周年浓厚氛围;执行"第一议题"制度,党委集中学习50次、开展专题党课2次、党委会专题研究落实意识形态工作2次。上下联动深入推进党的二十大精神学习。提前思考学贯计划研究制订方案,科级以上领导干部撰写心得体会30篇,制作宣传展板6块,更新党建活动阵地党的二十大内容板块,更换文化长廊各类照片30余张。

【服务发展】2022年,营口海关变"企业找政策"为"政策找企业",宣贯RCEP相关政策,为相关镁制品企业测算产品适用优惠税率前后出口成本，联合中国（辽宁）自由贸易试验区营口片区邀请大连海关关税处赴营口地区开展RCEP政策宣讲，疫情期间，"网格化"配备服务专员，推广应用"信用签"，主动了解企业困难，帮助企业积极申请经核准出口商资质。签发原产地证书43700份，同比增长18%，货值22.32亿美元，助力企业享惠1.12亿美元。1月1日，签发东北地区首份RCEP原产地证书。

【海关监管】2022年，营口海关建立"一厂一策，一对一"帮扶机制，通过政策引导、技术交流、信息沟通，随时解决生产和监管过程中遇到的问题；通过电话、微信等方式，指导企业提前做好备案许可等书面材料准备，提前帮助书面审查，提供政策和技术咨询，保障备案一次办理成功；加强对食品安全管理体系的监管，利用检验检疫技术和食品安全管理优势，定期分析研究国外技术性贸易措施，及时评估涉及啤酒安全、卫生的新法规、新标准，督促企业完善质量控制体系、自检自控体系和产品追溯体系。1月5日，监管首批样品百威啤酒出口美国。成立营口海关稽查北部协作区专项行动工作专班，制订专项行动工作方案；集中业务专家形成稽查组，集智集力，强化执行能力，展开贸易调查；加强部门间横向联通，与天津海关共享信息、整合资源等协作配合；创新稽查作业模式，引入中介机构服务稽查作业。8月19日，完成关区内唯一再生硅钢片行业稽查作业。

【国门安全】2022年，营口海关成立营口海关有害生物监测小组，两名具有监测工作经验和具备专业知识的检疫人员负责日常监测。针对监测时间跨度长、布点范围广的特点，制订工作计划，按照各项监测指南要求，落实诱捕器布点、维护、采样、送检等各环节工作。与地方相关部门进行沟通，建立联合监测机制，掌握营口地区有害生物发生情况，开展后续疫情处置工作。9月22日，参与大连海关国门生物安全喜马拉雅品牌电台节目，发布出境货物木质包装监管的科普音频2篇。

【检验检疫】2022年，营口海关多措并举加强进出口危险化学品及其包装检验监管，规范执行危险化学品检验监管各项措施，落实岗位资质要求及个人安全防护各项措施。深化隐患排查，检验进出口危险化学品697批，货值6609.3万美元，货值增长20.3%。开设"属地查检绿色通道"，主动公开预约查检电话，加快生产原材料和关

▲2022年1月1日，大连海关所属营口海关签发东北地区首份RCEP原产地证书 （大连海关所属营口海关 供稿）

▲2022年4月8日,大连海关所属营口海关关员对企业进口蔗糖水溶液进行采样作业(大连海关所属营口海关 供稿)

键设备的通关速度,为保持产业链供应链安全稳定"赋能",利用"绿色通道"出口相关产品557批次,货值116.6万美元。聚焦痛点、堵点、难点"精准"施策,点对点宣讲海关保稳提质政策措施;克服疫情困难,强化部门协作研究解决方案,通过线上预审材料等方式缩短评审时间;结合疫情实际,线上线下同步发力指导企业合规改进、调整申报材料,第一时间组织现场评审并上报,确保企业能够尽快得到香港食环署注册。7月1日,辖区年产7000万只肉鸡大型肉禽饲养加工企业完成供港澳冰鲜禽肉备案养殖场及加工企业资质推荐注册评审。

【进出境快件监管】2022年,营口海关深入运营企业调研,为监管场所运营企业提供政策和技术支持。学习执行寄递渠道监管文件,开展进境"异宠"、涉毒嫌疑物品等查缉,确保国门安全。开展疫情防控,从进场、分拣、查验到放行、垃圾处理等各个环节做好安全防护。优化人员结构,第一时间分拣验放,确保队伍不乱、业务不断,保障快件新业务平稳运行。自7月28日业务正式开展以来,监管进境快件25395件,征税34.26万元。

【首票保税维修业务顺利通关】2022年,营口海关主动适应新业态发展,以企业需求为导向,帮助企业抓住国内国际两个市场,促进加工制造和保税服务向高技术、高附加值端延伸;协同营口综合保税区管委会、商务口岸等部门联合印发保税维修业务监管方案,为企业业务开展指引正确方向;主动服务企业,安排业务跟进"专员",实现企业材料备案、账册设立、申报通关全流程跟踪,及时打通系统障碍、沟通不畅等服务"堵点",助推新业态业务快速落地。12月30日,在营口海关监管下,东北地区首票货值12.1万元的17台竖式旧钢琴经入区维修后顺利出区发往境外。

撰稿人

刘 丰

鲅鱼圈海关

【概况】2022年，大连海关所属鲅鱼圈海关税收入库173.53亿元，同比增加18.13%，创鲅鱼圈海关开关以来新高。其中，关税15.57亿元，同比减少26.28%；进口环节税157.96亿元，同比增加25.58%。监管进出口货运量6605.2万吨，同比减少13.1%；货值216.4亿美元，同比增长1.2%。监管进出境集装箱40478箱次，同比减少24.7%；监管进出境船舶3395艘次，同比减少4.4%；监管进出境人员64433人次，同比增加0.1%。

【党建工作】2022年，鲅鱼圈海关组织学习贯彻落实党的二十大精神，开展专题宣讲、"堡垒促学"等活动60次。政治理论学习氛围植根基层，各党支部集体学习超400次。落实党建"效能提升年"要求，深化党建"双提升"，突出"四强"党支部示范带动作用，开展联学共建6次；提升党支部组织建设规范化，开展专项党务工作培训6次，指导20个党支部按期完成换届选举；推进党建阵地建设，完善1个、新建4个党员活动室，每季度开展读书分享。正风肃纪，召开鲅鱼圈海关全面从严治党工作会议，细化8个方面41项重点任务并落实到位；推动"海关重点项目和财物管理以权谋私"专项整治工作；加强日常监督，深化纠治"四风"，开展准军事化纪律部队建设；廉洁文化建设向纵深发展，党委书记、党支部书记讲授廉政党课25次，征集家规家训14条，组织分享家风故事；开展宪法宣誓，邀请营口市

▲2022年5月25日，大连海关所属鲅鱼圈海关关员在码头准备开展登临采样工作（大连海关所属鲅鱼圈海关 供稿）

委党校老师开展专题辅导。

【疫情防控】2022年，鲅鱼圈海关坚持强化风险预警监测、检疫处理监督和联防联控配合，做好多病同防，降低一线关员染疫风险。充实冷链一线人力资源，规范采样检测和预防性消毒监督，推动企业切实履行进口冷链食品安全生产主体责任和疫情防控主体责任。关注国家疫情防控政策变化，及时优化调整疫情内部防控措施，落实"四早"要求，提高内部防控应急处置能力。在海关总署"百名科长百日督查"专项活动中，受到督查组的充分肯定与赞扬。

【国门安全】2022年，鲅鱼圈海关聚焦进出口食品安全，查发不合格进出口食品38批次，依法退运食品添加剂超标的进口杏干55.63吨，连续查发多批次进境海蜇标签不合格。聚焦国门生物安全，强化外来入侵物种口岸防控，全年截获有害生物183种、6390种次；开展国门生物安全监测，首次监测发现检疫性有害杂草刺萼龙葵。聚焦口岸公共卫生安全，辽宁口岸范围内首次在病媒生物本底调查中监测发现黄色轲蚊；完成营口港口岸公共卫生核心能力复核检查工作，得到海关总署考核组充分肯定与普遍好评。

【监管打私】2022年，鲅鱼圈海关查办一般案件55起、"两简"案件87起，均超额完成指标。坚持强化组织领导，关局联合开展"推动全员打私、提升打私绩效'大干60天'专项行动"，压紧压实打私责任，形成全关"打私一盘棋"良好局面。强化专业打击，破获DJ系列走私水产品案件和DJ系列走私濒危植物小叶紫檀案件。强化监管主业，巩固打击"洋垃圾"走私成效，依法查处禁止进境再生铝块固体废物7.57吨，退运废旧高尔夫球包468个；首次查发出口化肥伪报税号逃避检验监管案件，涉及氯化铵150吨；查发进口燃料油目的地检验结果异常案件，涉案金额超2亿元。

【服务发展】2022年，鲅鱼圈海关减税降费放红利，推进税款担保改革，全年审核备案担保金额6.56亿元，同比增长9.16%，大幅缓解企业流动资金占用。多措并举保稳定，深化实施"两段准入""提前申报""先放后检"等改革举措，加快口岸提离效率，助力产业链供应链循环畅通，保障铁矿进口2688.3万吨、原油进口890.2万吨、粮食进口192.6万吨、

▲2022年9月5日，大连海关所属鲅鱼圈海关关员进行病媒有害生物监测工作（大连海关所属鲅鱼圈海关 供稿）

原糖进口104.2万吨。扩大出口稳市场，聚焦地方优质农食产品，实施预约查验、预约通关服务，保障鲜活易腐农产品查检绿色通道高效运转。出口新鲜水果3.14万吨，同比增长195%；出口盐渍海蜇2498吨，同比增长56%；出口脱水蔬菜600吨，同比增长17%。

【实验室能力建设】2022年，鲅鱼圈海关加强实验室能力建设，通过CNAS和CMA（中国计量认证）二合一远程评审，检测项目扩项16个，煤炭检测项目实现全覆盖。移动PCR实验室经辽宁省卫健委授权，获得检测结果网上传输资质。上线运行"鲅鱼圈海关综合技术服务中心委托检验管理系统"，实现委托检验工作全程电子化。

撰稿人

徐茂林

盘锦海关

【概况】2022年,大连海关所属盘锦海关坚决贯彻落实党的二十大精神,按照海关总署党委"铸忠诚、担使命、守国门、促发展、齐奋斗"要求,统筹口岸疫情防控和促进外贸稳增长,强化监管优化服务,促进口岸开放和经济高质量发展。年内,审核进出口报关单622份;征收税款37.84亿元;签发原产地证书1116份,签证金额6.05亿元;监管进出口货物850.4万吨,货值287.76亿元;监管进出境船舶359艘次;稽查作业6家,办结3家,办理"两简"案件3起、一般行政案件3起;开展主动披露作业4家,办结3家。

【党建工作】2022年,盘锦海关以习近平新时代中国特色社会主义思想为指导,坚持政治统领,持续强化政治机关建设。学习宣传贯彻党的二十大精神,推进71项重点任务。坚持"第一议题"制度,依托党委会、周例会、"三会一课"等多种方式,用党的创新理论武装头脑、指导实践、推动工作,督办落实国门安全、安全生产等"第一议题"事项82项。开展专项教育活动,推进"学查改"专项工作,查摆17个方面的风险隐患,通过29条具体措施,将问题全面整改。修订完善规章制度4项、常态化工作机制1项,参与课题研究2项。压紧压实意识形态工作10项责任,自查意识形态领域3个方面不足,通过5个方面措施,做到"十个防范"。践行新时代组织路线,新增2个"四强"党支部,新增1个大连海关基层党建示范品牌。规范8个党员阵地建设,打造智慧化党建阵地。发展党员1名,预备党员转正3名,接收党员5名,充实党员队伍。联合多部门开展丰富主题党日活动6场次,组织开展20场次志愿服务活动。激励干部争优创先,8人次、2个先进科室被总关表彰。强化权力制约,加强对外勤执法廉政情况监督56次,"好差评"系统办件53起,好评率100%。强化准军事化纪律部队建设,筑牢全员拒腐防变思想防线。

【疫情防控】2022年,盘锦海关立足口岸"外防输入"主战场,对入境船员实施健康申明卡核验、体温检测、医学巡查、采样检测等"三查三排一转运"措施,坚决做到"四个必严"。坚持"一船一议"疫情风险研判,执行集中封闭管理制度,做到"四必须""五件套""六个不"要求。强化口岸联防联控,人物同防、多病同防、严防疫情叠加,扎紧疫情防控闭环。

▲2022年4月26日，大连海关所属盘锦海关关员对入境船舶进行锚地现场检疫（大连海关所属盘锦海关 供稿）

【海关监管】2022，盘锦海关规范海关监管作业场所管理，开展监管场所实地巡查96次、视频监控235次、口岸方舱检查44次，查发设备故障21次、实地问题2次，及时推进问题整改。加强港口船员通道管理和进出境船员物品监管，岗位前移，办理船员换班手续12次，对入境船员携带物品进行100%开箱检查，严防船员携带违禁品入境。到港即检、卸毕即检，全链条保障378.3万吨资源能源商品高效通关，确保供应链稳定。

【检验检疫】2022年，盘锦海关加强口岸本底病媒生物监测，捕获蚊、蝇、鼠等病媒生物3种10批次694只，在一批次送检鼠类样本中，检出汉坦病毒阳性。开展动植物有害生物监测，截获检疫性有害生物30种类，1836种次；检出一般性有害生物6029种次。在关区年度首次截获欧洲菟丝子，在外来有害生物监测和外来入侵物种普查中发现曼陀罗等11种外来有害杂草，发现舞毒蛾成虫和美国白蛾（残体）。按照口岸卫生监督计划和食品安全抽检计划，抽查8批次样品，均检测合格。检验监管进出口危险化学品229批次，出口危险货物包装使用鉴定196批次，检出不合格20批次，保障出口危险品安全。

【服务发展】2022年，盘锦海关成立"通关时间"管控小组，开辟快速通关绿色通道和专用窗口，进、出口整

▲2022年1月19日，大连海关所属盘锦海关关员对进口煤炭进行现场查验（大连海关所属盘锦海关 供稿）

体通关时间分别为18.94小时、0.01小时。助力辖区特色农产品扩大出口，出口水飞蓟素532吨，占据国际市场90%以上份额，出口钓饵河蟹再创新高；助力酸菜、豆油、谷维素等首次出口；助力特色化工品出口，监管出口燃料油153万吨。

【改革创新】2022，盘锦海关推动"提前申报""两步申报""两段准入"等改革落地实施，实现单证审核、减免税审核等模块在H2018中顺利上线运行。深化"放管服"改革，实施行政审批"零接触"网上办理，证书"云签发""证照分离"改革全面落地；大力推进稽查改革，实施以信用为基础的企业分类监管，推进企业AEO认证，指导6家企业完成认证前培育。结合疫情防控新形势新变化新特点，探索寻求更优化、更科学、更高效的检疫登临模式，争创关区内首批"无接触式登临检疫"新模式的试点单位。自主发明的便携式水尺观测装置获得国家知识产权局专利认证，具有便携高效、测量精准、数据实时记录等优点，自启用以来，为外贸企业挽回损失130余万元。

【截获检疫性杂草刺萼龙葵、杂草性欧洲菟丝子】2022年1月18日，盘锦海关对进口大豆进行现场查验时，截获多种外来杂草，经鉴定确认携带刺萼龙葵、宾州苍耳、豚草等9种检疫性杂草和39种其他杂草。7月27日，对一船巴西大豆进行查验时，经鉴定确认携带西方苍耳、柱果苍耳、多年生豚草、假高粱、刺苞草、欧洲菟丝子等12种检疫性有害杂草和43种其他杂草，其中欧洲菟丝子系大连口岸首次截获。

撰稿人

历胤宏

鞍山海关

【概况】2022年，大连海关所属鞍山海关以习近平新时代中国特色社会主义思想为指导，落实海关总署以及大连海关两级党委工作部署，以政治建设为统领，以"效能提升年"为抓手，统筹疫情防控和促进外贸稳增长，强化监管优化服务，全力促进鞍山高水平开放、高质量发展，圆满完成各项工作任务。年内，监管进出口货运量41.67万吨，同比增加1.4倍。征收税款总额2535.46万元，同比下降15.29%。签发原产地证5037份，同比减少6.36%；签证金额8.91亿美元，同比增长9.59%。检验检疫出入境货物2485批，同比下降29.88%；货值8.77亿元，同比增长25.18%。加工贸易手册设立162本，同比增加3.85%；备案金额1706.46万美元，同比增长10.71%。办理报关单位备案100家、变更46家次、注销58家。办理出口食品生产企业备案4家、食品进口商备案3家、出口食品种养殖基地备案6家。

【党建工作】2022年，鞍山海关强化政治机关建设，把学习宣传贯彻党的二十大精神作为首要政治任务，制订工作方案，党委及时学、支部跟进学，组织知识竞赛，撰写心得体会。弘扬伟大建党精神，抓实基层党建工作，常态化开展党史学习教育，统筹开展"学查改"专项活动。保持"全国文明单位"、省级"青年文明号"等多项荣誉。1个党组织获评大连海关"四强"党支部，2个党组织通过"四强"党支部复核评选。

【海关监管】2022年，鞍山海关突出监管重点，开展监管场所实地巡察50次、视频巡察498次。加强统计分析和风险监测，深化稽核查业务改革，以问题查发为导向，聚焦"重点商品、重点行业、重点企业"，提升稽查发效能，开展稽查作业12起，办结12起。接受企业主动披露4起，从轻处罚，提升企业获得感；与市场监督管理部门开展联合抽查10家，实现信息共享、执法互助。与缉私、公安、税务等部门协同联动，打击"洋垃圾""水客"等走私活动和虚假贸易行为。年内，查发"两简"案件6起、一般行政案件7起，对1名"水客"科处罚款62万元。开展安全生产专项整治3年行动，建立风险隐患"四日制"监督检查机制、安全生产台账管理机制，压紧压实安全生产责任，常态化开展大检查，多渠道宣传贯彻《中华人民共和国安全生产法》，排除安全生产隐患，防范和遏制重特大事故发生。

【检验检疫】2022年，鞍山海关开展"国门绿盾2022"行动，加强外来物种监测和防控，严格防控非洲猪瘟、松材线虫等动植物疫病疫情。年内，监测发现外来入侵物种——检疫性杂草三叶裂豚草，及时通报地方监管部门。落实"四个最严"要求，加强食品农产品生产企业全链条监管，对腌渍蔬菜、食品备案企业开展定期核查，提升质量安全管理水平。开展"口岸危险品综合治理"百日专项行动，优化取样送检流程，建立企业名录。年内，查验出口危险化学品411批次，货值2.75亿元，检出出口危险化学品不合格27批次。

【营商环境】2022年，鞍山海关制订落实RCEP工作方案、促进外贸保稳提质19条措施、优化营商环境25条措施等，成立领导小组，制度化、清单化、项目化推进工作落实，优化营商环境，提升贸易便利化水平。依托报关大厅、关企微信群、"12360"等线上线下载体，开展政府信息公开，畅通信访举报渠道，提高工作透明度，打造"阳光窗口"。建立"作业效率提升"工作机制，开辟鲜活易腐农食产品绿色通道，优先查验供港禽肉产品；建立报关单"日监测、周通报、月评估"机制，综合运用"提前申报""两段准入""7×24小时预约查验"等措施，全力压缩整体通关时间，使"通得快"成为常态，整体通关时长压缩至进口19.37小时、出口1.38小时。加强加工贸易企业业务指导，建立"手册催核—保证金清退"跟踪办理机制，协助解决手册问题，缩短保证金清退周期。对鞍山陆港、保税物流中心、保税仓库等项目提前介入、全程跟踪辅导，1家保税仓库获批建设。

【市场采购贸易试点】2022年，鞍山海关优化营商环境，打好"服务牌"，推广"指尖通关""转关半日达""零延时衔接"等便利化措施，大幅压缩通关时间；建立企业协调员制度，"问题清零"、异常处置等工作机制，全天候解答企业咨询，解决管理网运行不畅、转关申报受限、车辆备案过期等痛点、难点问题。加强协调联动，打好"协作牌"，推动地方政府创新建立了"7+1"综合管理服务体系，实现系统数据校验、信息互联互通、资源联调联动、平台共享共用，构建起"事前预防、事中监管、事后追溯"的闭环监管体系，年内，查发虚报价格企业6家，涉及报关单62票，对非法骗补形成有力震慑。落实助企纾困措施，打好"特色牌"。

▲2022年11月24日，大连海关所属鞍山海关关员对市场采购贸易方式出口服装产品进行查验　（大连海关所属鞍山海关　供稿）

实施"一企一品一策",举办线上知识产权保护、RCEP政策宣讲会,助推服装类中小微企业"走出去",拓展国际市场;实施"人等货""即到即查"等便利服务举措,打造抵韩货物通关"黄金航线"。年内,市场采购贸易出口2699票,货值3.61亿美元,货物远销至全球100余个国家和地区。

【助力特色产业】2022年,鞍山海关发挥地域特色资源优势,提升出口农产品"企业+基地+标准化"管理模式,推动辖区食用菌、禽肉和竹木草制品等特色产业稳定发展;建立企业监管电子档案,做好重点品种的风险分析,完善农产品企业风险管理,加强对企业防疫病措施、药物使用情况等督促指导,强化企业提升自检自控能力。帮助企业整理出口目的地国家市场准入要求,建立市场动态监测通报机制,支持企业合理扩大出口布局;利用自主研发的监管数据综合管理平台,加强企业资质管理,建立企业监管电子档案,做好重点品种的风险分析。年内,监管出口蘑菇、罐头等特色农产品1316批次,货值2.06亿元。

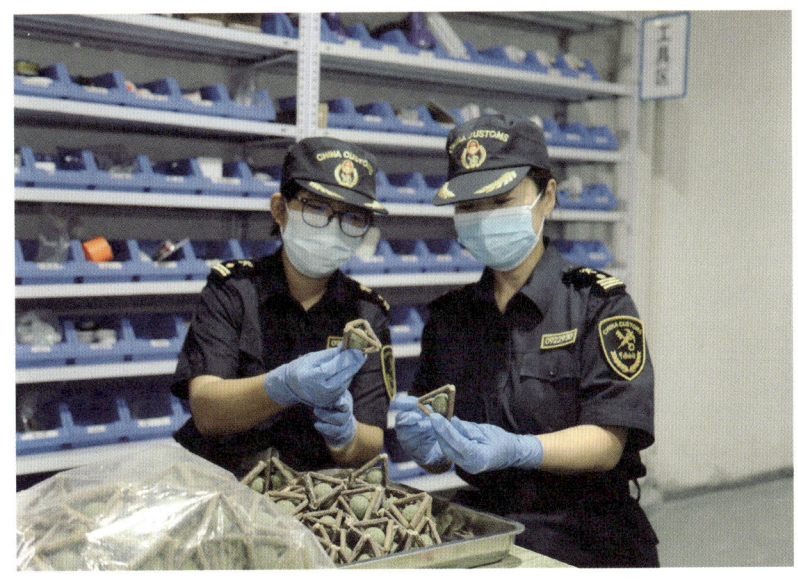

▲2022年9月28日,大连海关所属鞍山海关关员对出口猫玩具进行查检(大连海关所属鞍山海关 供稿)

撰稿人

类成平

大东港海关

【概况】2022年，大连海关所属大东港海关落实海关总署以及大连海关工作要求，以迎接学习宣传贯彻党的二十大为主线，按照"疫情要防住、经济要稳住、发展要安全"的重要要求，以"效能提升年"为抓手，高效统筹推进口岸疫情防控和促进外贸稳增长工作，圆满完成各项工作任务。年内，监管进出口货运量1320.1万吨，同比下降17.1%，货值29.1亿美元，同比下降30.3%；结关报关单15130份，同比下降34.5%；进出口集装箱26481箱次，同比下降28.7%；国际航行船舶740艘次，同比下降14.7%；检验检疫出入境货物1.4万批，同比下降15.5%，货值69.1亿元，同比下降47.1%；入库税收19.66亿元，同比下降13.99%。

【党建工作】2022年，大东港海关推进政治机关建设，强化理论武装，开展学习宣传贯彻党的二十大精神系列活动，建立"党委带支部、干部带群众"的学思用贯通机制。开展党建品牌"提档升级"，完成17个党支部的"合格"支部复核，其中5个党支部获评大连海关"四强"党支部，升级改造4处党员活动阵地。开展纪律作风整顿和"内务规范强化月"活动，评选"内务示范间"6个。主动接受外部监督，聘请13名特约监督员。组织支部书记参观丹东海事局东港海事处廉政教育基地，邀请丹东市纪委专家开展廉政主题授课。依托"钉钉"等线上平台和展示教室等线下平台，保障干部教育培训全覆盖、不间断，2名同志获评大连关区"十大岗位能手"。

【海关监管】2022年，大东港海关坚决落实习近平总书记重要指示批示精神和党中央重大决策部署，推进全员打私，强化风险综合研判，综合舱单、报关单、新查管、E-ciq以及核查系统各项数据，细化查验指令，形成风控、监管、核查、缉私等多部门联动机制，重点关注固体废物、日化用品等领域伪瞒报、夹藏走私风险，打击"洋垃圾"入境和象牙等濒危物种及其制品走私。加大后续监管力度，完成核查351起。作为牵头单位承担大连海关扩大核查领域"采信第三方出具报告制度"试点范围课题研究工作。对辖区内8家监管场所（场地）完成巡查90次。

【国门安全】2022年，大东港海关加强国门生物安全保障，提升实验室鉴定能力，截获检疫性有害生物16种、110种次，非检疫性有害生物112种、800种次。联合辽东学院、港口共同开展外来入侵物种普查和有害生物本底调查。完成进出口食用农产品和饲料安全风险监控抽样送检59批次、357项次，检出大肠杆菌超标2批次。

【疫情防控】2022年，大东港海关筑牢口岸疫情防线，采取全员基础知识培训、医学骨干针对性培训和闭环管理岗前培训相结合模式，举办岗前培训31期、实操培训48期，培训人员373人次。坚持"人、物、环境"同防和多病同防，做好猴痘等其他传染病的检疫排查。做好内部防控工作，落实自我防疫主体责任，加强出差出行审批管理。加强专业消杀设备投入，提升消毒效率。加强一线人员关心关爱，改善封闭管理区生活环境，协调解决老人就医、子女上学等实际困难。在评先选优工作中对一线人员进行政策倾斜，对疫情防控中表现突出的人员进行表彰奖励。启动应急管理机制，24小时动态关注职工状况，实行非接触式办理业务，保障海关业务平稳运行。

【服务发展】2022年，大东港海关细化落实海关总署以及大连海关促进外贸保稳提质各项措施，出台"链长制"等7项工作机制，为企业提供"5+2"全天候通关服务及预约加班，推动减税降费和助企纾困政策落地。推行"智能审核+自助打印"模式，原产地签证即报即审，实现辖区企业宣讲100%全覆盖，自助打印达90%以上。签发各类优惠原产地证书13757份，同比增长33.68%，为企业减免关税2109万元，惠及企业130余家。对超时报关单实施"人盯人""一对一"督办，压缩

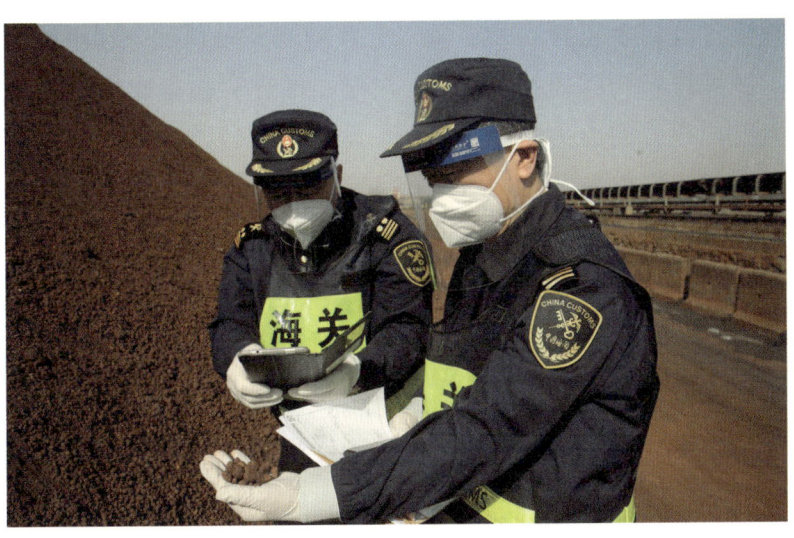
▲2022年4月26日，大连海关所属大东港海关关员对进口铁矿进行口岸查验（大连海关所属大东港海关 供稿）

▲2022年5月9日，大连海关所属大东港海关关员对进口大豆进行口岸查验（大连海关所属大东港海关 供稿）

通关时长。出台大宗资源商品通关便利化8条措施，对进口铁矿创新开展"船铁直转"，港口矿石周转效率提升35%。联合草莓种植科研机构开展草莓农残快筛技术研究，检测周期缩短70%。推行企业备案一站式服务，组织"百人千企"对口帮扶工作会议，线上线下宣讲政策30余次，联合东港市商务局开展出口食品企业质量安全网上培训班。针对出口活水生动物、冰鲜水产品、鲜草莓等辖区特色鲜活易腐农食产品，设立查检绿色通道，通过随报随检、预约加班、专家组指导、科长直通车等方式，实现查检环节"零延时、零等待"，累计快速验放1200多批次、9000余吨鲜活易腐农食产品。

【改革创新】2022年，大东港海关优化查验监管模式，开展口岸查验、属地查检、核查业务双随机派单，对进境粮食采取靠泊船边检疫、边卸边检、检毕即放，开展登临检疫与口岸查检联合作业。提升智慧监管效能，调阅300余个港口摄像头构建立体监控模式，对现场查验执法过程以及监管场所、重点区域进行视频监控，排查风险隐患。助力边民互市贸易发展，完成海关总署组织的海关互市2.0系统联调测试，编写测试用例11项，完成边民生物信息采集1640人次。支持丹东港互市贸易区项目建设和丹东保税物流中心（B型）项目申报工作。

支持港口扩大对外开放，指导港方开展进境粮食、进境食用水生动物指定监管场地重新立项申请和进境原木指定监管场地整改工作。督促地方政府加快推进口岸开放工作，与交通运输局、边防、海事、商务局等部门协调建立"一船一议"临时机制，为82艘进境船舶办理相关手续。推进实验室检测能力建设，参加17个能力验证测量审核，结果均为满意，完成大连海关科研项目2项，通过CNAS和CMA"二合一"扩项评审，新增、变更检测项目64项，实现甲肝病毒、非洲猪瘟、煤炭氟元素等检测项目关区自检。

撰稿人

李晓楠　陈　朋

丹东海关

【概况】2022年,在海关总署以及大连海关两级党委的坚强领导下,大连海关所属丹东海关以习近平新时代中国特色社会主义思想为指导,深入学习贯彻党的二十大精神,突出政治机关建设,坚持稳字当头、稳中求进,完整、准确、全面贯彻新发展理念"铸忠诚、担使命、守国门、促发展、齐奋斗",落实"12个必"重点工作,统筹发展和安全,强化监管优化服务,防范化解重大风险,着力促进高质量发展,各项工作取得新成绩,建设"一流强关"迈上新台阶。全年,监管进出口报关单5637票,同比增长105%;监管进出口总额2.4亿美元,同比增长232%;监管进出口货运量16.9万吨,同比增长268%;监管进出境运输工具7562辆/节次;税收入库2883万元,同比增加43%;签发检验检疫各类证单1915份,签发原产地证书4725份,货值2.59亿美元;注册企业数284家。

【党建工作】2022年,丹东海关牢牢把握政治机关定位,将习近平总书记重要讲话和重要指示批示精神一贯到底、落实到位。落实"第一议题"制度,召开党委会议50次,形势分析及工作督查例会7次,关务例会29次。学习宣传贯彻党的二十大精神,党委理论学习中心组专题会议深入学习原文10余次,机关党委、工会团委助学每周30余次,开展"激情满怀迎盛会""二十大时光"等活动,推动学习宣传贯彻党的二十大精神走深走实。深化"强基提质工程",1个党支部荣

▲2022年12月29日,大连海关所属丹东海关关员雪中查验进口货物(大连海关所属丹东海关 供稿)

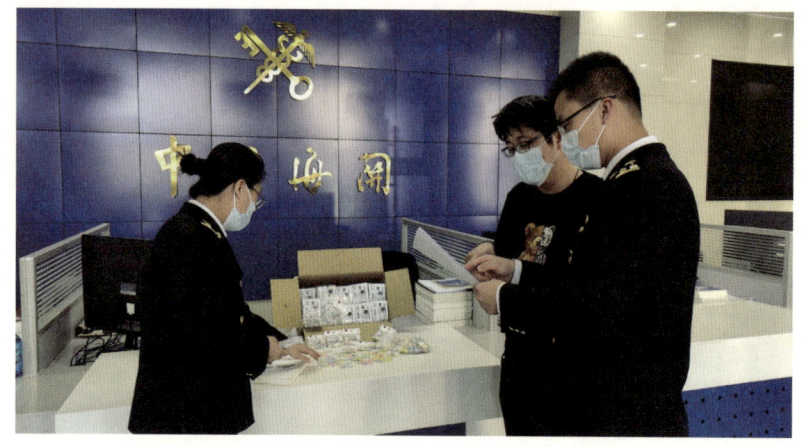

▲2022年3月24日，大连海关所属丹东海关关员为企业讲解原产地政策（大连海关所属丹东海关 供稿）

获"大连海关基层党建示范品牌"，6个党支部获批关区"四强"党支部，1个集体连续获评全国青年文明号。推进边关生活设施保障工程，提高边关干部生活幸福感。

【海关监管】2022年，丹东海关抓实安全生产工作，召开安全生产工作会议2次，建立党委委员每周带队检查机制，对大连海关安全生产大检查发现的4类6个问题立行立改。成立风险管理委员会，系统防范进出口食品质量、危险化学品等7类重大风险并妥善处置。加强现场登临检查和人工查验，严格落实国家禁止、限制类进出口货物管控要求。规范监管作业场所管理和巡查，强化途中监管。深化企管、稽核查等后续监管，办结稽查有效作业23起。保持打私高压态势，查获刑事案件2起、一般案件6起、"快简"案件84起；涉检案件16起，同比增长220%。

【国门安全】2022年，丹东海关贯彻习近平总书记关于总体国家安全观重要论述和习近平生态文明思想，维护国门安全和社会稳定。组织召开疫情防控指挥部会议29次，分析研判疫情形势，落实各项防控要求；完善防疫梯队运行机制，开展应急处置演练11次，组织技能培训40余次。开展"国门绿盾2022"专项行动，截获动植物及其制品25批次，国门生物安全监测捕获有害生物25种次、检疫性有害生物1种次，为大连关区首次。成立风险管理委员会，系统防范进出口食品质量、危险化学品等7类重大风险；落实食品安全"四个最严"要求，通报出口食品问题5批次、进境粮食安全隐患5项，抽检样品209个、项目700余个；严把商品检验关，检出不合格商品29批次，检出率达38.15%。

【服务发展】2022年，丹东海关压缩通关时间，进口整体通关时间5.56小时、出口整体通关时间0.62小时，同比分别压缩31%、46%。制定促进外贸保稳提质措施15条，对口帮扶丹东市重点外贸企业30余家。树立"大企管"理念，高级认证企业实现零的突破；推进"证照分离""多证合一"改革落地，审批时限缩减超80%。宣传推广RCEP优惠政策，组织政策培训3次，签发RCEP原产地证书447份，关税优惠约123万美元。支持新、老大桥公路口岸建设和丹东港口岸扩大开放，为互市贸易创新发展建言献策。

撰稿人

李汪洋 罗新云

本溪海关

【概况】2022年，大连海关所属本溪海关在大连海关党委的坚强领导下，落实"疫情要防住、经济要稳住、发展要安全"要求，以"效能提升年"要求为抓手，强化监管优化服务，服务地方经济发展方面取得新成效。年内，设立加工贸易手册34本，备案金额1172.6万美元，手册核销结案34本；进出口报关单33票，同比下降29.8%；税收总额5.5万元，同比下降97.2%；出入境检验检疫申报1537批次，货值52358.9万元；签发产地证939份，签证金额64901.7万美元；新备案企业数26家，注销7家。

【党建工作】2022年，本溪海关学习贯彻落实党的二十大精神，成立学习宣传贯彻党的二十大精神领导小组和工作专班，制订工作方案和任务分解表。坚持"三级联动"，关党委专题学习8次。各党支部开展专题学习6次，党支部书记、业务骨干和青年代表交流学习心得体会10余篇。青年理论学习小组开展"二十大与我"交流研讨7人次，工会开展"学习二十大、奋进新征程"主题征文和线上答题活动，全关人员100%参与。党委书记带头，各层级开展宣讲6人次。统筹政治机关建设专项教育活动和"学查改"专项工作一体推进，以清单化管理提升政治机关建设水平。梳理"六对照六看六查"领导班子6个方面11项问题，制定整改措施14条，帮助企业解决实际问题3项，以实际成效推动讲政治要求融入业务各领域、全过程。

【国门安全】2022年，本溪海关落实食品安全"四个最严"要求，完成出口食品监

▲2022年9月10日，大连海关所属本溪海关关员在报关大厅为企业出具原产地证书 （大连海关所属本溪海关 供稿）

▲ 2022年9月12日,大连海关所属本溪海关关员对进境亚麻籽进行抽批查验（大连海关所属本溪海关 供稿）

督抽检6批次、动物源性食品风险监测3批次,全年未发生出口食品农产品被国外通报、退运情况。开展进出境动植物及其产品风险监控,进行进境水生植物疫病监测1批次、出境饲料添加剂风险监测1批次。开展国门生物安全监测与宣传工作,设置检疫性实蝇监测点5个；进行红火蚁田间踏查2次；开展松材线虫防治工作,对进境货物木质包装检疫送样2批次；开展"国门绿盾2022""国门利剑2022"等专项行动。开展国门生物安全专题宣传2次,到企业普法宣传10余次,发放各类宣传资料300余份,受众500余人次,增强公众生物安全意识。落实习近平总书记关于安全生产重要指示批示精神,筑牢危险品检验监管体系,强化企业安全生产意识,优化取样送检作业流程,助推辖区煤焦油、煤焦沥青实现首次出口。全年,检验出口危险品7202万元,同比增长61.8%。

【海关监管】2022年,本溪海关持续提升稽、核查监管效能,开展稽查作业4起、核查作业34起。海关内部监督与控制海关内部控制与监督子系统应用绩效创新高。全年移交涉检案件2起、"两简"案件1起,协助市场监督管理部门查处一起进口商品未加贴中文标签案件。紧盯属地企业异地申报报关单,沟通协调口岸海关修改并督促企业严格按照新版规范申报目录申报,实现全年规范申报正确率100%。加工贸易手册报核及时率和结案及时率均为100%。

【服务发展】2022年,本溪海关优化营商环境,成立重点企业专项服务组和通关应急服务组,结合属地企业特点梳理"27+20+7"措施,有针对性地向企业发放"政策包"。促外贸保稳提质,落实"百人千企"重点帮扶机制,发挥"企业协调员"作用,推动高级认证企业和"经核准出口商"的推介与培育力度,释放AEO与RCEP政策叠加红利,为辖区企业获得进口方关税减免2757.9万美元。助力辖区重点产业发展,全年实现食品出口2.19亿元,同比增长21.5%;木制家具出口1.61亿元,同比增长10.4%。优化属地送检作业模式,保障亚麻籽顺利进境,为企业节约集装箱滞厂费5万元。协调解决白池花籽油进口、植检证签证等问题3项,帮助企业打通外贸发展痛点、堵点、难点。

【助力植物油畅销海外】2022年,本溪海关推广"无纸化申报+智能审核+自助打印"的通关便利化模式,优化属地查检流程,全天候"即报即审、即验即放、即审即领",提升企业出口通关效率;安排专人专岗对接企业,主动为企业开展政策和技术指导,重点聚焦原产地规则、RCEP关税减让和食品标准化体系等;严把产品质量关,从食品企业生产加工条件、产品技术标准到全链条质量控制等环节,引导企业加强全流程自检自控,力争以过硬品质打开国际市场。全年,监管出口小品种植物油1800吨,货值1.6亿元。

【出口竹木草制品监管】2022年,本溪海关开展政策"覆盖式"讲解,指导企业妥善应对输澳产品熏蒸要求变化,合理调整外贸计划,适应新监管要求;进行"体检式"核查,优化质量管理体系建设,指导整改问题5项,帮助企业提高产品溯源管理能力及自检自控能力;展开"地毯式"普查,紧抓风险研判分析,摸清竹木草制品出口基本态势,谨防冒用资质、伪瞒报情事发生。全年,监管出境竹木草制品537批次,1.48亿元。

撰稿人

杜　宇

第八篇

事业单位

大连海关后勤管理中心

【概况】2022年，大连海关后勤管理中心在大连海关党委的正确领导下，以"一流强关"建设为己任，紧紧围绕关党委中心工作，服务大局，坚持疫情防控和后勤保障工作"两手抓两不误"，以"效能提升年"为载体，以绩效管理为"总抓手"，以改革创新的精神抓党建、战疫情、强服务、促管理、保安全，积极推进历史遗留问题解决，各项工作取得积极成效。增强安全生产工作责任感和紧迫感，建立安全生产相关台账，建立中心班子成员安全生产责任清单，排查整治安全生产各类风险隐患；抓好内部疫情防控，开展消毒工作；做好服务保障，车辆管理和食堂服务水平不断提升。

【安全生产】2022年，大连海关后勤管理中心按照大连海关要求建立安全生产相关台账；建立中心班子成员安全生产责任清单；全年召开安全生产专题会议5次，并对中心安全生产工作领导小组人员进行调整；组织中心全体开展消防演练并讲解相关知识；中心内部联合安全检查13次、夜间楼内巡查1100余次、消防设施专项巡查60余次，检查出消防隐患15项，更换配件89个。

【疫情防控】2022年，大连海关后勤管理中心完成机关办公楼25000余平方米公共区域消毒工作，消毒14760次，完成公务车辆出车前后消毒3996台次；按照疫情的变化实时调整食堂就餐模式和打餐方式，实行分时错峰就餐；完成海关总署"百名科长百日督查"关于内部疫情防控措施的各项检查。

【服务保障】2022年，大连海关后勤管理中心保障用餐人数231032人次，累计维修800余次，发放服装备品11228件；完成花样年华公

▲2022年6月28日，大连海关后勤管理中心邀请消防维保公司专业工程师为中心全体人员讲解火场逃生、消防设备使用等相关知识，并开展初期火灾扑救演练（大连海关后勤管理中心　供稿）

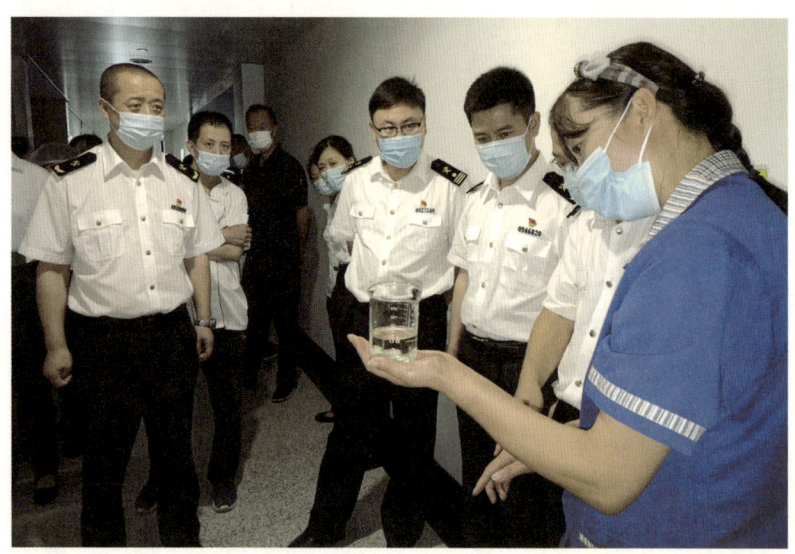

▲2022年7月13日,大连海关后勤管理中心邀请卫生处相关专家实地对消毒工作进行现场培训 (大连海关后勤管理中心 供稿)

寓装修,总关机关办公楼4楼和26楼防水及苗圃修缮等项目工程;进一步优化采购流程,完成政府采购12项、一般采购430余项、定点采购53项、委托采购30项。

撰稿人

房 雨

大连海关技术中心

【概况】2022年，大连海关技术中心（以下简称"技术中心"）在落实重大部署、筑牢国门安全防线、科研创新、服务经济发展和优化通关环境等方面为海关主体工作提供技术保障。全年，完成海关执法保障业务15840批次，同比增长6.0%，其中海关化验鉴定305批次，同比增长18.67%；完成新方法开发376项，提升关区法检自检率，减少外部委托；为动植物检疫处、进出口食品安全处、商品检验处和科技处等职能部门完成海关总署绩效考核指标提供技术保障。

【国门安全技术保障】2022年，技术中心截获有害生物100种、10894种次。其中，检疫性有害生物37种、858种次，一般性有害生物63种、10036种次。在进口监控样品黄大豆中首次检出黄曲霉毒素B_1超标，检出进口活帘蛤样品铅超标。为防止外来物种入侵，落实食品安全"四个最严"筑牢国门安全防线工作发挥积极作用。在打击"洋垃圾"入境方面，巩固成效，持续发力。完成固体废物鉴定101批次，鉴定出固体废物17批次，4月下旬连续鉴定出申报名为"土壤改良颗粒""炉用碳电极掉炉料""聚氯乙烯混料"等固体废物，为一线执法及缉私工作提供坚实的技术保障。

【技术合力支持监管模式调整】2022年3月，进口涂料检验监管模式由口岸核查"进口涂料备案书"改为布控检测模式，两周时间接收涂料送检样品385批，达到原来全年的涂料检测量。技术中心积极协调各实验室资源，

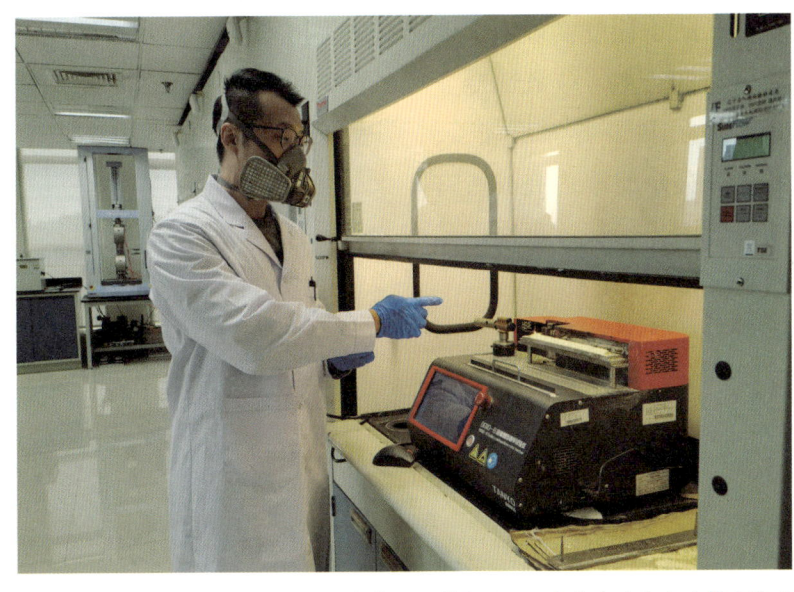

▲2022年11月3日，大连海关技术中心化学危险品及包装实验室实验员开展进口涂料及危险品现场实验（大连海关技术中心　供稿）

调配设备和人员进行应急支援，仪器设备"7×24小时"运行，涂料检测时长压缩至原来的25%，平均月检测量由50批增长至220批左右，全力协助监管部门缓解进口涂料滞港的问题，获得隶属海关和企业一致好评。

【促进外贸保稳提质】2022年，技术中心推出提质增效10条措施，助力优化营商环境。采取预约送样、结果录入"不隔夜"、首问负责制等多项具体举措，全面提升执法保障服务质量，缩短检测时长。根据隶属海关和相关贸易人需求，启动法定检验绿色通道，对集中送检的进口百合种球17批66份，检测项目924项，开展多部门联动检测，组织植物检疫实验室、动物检疫实验室、食品生物实验室、业务部专业技术人员和设备加班加点，在对外公示时限内完成所有项目检测，确保该批次产品顺利通关如期上市。

【科技创新课题申报】2022年，技术中心申报辽宁省科技进步奖3项、辽宁省科研项目11项，立项6项；申报海关总署科研项目10项，立项5项；申报大连市科研项目11项，立项11项；申报海关技术规范获批3项；申请专利9项。第一完成人发表SCI文章7篇，中文核心期刊13篇。

【开拓市场】2022年，技术中心参加市场招标20项，中标10项；参加辽宁省及大连市市场监督管理局的食品安全监督抽检和风险检测工作，完成1007批检测，较好完成工作，受到省市场监督管理局好评并收到致谢信。

▲2022年12月15日，大连海关技术中心植物检疫实验室实验员开展进境粮食检疫实验（大连海关技术中心 供稿）

撰稿人

牛承辉　张晓声

大连国际旅行卫生保健中心

【概况】2022年,大连国际旅行卫生保健中心(大连海关口岸门诊部)(以下简称"保健中心")在海关总署以及大连海关两级党委的正确领导下,紧紧围绕大连海关的重点工作,深入学习党的二十大精神,以党建为引领、以"效能提升年"为抓手,全面提升各项工作能力。落实"第一议题"制度,组织开展领导班子中心组扩大学习12次、专题学习教育41次;落实领导班子主体责任,明确各部门岗位政治要求29条、党员政治要求17条,狠抓整改责任落实;巩固拓展"现场监管与外勤执法权力寻租""海关重点项目和财物管理以权谋私"专项整治成果,抓好专项整治"回头看",全年组织开展廉政警示教育及纪法教育10次,不定期开展内务督查及纪律作风检查4次;落实审计整改工作;成功申报海关总署科普基地;生物安全二级实验室改扩建工作顺利实施。保健中心被评为"全国海关系统先进集体";1人次获"全国消除疟疾工作先进个人"称号;3人次获大连海关嘉奖;1人次获大连市直机关工委表扬。

【口岸传染病防控】2022年,保健中心面对新冠病毒感染疫情、猴痘疫情等重大传染病疫情形势,贯彻落实海关总署以及大连海关决策部署,强化口岸"多病共防"工作。9月,全球猴痘确诊病例激增,实验室组建猴痘病毒应急检测小组,制订检测方案,连夜开展预实验,紧急申请检测资质,在最短时间内完成应急准备工作。

【口岸病媒生物防控】2022年,保健中心以党的二十大精神为指引,强化口岸病媒生物防控工作,参加海关总署共建"一带一路"重点口岸病媒生物专项监测工作。完成1.12万只病媒生物样本的鉴定和病原体检测工作,在口岸送检的病媒生物样本中检测到流行性出血热病毒、

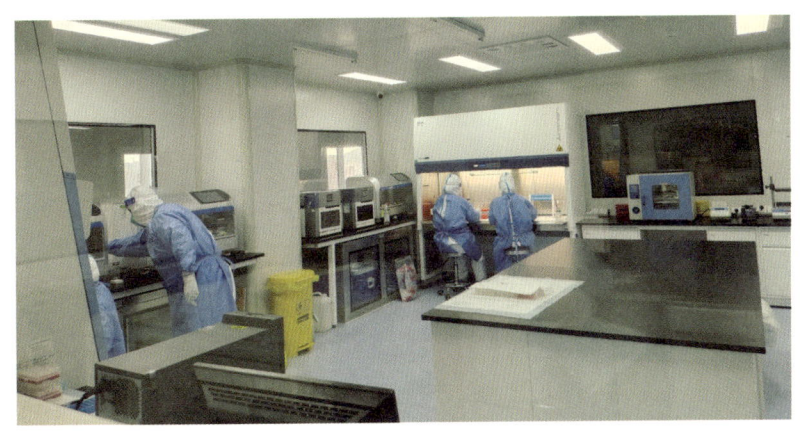
▲ 2022年10月22日,保健中心技术人员正在进行检测工作(保健中心 供稿)

博卡病毒、致病性钩端螺旋体、巴尔通体等多种病原体。经海关总署专家组复核判定，取得全国口岸病媒生物首次检出2项；另有大连海关关区口岸首次检出4项。

【出入境人员传染病监测体检】2022年，保健中心全力提升服务质量，出入境人员传染病监测体检工作规范有序开展。完成出入境人员传染病监测体检1.26万人次（劳务人员0.24万人次、船员0.78万人次、留学人员0.08万人次、其他人员0.16万人次）；签发"国际旅行健康检查证明书""外国人体格检查记录"等证单1.60万份。

【预防接种】2022年，保健中心加强疫苗的安全管理，制订预防接种异常反应应急预案，保证疫苗接种工作安全有序开展。完成出入境人员疫苗接种1.20万人次（黄热疫苗接种0.22万人次、霍乱疫苗接种0.74万人次、其他疫苗接种0.24万人次）。

▲2022年1月27日，保健中心进行出境体检人员登记工作（保健中心 供稿）

撰稿人

宋锋林

大连海关综合技术服务中心

【概况】2022年，大连海关综合技术服务中心（以下简称"综合技术服务中心"）坚持以党的十九大、十九届历次全会精神及二十大会议精神为指导，以"服务质量提升年"为工作主线，以安全生产工作为重点，落实全面从严治党，扎实推进常态化疫情防控工作。年内，中心全体干部职工凭借坚定的思想、务实的作风，爱岗敬业，恪尽职守，行之有效地开展各项工作，提升全体人员业务水平和综合素质，推动后勤保障工作的顺利、高效开展，以更高标准、更严要求、更优质量推进后勤保障工作取得新成果。建立健全党建工作责任制，打造清廉后勤保障队伍，把廉政建设措施落实到后勤保障的每项工作。落实习近平总书记对安全生产的重要指示批示精神，加大巡检检查力度，排查安全风险隐患。抓好疫情内部防控，保障正常办公秩序。优化食堂管理服务，提升食品安全水平。

【廉政建设】2022年，综合技术服务中心建立健全党建工作责任制，扣紧责任链条，层层传导压力，推进主体责任和监督责任同向发力，打造清廉后勤保障队伍，结合中心工作职责，把廉政建设措施落实到后勤保障的每项工作。在警示教育月系列活动中，运用学、讲、看的方式，学廉政法规、讲廉政党课、看警示教育视频，铸牢全体干部职工反腐倡廉的思想防线。全体党员签署"党风廉政承诺书"，将廉政承诺化在笔尖，落在实处。中心设立廉洁文化读本驿站、发出"涵养家风·清风传家"

▲2022年12月6日，综合技术服务中心工作人员张贴廉政相关文件（综合技术服务中心 供稿）

倡议书、与全体干部职工签署"家庭助廉承诺书"。在专项整治工作中，中心加强对招标采购等重要环节和敏感岗位的管控，找准廉政风险源头，构筑制度坚固防线，营造中心后勤保障工作清廉、有序、高效、安全的良好氛围。

【安全生产】2022年，综合技术服务中心贯彻落实习近平总书记对安全生产的重要指示批示精神，执行大连海关安全生产工作领导小组工作要求，制订工作方案，从6个方面全面排查办公楼存在的风险隐患。中心本部开展联合检查督查7次，检查安全风险隐患问题，明确整改措施整改时限，加大巡检检查力度，最大限度杜绝安全事故发生。金普管理部定期邀请燃气公司、电业局、消防安全部门进行实地安全检查，从根源上消除安全隐患。长兴岛管理部提出"8小时以外安全""工作安全""政治安全"三安全的工作要求，提升工作人员的安全意识及能力。

【疫情防控】2022年，综合技术服务中心贯彻海关总署以及大连海关疫情防控工作精神，强化责任担当，牢记"坚持就是胜利"，抓好疫情

▲2022年11月10日，综合技术服务中心食堂工作人员进行餐前准备（综合技术服务中心 供稿）

防控各项工作。中心各部上下一心，保障各关正常办公秩序，完成后勤保障各项工作任务。中心本部对外通过设置专门、专人卡口，对外来办公人员、车辆进行测温、登记管理；对内增设红外线测温和场所码，扫码进入更快捷方便，避免人员在门口聚集。执行规定的消毒频次和程序，做好全楼消杀工作，聘请专业消毒公司对大楼280多个办公室、1900个进出风口进行消毒处理。港湾管理部通过安装智能文件交换柜，做到文件、物品"无接触"传递。

【后勤保障】2022年5月，综合技术服务中心本部入驻金马路办公楼，在确保食品安全的前提下，优化食堂管理服务，精心设计菜谱，科学搭配食材，丰富菜品种类，确保干部职工吃得可口、健康卫生；将值班餐由原有的外卖模式改为食堂自制，既保障关员的用餐需求又提升食品安全水平；开展食品代加工服务，通过美味营养2代加工餐，为干部职工的工作、生活提供实惠和便利。港湾管理部通过张贴标语和告示，将食堂防疫工作细致化，提醒职工佩戴口罩保持1米距离取餐，加强手部消毒以避免与餐盘接触造成交叉感染。金普管理部通过10个方面措施，加强食堂安全、人员、食材及设备等方面的管理，保证关区同事吃得开心和放心。

撰稿人

秦晓辉

大连海关检测技术交流中心

【概况】2022年，大连海关检测技术交流中心（以下简称"交流中心"）在大连海关党委的坚强领导下，以习近平新时代中国特色社会主义思想为指导，全面贯彻党的十九大、党的十九届历次全会精神、中央经济工作会议精神和党的二十大会议精神，认真落实全国海关、大连海关工作会议和全面从严治党工作会议部署要求，强化政治机关意识，弘扬伟大建党精神，坚持党的绝对领导，增强"四个意识"、坚定"四个自信"、做到"两个维护"，坚持稳字当头、稳中求进，完整、准确、全面贯彻新发展理念，以落实"效能提升年"要求为抓手，围绕中心，服务大局，着力提高服务质量，提升管理效能，各项工作总体上保持平稳发展态势。加强疫情内部防控，强化日常监督检查，教育引导干部职工加强个人防护。落实安全生产专项整治3年行动，完善落实安全生产责任制，防范化解重大安全风险，推进安全生产工作。加强车辆管理，保证各项工作用车的同时保障用车安全。

【服务保障】2022年，交流中心落实"效能提升年"要求，增强全局观念、服务意识，以更高的标准、更强的责任、更实的担当提升会议、培训、公务接待等服务保障工作的质量和水平。健全内控管理机制，明确各岗位管理职责，补充完善内控各环节要素，提升中心各项工作的管理水平和工作效率。由交流中心管理经营的海关总署大连教育培训基地全年完成海关内部会议、培训22期，2105人/天/次。承接全国海关缉私部门年中工作会议暨全国打私办主任会议，其间服务保障工作受到各级领导的肯定和表扬。承接地方会议、培训1492人/天/次。人民路39号大楼圆满完成关区一线借调工作人员和大连国际旅行卫生保健中

▲ 2022年11月8日，海关总署大连教育培训基地工作人员在为参会培训人员提供整洁舒适的居住环境（大连海关检测技术交流中心 供稿）

心检测人员住宿、用餐等保障服务，全年服务保障9668人次。

【疫情防控】2022年，交流中心落实海关总署以及大连海关、地方疫情防控要求，周密部署，狠抓落实，确保疫情防控每项工作、每个环节都责任到人、落实到位。做好两个经济实体干部职工、会议培训人员及其他外来人员的管控，执行佩戴口罩、测温扫码、通风消毒等常态化防控措施，构筑无死角防疫防线。落实"四早"要求，实行干部职工及共同居住人健康监测"日报告、零报告"制度，实时掌握全体干部职工的身体健康状况。落实干部职工离连审批制度及共同居住人离连报备制度，做到疫情期间非必要不出差、非必要不出行。监督干部职工参加常态化核酸检测，确保不漏一人。教育引导干部职工加强个人防护，养成"戴口罩、勤洗手、勤通风、少聚集、一米线"等良好个人卫生习惯。

【安全生产】2022年，交流中心贯彻习近平总书记关于

▲2022年12月29日，交流中心组织海关总署大连教育培训基地工作人员开展消防安全检查（大连海关检测技术交流中心 供稿）

安全生产工作的重要指示批示精神，落实党中央、国务院关于安全生产各项决策部署及海关总署以及大连海关各项工作要求，统筹发展和安全，围绕从根本上消除事故隐患，落实安全生产专项整治3年行动，完善落实安全生产责任制，防范化解重大安全风险，推进安全生产工作。定期组织所属两个经济实体分别开展安全生产专项排查整治活动，压实企业主体责任，全面摸排各环节、各领域的安全隐患，形成安全隐患排查整治台账，并逐一销号清零，确保各项隐患闭环管理。坚持"抓小、抓早、抓经常"，加大所属经济实体安全巡查力度，实行值班经理日巡查、安全小组周巡察等日常监督制度，形成常态化安全隐患排查机制。组织员工进行安全生产文件学习及观看消防安全讲座2次，组织全员进行紧急情况人员撤离演练1次。加强车辆管理，督促驾驶人员严格按照车辆管理制度履行车辆出行、驾驶、用油、维修、停放、保养等各项规定，严格审批手续，在保证各项工作用车的同时保障用车安全。

撰稿人

郑　勇

中国电子口岸数据中心大连分中心

【概况】2022年，中国电子口岸数据中心大连分中心（以下简称"分中心"）在大连海关党委的正确领导下，坚持以习近平新时代中国特色社会主义思想为指导，贯彻落实习近平总书记关于海关工作和东北、辽宁振兴发展的重要讲话和重要指示批示精神，深刻领会党的二十大报告要旨，贯彻落实党的二十大精神，落实年初全国海关、大连海关工作会议和全面从严治党工作会议部署要求，坚持以党的政治建设为统领，围绕"五关"建设，以"效能提升年"为抓手，统筹推进常态化疫情防控，创新工作理念，推进党风廉政建设、安全生产和全年重点工作，提高分中心的政治能力和服务能力，较好完成全年各项重点工作任务，为推动实现"十四五"良好开局、开创新时代海关工作新局面提供坚实有力的科技信息化保障。配合"单一窗口"地方特色功能建设；保障"单一窗口"基层环境平稳运行；助力优化口岸营商环境，快速解决问题；结合"我为群众办实事"实践活动，积极推进"关银一KEY通"项目工作；狠抓窗口服务工作，稳步提升便民利企窗口服务。

【"单一窗口"建设】2022年，分中心按年度工作计划积极推进中国（辽宁）国际贸易单一窗口水运口岸全面推广海关查验信息推送项目的建设工作，先后参与项目可行性研究报告的编制、项目建设成本测算、立项申请与立项答辩工作，协助辽宁省口岸办顺利完成立项工作，参与项目投标方案编写工作，提供总体设计、软件设计、执行实施服务、售后服务和培训服务，组织完成"单一窗口"内网预定数据测试工作，全力保障项目平稳落地。积极推进国际贸易"单一窗口"与国家物流大数据平台互联互通建设工作，按工作计划如期完成互联互通测试环境的搭建及舱单一次录入的验证测试工作。组织并完成2023年"单一窗口"地方特色功能——"线上服务窗口项目"的申请报送工作，打造宜商的口岸服务便利化环境，提升口岸数字化服务能力，促进对外贸易高质量发展。为2022年中国（辽宁）国际贸易单一窗口托管大连海关运行环境提供运维服务，持续保障"单一窗口"税务专线网络畅通；持续保障"单一窗口"报关单、舱单、运输工具申报等主要业务覆盖率100%；配合辽宁省数据中心完成"单一窗口"2022年度运维考核及2022年度"单一窗口"网络安全自查工作，托管运行环境全年零事故；配合"单一窗口"系统更新，及时发布各类更新通知271次。

【口岸营商环境】2022年，分中心落实中国国际贸易单一窗口两项规程设立的两级三线服务机制，为辽宁省内关务企业提供电子通关、电子物流和电子商务应用项目相关的技术支持、报修求助以及电子口岸相关业务咨询等服务。设专人值班接听"95198"热线，提供"7×24小时"服务，全年通话次数14537次。为保证热线的接通率，2022年热线值班人员由原来的1人增加到4人，人工接听率从2021年的91.18%提升到2022年的95.38%。二线接待企业72次，处理工单1000多个，远程指导企业问题800余次（微信、QQ受理）。为了及时解决企业的问题，参与16个企业通关保障群运维工作，并将驻扎在各个企业群中的客服人员，由1~2人增加到4人，保证第一时间响应企业需求。通过企业通关保障群，及时发现并协助企业解决大面积系统故障9次。增设电子口岸卡业务的网办受理点，企业足不出户，在网上即可提交材料，方便快捷地办理电子口岸卡，为企业节约到现场办理的时间。为121家企业办理229次制卡业务。

【"关银一KEY通"】2022年，分中心推进大连关区"关银一KEY通"项目开展工作，取得阶段性成果。目前大连关区已设立4个建行合作制卡点，企业可以就近办理电子口岸入网及"共享盾"领取、补办、解锁等业务。全年，为528家新入网企业制发共享盾1043张，新增、补办共享盾236张，延期、解锁63张。

▲2022年12月22日，分中心驻大连市行政服务大厅业务窗口为企业办理入网业务（分中心 供稿）

【窗口服务】2022年，分中心定期组织窗口人员进行服务规范培训和业务交流学习，按照部门窗口工作行为规范，要求窗口人员落实执行。实行首问责任制要求，提升窗口服务质量，提高企业获得感。全年，大连关区电子口岸新入网企业2009家；制作各类电子口岸卡5310张；信息变更809家；更新解锁卡713张；受理邮寄业务258家。对外服务评价均达到大连市政务服务数据管理局的工作要求，对外服务"满意率"100%，收到企业感谢信1封、锦旗1面。

撰稿人

王 宁

第九篇

群众团体

大连海关机关工会

【概况】2022年，大连海关机关工会坚持围绕中心、服务大局，充分发挥桥梁纽带作用，团结带领广大干部职工积极投身社会主义现代化海关建设。加强基础建设，组织各基层工会组织换届改选、组织各协会换届改选；丰富干部职工文化生活，组织开展各类文体活动、运动比赛，开展"三八""八一"等系列节日纪念活动；落实关心关爱，成立关心关爱志愿者服务队，开展关心关爱在线交流活动和心理疏导在线讲座，做好节日慰问和困难职工帮扶工作。

【基础建设】2022年，大连海关机关工会组织各基层工会组织换届改选，召开大连海关机关工会第七届会员代表大会，选举产生机关工会第七届委员会。召开文体协会座谈会，组织各协会进行会长和秘书长换届改选，并招募会员。举办大连海关2022年工会工作者培训班。

【文体活动】2022年，大连海关机关工会组织开展"同心杯"羽毛球、网球比赛，健身运动比赛，"三八""八一"等系列节日纪念活动。组织参加全市抗"疫"短视频作品征集活动，"五月歌会"节目征集评选活动，"喜迎二十大 建功新时代"诗歌征文活动，"当好排头兵 服务新突破"主题征文活动，市直机关健身运动比赛，羽毛球、乒乓球和毽球比赛等，均取得优异成绩。

【关心关爱】2022年，大连海关机关工会成立关心关爱志愿者服务队，定期通过电话等形式对疫情防控一线干部职工及其家属进行慰问，关注其思想状况，有针对性地做好心理疏导，结对帮扶干部职工家中实际困难。组织开展关心关爱在线交流活动和心理疏导在线讲座。在

▲2022年10月26日，大连海关机关工会召开第七届会员代表大会，选举机关工会第七届委员会（大连海关机关工会 供稿）

▲2022年11月17日，大连海关机关工会组织关心关爱在线交流和心理疏导在线讲座（大连海关机关工会 供稿）

春节、端午节、中秋节等传统节日期间对封闭管理人员进行电话慰问累计100余次。全年，慰问结婚、生育、退休、住院等92人次，完成14名困难职工帮扶工作。在职工中开展医疗互助、女职工"两癌"关爱慰问金申请等活动。

撰稿人

王翰实

大连海关机关团委

【概况】2022年，大连海关机关团委坚持聚焦主责主业、主动融入大局，锐意进取、担当实干，为建设社会主义现代化海关贡献青春力量。提高青年干部政治素质，深化青年干部理论武装，开展青年理论学习209期；拓展大连海关金钥匙志愿者服务队品牌，开展爱国卫生、植树、献血等多种形式志愿活动。大连海关机关团委获评"2021年度大连市五四红旗团委"。

【青年理论学习】2022年，大连海关机关团委聚焦迎接党的二十大和学宣贯党的二十大精神，统一制定学习制度和学习指引，全年开展青年理论学习209期，参与2566人次。各级基层团组织广泛开展"青年跟党走建功新时代——强化政治机关建设"和"更好按经济规律办事，青年怎么办"主题大讨论、"青春奋进新时代 政治要求我来讲"主题征文、"喜迎二十大 奋进新征程"演讲比赛等活动，打造"研习社""晨'习'半小时""雏鹰"等特色青年学习品牌。在"梦海连天"公众号平台开设《连关青年讲团史》专栏，制作《共青团的诞生》《旅欧中国共产主义青年团的故事》《在人民革命运动中发展的青年团》等专题内容，录制《共青团百年历史回眸》等团课短视频和漫画。

【志愿服务活动】2022年，大连海关机关团委拓展大连海关金钥匙志愿者服务队品牌，全年开展志愿活动36期，参与人数383人次。注重履行社会责任，开展爱国

▲2022年11月18日，大连海关走进幼儿园，开展"关注健康，警惕'异宠'"的国门生物安全科普课（大连海关机关团委 供稿）

卫生行动；与大连憨宝工坊开展定期公益活动，助力孤独症智障者上班；积极开展志愿植树、无偿献血活动；聚焦海关行业特点，开展特色志愿服务。"国门生物安全教育社会服务"志愿项目线上线下累计受众约200万人次，入选辽宁省最佳志愿服务项目。

【创建"青年文明号"】2022年，大连海关机关团委扎实开展"人人都是营商环境、个个都是开放形象"主题实践活动，各级团组织积极助力辖区外贸保稳提质，打造"管家式"服务模式，定期深入辖区重点企业、宣讲海关惠企便企政策、倾听现实困难意见、全力予以推动解决。关区9个集体获得"2021—2022年度辽宁省青年文明号"荣誉称号。

撰稿人

王翰实

中国海关学会大连分会

【概况】2022年，中国海关学会大连分会（以下简称"大连分会"）幅联各学会向《海关研究》杂志荐稿17篇，刊用5篇，在中国海关学会网站刊载信息9条。组织和开展中国海关学会年度主题征文征集评审，征集论文925篇，向中国海关学会送审11篇，获优秀奖2篇，入选奖8篇。年中，大连分会召开特约撰稿人与评委视频座谈3次，承办中国海关学会专题调研1次，协调指导沈阳海关学会、长春海关学会、呼和浩特海关学会换届。

【理论研究】2022年3月，根据中国海关学会"服务新发展格局，更好发挥海关在国内国际双循环交汇枢纽作用"年度主题征文活动的通知要求，大连分会幅联各学会开展多种形式的线上培训和线下辅导，主动参与。幅联各学会征集主题论文925篇，送审11篇。其中，《RCEP背景下海关发挥双循环交汇作用的路径分析——以RCEP协定应用为例》《在"双循环"枢纽架构中调整检验检疫监管模式之我见》获优秀论文；《海关促进外贸发展融入"双循环"新发展格局的几点思考》《在"双循环"新发展格局中发挥综保区枢纽作用的思考》《海关服务双循环优势与作为研究》《破解合成谬误：海关服务新发展格局的路径选择》《数字贸易治理：海关融入"双循环"发展格局的实践与思考》《引入新算法，创建新系统，让海关统计数据在双循环新格局中发挥新作用》《论双循环枢纽中的海关便利化担当》《科技"微创新"小杠杆撬动新发展大格局——从入境旅客健康申明辅助验核"机器人助手"谈起》8篇论文获入选征文。

2022年7月，根据海关总署国际合作司、上海海关学院关于开展"中国入世20周年：全球经贸治理与中国海关贡献"主题征文活动的通知要求，大连分会幅联各学会广泛动员，精心创作，报送主题征文12篇。其中，《国际贸易协议和典型经验对我国海关检验检疫监管模式创新的借鉴》获评一等奖；《AEO制度实施背景下的海关企业》《我国海关新贸易形式下的监管创新研究》《深化"放管服"改革、优化调整边民互市贸易出口检验检疫监管要求的分析与建议》获三等奖。

【专题调研】根据中国海关学会关于举办"红色海关记忆——人物篇"专题调研大庆海关、营口海关座谈会的通知要求，大连分会、大连海关学会、哈尔滨海关学会积极组织，精心承办专题调研与座谈（中国海关学会原计划前往营口海关调研，由于疫情原因未能成行）。根据中国海关学会专题调研座谈和征文要求，大连分会幅联各学会向中国海关学会海关史部报送《参加开国大典的营口海关关长——徐茂松》《营口解放后第一任海关关长——胡泽民》《没有硝烟的战场》《别忘记历史》《董吉霖在吉林——追忆长春海关第一任关长》等9篇征文。

【组织建设】2022年，经大连分会协调指导，沈阳海关学会、长春海关学会、呼和浩特海关学会相继召开换届会议，选举新一届学会会长并上报中国海关学会。根据《中国海关学会关于补选理事的函》，中国海关学会经研究决定补选理事，建议沈阳海关学会、长春海关学会、呼和浩特海关学会及其他换届学会新任会长等15人为中国海关学会理事候选人。经沈阳海关学会、长春海关学会、呼和浩特学会报请关党委研究同意担任中国海关学会理事。

撰稿人

饶文斌

大连海关学会

【概况】2022年，大连海关学会根据中国海关学会工作安排及中国海关学会大连分会的相关要求，继续贯彻落实中国海关学会第七届常务理事会（扩大）会议上精神，坚持围绕中心工作，创新工作方法，注重会员能力培养，开展群众性学术理论研究工作，充分发挥学会的职能作用。加强理论研究，开展两项主题征文活动；加强组织建设，完成学会小组成员调整；提升会员写作水平，组织写作能力线上培训；完善奖励考评机制，发挥职能作用。

【理论研究】2022年，大连海关学会紧密结合大连海关的工作实际，重点开展两项征文活动："服务新发展格局，更好发挥海关在国内国际双循环交汇枢纽作用"主题征文、"红色海关记忆——人物篇"专题征文，全年完成各类论文257篇，其中主题论文205篇、专题征文13篇、与其他部门联合征集论文39篇，经过大连海关学会第四届理事会"2022年征文评审委员会"的评审，评出一等奖4篇、二等奖8篇、三等奖20篇、优秀奖40篇。其中，大连海关党委书记、关长居峰撰写的《贯彻落实习近平经济思想推动东北外贸保稳提质》荣获2022年中国海关学会和大连分会年度论文特别奖；《引入新算法，创建新系统，让海关统计数据在双循环新格局中发挥新作用》《论双循环枢纽中的海关便利化担当》分别进入前70排名的入选论文序列；《营口解放后第一任海关关长——胡泽民》《潜伏在日控大连税关的红色特工——黄铁城》2篇文章被收入中国海关"红色海关记忆——人物篇"专集。大连海关报送的论文在大连分会获得一等奖2篇、三等奖8篇，向《海关研究》投稿10篇，被刊用3篇。

【组织建设】2022年，大连海关学会为适应大连关区建设、发展新情况，不断完善学会小组，并根据人员调整变化情况，及时调整学会小组成员。目前，会长1人，副会长1人，秘书长1人，副秘书长2人。学会小组46个，会员队伍3489人，实现在大连关区所有部门、隶属海关和企事业单位会员组织全覆盖。

【业务培训】2022年，大连海关学会注重会员写作能力培养，5月13日—15日组织写作能力的线上培训，针对年度征文课题，聘请中国海关学会专家讲课，为注重完成年度征文任务打下良好的基础。

【完善制度】2022年，大连

海关学会对学会的10项制度、规定进一步完善，主动与机关职能部门沟通协调，进一步完善奖励考评机制，争取主动，充分发挥职能作用。

【"红色海关记忆——人物篇"工作】2022年8月，大连海关学会为迎接中国海关学会"红色海关记忆——人物篇"专题调研开展准备工作。组织召开两次准备工作协调会，明确相关任务分工，调动各方力量；走访健在的老干部，查找档案和历史资料，完成相关汇总整理工作；按时报送中华人民共和国成立前参加海关系统革命工作的4位红色记忆人物资料。

撰稿人

宋志超

第十篇

荣誉·名录

2022 年度先进集体

序号	获奖单位	所在单位	获奖名称	授予单位
1	丹东海关缉私分局海上缉私四中队	丹东海关	全国优秀公安基层单位	公安部
2	大窑湾海关进口冷链食品监测组	大窑湾海关	通报表扬	海关总署
3	邮局海关	大连海关	2021年辽宁省"扫黄打非"先进集体	辽宁省"扫黄打非"工作小组
4	大连海关国门生物安全教育社会服务志愿项目	大连海关	2022年度全省学雷锋志愿服务"四最"先进典型（最佳志愿服务项目）	辽宁省文明办
5	大连周水子机场海关旅检四科	大连周水子机场海关	2021—2022年度辽宁省青年文明号集体	大连海关、共青团辽宁省委员会
6	北良港海关人事政工科	北良港海关	2021—2022年度辽宁省青年文明号集体	大连海关、共青团辽宁省委员会
7	金普海关综合业务二科	金普海关	2021—2022年度辽宁省青年文明号集体	大连海关、共青团辽宁省委员会
8	金普海关核查一科	金普海关	2021—2022年度辽宁省青年文明号集体	大连海关、共青团辽宁省委员会
9	大连港湾海关保税加工监管科	大连港湾海关	2021—2022年度辽宁省青年文明号集体	大连海关、共青团辽宁省委员会
10	大连长兴岛海关物流监控科	大连长兴岛海关	2021—2022年度辽宁省青年文明号集体	大连海关、共青团辽宁省委员会
11	营口海关综合业务科	营口海关	2021—2022年度辽宁省青年文明号集体	大连海关、共青团辽宁省委员会
12	鲅鱼圈海关旅检科	鲅鱼圈海关	2021—2022年度辽宁省青年文明号集体	大连海关、共青团辽宁省委员会
13	鞍山海关综合业务科	鞍山海关	2021—2022年度辽宁省青年文明号集体	大连海关、共青团辽宁省委员会
14	大连海关机关团委	大连海关	2021年度"大连市五四红旗团委"荣誉称号	共青团大连市委员会
15	《手绘｜登轮检疫海关人的一天》	大东港海关	2021年《金钥匙》"十佳新媒体作品"	中国海关传媒中心

2022年度先进个人

序号	获奖人	所在单位	获奖名称	授予单位
1	程晓兰	大连国际旅行卫生保健中心	全国消除疟疾工作先进个人	国家卫生健康委、海关总署、国家中医药局
2	曲俊	大连海关机关党委（政工办）	海关系统"党务之星"	海关总署政治部
3	陶坤	本溪海关	二等功	海关总署
4	郭新清	大窑湾海关	通报表扬	海关总署
5	范智鹏	大窑湾海关	通报表扬	海关总署
6	盛中华	大窑湾海关	通报表扬	海关总署
7	马有辉	大窑湾海关	通报表扬	海关总署
8	翟君龙	北良港海关	通报表扬	海关总署
9	马威	鲅鱼圈海关	通报表扬	海关总署
10	王龙	鲅鱼圈海关	通报表扬	海关总署
11	翟亚强	鲅鱼圈海关	通报表扬	海关总署
12	李明	鲅鱼圈海关	通报表扬	海关总署
13	林辰	鲅鱼圈海关	通报表扬	海关总署
14	王鑫宇	鲅鱼圈海关	通报表扬	海关总署
15	王君	鲅鱼圈海关	通报表扬	海关总署
16	陈颂	鲅鱼圈海关	通报表扬	海关总署
17	康东亮	鲅鱼圈海关	通报表扬	海关总署
18	李震宇	鲅鱼圈海关	通报表扬	海关总署
19	许晓宇	鲅鱼圈海关	通报表扬	海关总署
20	李轶	鲅鱼圈海关	通报表扬	海关总署
21	毛魏	鲅鱼圈海关	通报表扬	海关总署
22	邢竣策	鲅鱼圈海关	通报表扬	海关总署
23	任智卓	鲅鱼圈海关	通报表扬	海关总署

续表

序号	获奖人	所在单位	获奖名称	授予单位
24	赵鹏飞	鲅鱼圈海关	通报表扬	海关总署
25	王锋	鲅鱼圈海关	通报表扬	海关总署
26	刘东旭	鲅鱼圈海关	通报表扬	海关总署
27	宋铁英	鲅鱼圈海关	通报表扬	海关总署
28	王诗琦	鲅鱼圈海关	通报表扬	海关总署
29	范德新	鲅鱼圈海关	通报表扬	海关总署
30	李迪	鲅鱼圈海关	通报表扬	海关总署
31	宋頔	鲅鱼圈海关	通报表扬	海关总署
32	纪思宏、孙伟楠家庭	大连海关缉私局、大窑湾海关缉私分局	公安部直属机关最美家庭	公安部
33	季晓林	鲅鱼圈海关缉私分局	全国公安机关疫情防控工作成绩突出个人	公安部
34	民警喻弦母亲罗冬梅	鲅鱼圈海关缉私分局	公安部直属机关爱警母亲	公安部
35	王思超	大连海关缉私局	全国公安机关成绩突出青年民警	共青团中央、公安部
36	张立爽	口岸监管处	2021年辽宁省"扫黄打非"先进个人	辽宁省"扫黄打非"工作小组
37	周德杰	大连海关缉私局	2021年度全省烟草打假打私先进个人	辽宁省烟草专卖局
38	潘洪渊	大连海关缉私局	2021年度全省烟草打假打私先进个人	辽宁省烟草专卖局
39	王国涛	大连海关缉私局	2021年度全省烟草打假打私先进个人	辽宁省烟草专卖局
40	周煜栋	大窑湾海关缉私分局	2021年度全省烟草打假打私先进个人	辽宁省烟草专卖局
41	周皓	大连机场海关缉私分局	2021年度全省烟草打假打私先进个人	辽宁省烟草专卖局
42	孟繁博	大连港湾海关缉私分局	2021年度全省烟草打假打私先进个人	辽宁省烟草专卖局
43	徐悦	大连海关缉私局	大连市优秀共青团干部	共青团大连市委
44	张迪	营口海关缉私分局	大连市优秀共青团员	共青团大连市委
45	刘畅	大窑湾海关	2021年度"滨城最美家庭"	大连市妇联
46	温志军	金普海关	2021年度"滨城最美家庭"	大连市妇联
47	徐悦	缉私局	2021年度"滨城最美家庭"	大连市妇联

大连海关荣获"光荣在党50年"纪念章名册

序号	姓名	现所在党组织
1	韩海燕	中共大连海关离退办第三支部委员会
2	纪祥国	中共大连海关离退办第四支部委员会
3	雷国祥	中共大连海关离退办第四支部委员会
4	沙兰荣	中共大连海关离退办第五支部委员会
5	赵会凯	中共大连海关离退办第五支部委员会
6	于金荣	中共大连海关离退办第六支部委员会
7	赵维昌	中共大连海关离退办第六支部委员会
8	孙成文	中共大连海关离退办第六支部委员会
9	李建训	中共大连海关离退办第七支部委员会
10	张玉亭	中共大连海关离退办第七支部委员会
11	姜忠文	中共大连海关离退办第七支部委员会
12	史秀青	中共大连海关离退办第七支部委员会
13	武其生	中共大连海关离退办第八支部委员会
14	于继华	中共大连海关离退办第八支部委员会
15	徐滋栽	中共大连海关离退办第九支部委员会
16	李燕平	中共大连海关离退办第九支部委员会
17	邹莉	中共大连海关离退办第九支部委员会
18	许昌江	中共大连海关离退办第九支部委员会
19	李继生	中共大连海关离退办第十二支部委员会
20	王玉喜	中共丹东海关退休干部第一支部委员会
21	毕玉兰	中共丹东海关退休干部第二支部委员会
22	季亚文	中共丹东海关离退休干部第二支部委员会
23	李桂清	中共鞍山海关退休老干部支部委员会
24	赵英杰	中共大东港海关离退休支部委员会
25	蔡忠华	中共大东港海关离退休支部委员会

2022年度海关扎根艰苦地区边关工作金质奖章人员名录

序号	姓名	所在单位
1	郝陶光	丹东海关
2	戴启家	丹东海关

2022年度海关扎根艰苦地区边关工作银质奖章人员名录

序号	姓名	所在单位
1	尹传本	丹东海关缉私分局
2	杜立	丹东海关缉私分局
3	金东权	丹东海关
4	麻丽丹	丹东海关

2022年度海关扎根艰苦地区边关工作铜质奖章人员名录

序号	姓名	所在单位
1	李小宇	丹东海关
2	郑飞雪	丹东海关
3	宋士龙	丹东海关
4	吕礼强	丹东海关
5	韩金明	丹东海关
6	祝延峰	丹东海关
7	郭嘉	丹东海关
8	黄河	丹东海关
9	杨俊宝	丹东海关
10	范晓莉	丹东海关缉私分局
11	仲俊铭	丹东海关缉私分局
12	姜俊生	丹东海关缉私分局
13	张冶	丹东海关缉私分局

附录

2022年大连海关公告摘选

中华人民共和国大连海关

公　告

2022年　第1号

为保障新型冠状病毒疫情防控期间进出境货物的快速验放，减少人员聚集，有效防止疫情传播，根据《海关总署关于新型冠状病毒肺炎疫情期间海关查验货物时收发货人可免于到场的公告》（海关总署2020年第24号公告）精神，海关货物查验时收发货人可免于到场。为继续做好此项工作，现就有关事项公告如下：

一、收发货人在收到海关货物查验通知后，可以选择以下两种方式，不到场协助海关实施查验：

（一）"委托协助查验"。收发货人委托存放货物的海关监管作业场所经营人、运输工具负责人等到场，并由其提供加盖"收发货人公章"的委托书到场协助查验。

（二）"不到场协助查验"。收发货人通过电子邮件、电子平台等方式告知隶属海关联系人无法到场，海关在收发货人不到场的情况下实施查验（各隶属海关专门用于接受企业相关邮件、反馈材料的联系方式详见附件）。其中，收发货人在收到查验通知后，可通过电子邮件方式告知海关无法到场协助海关实施查验，邮件名称参照"××企业关于报关单××不到场协助海关实施查验的声明"格式，邮件内容需包括加盖"收发货人公章"的声明扫描件并提供企业联系人和联系方式。

二、因进出境货物具有特殊属性，需海关查验人员予以特别注意的，收发货人或其代理人应当在海关实施查验前发送"不到场协助海关实施查验声明"邮件时一并向海关声明。需要收发货人提供相关材料配合海关查验的，收发货人可通过电子邮件等方式向海关发送相关材料的扫描件（盖章）。

三、海关对相关货物完成查验后，由存放货物的海关监管作业场所经营人、运输工具负责人在查验记录上签名确认。

四、收发货人收到海关货物查验通知后，也可以通过"互联网＋海关"一体化网上办事服务平台或"单一窗口"标准版"免于到场协助查验"模块提交申请，接收海关受理情况回执。

五、本公告自发布之日起实施。

六、自本公告发布之日起，2020年2月发布的《大连海关关于新冠疫情防控期间优化收发货人协助查验方式的通告》同时废止。

特此公告。

大连海关

2022年1月19日

中华人民共和国大连海关
公 告
2022年 第2号

根据原质检总局《关于复制推广自由贸易试验区第三批改革试点经验的公告》（2017年第105号公告）要求，结合我省实际，大连海关制定了首批入境研发样品检验检疫便利化试点企业、单位名录，现公布如下（详见附件）。

关区各企业如有适用便利化措施的需求，可与以下联系人联系（略）。

特此公告。

大连海关

2022年1月28日

中华人民共和国大连海关公告

2022 年 第 4 号

为积极支持外贸稳定增长，认真落实国务院自贸试验区海关监管创新制度相关工作要求，根据海关总署规定，大连海关现开展"入境维修产品监管新模式"业务，支持企业根据需要申请办理，现将有关事项公告如下：

该项业务应当按照《原质检总局关于复制推广自由贸易试验区第一批改革试点经验的公告》（2016年第120号）等文件相关规定办理。

企业申请办理业务中如有不明事宜，可致电咨询，具体如下（略）。

特此公告。

大连海关

2022 年 6 月 1 日

中华人民共和国大连海关

公 告

2022年 第5号

为积极支持外贸稳定增长，促进海关通关便利化，持续落实国务院自贸试验区海关监管创新制度，根据海关总署相关规定，大连海关进一步支持企业根据需要申请开展"大宗商品现货保税交易""保税货物租赁"和"跨境电子商务零售进口退货中心仓模式"等业务，现将有关事项公告如下：

以上业务应当按照《关于海关特殊监管区域"大宗商品现货保税交易"有关监管问题的公告》（海关总署公告2016年第71号）、《关于综合保税区内开展保税货物租赁和期货保税交割业务的公告》（海关总署公告2019年第158号）、《关于全面推广跨境电子商务零售进口退货中心仓模式的公告》（海关总署公告2021年第70号）等规定，办理相关业务。

企业申请办理业务中如有不明事宜，可致电咨询，具体如下（略）。

特此公告。

大连海关

2022年6月6日

中华人民共和国大连海关
公 告
2022 年　第 6 号

为积极支持外贸稳定增长，促进海关通关便利化，持续落实国务院自贸试验区海关监管创新制度，根据海关总署相关规定，大连海关全面推广国际航行船舶供水"开放式申报验证式监管"业务，现将有关事宜公告如下：

大连海关各口岸隶属海关按照《海关总署关于复制推广国际航行船舶供水"开放式申报验证式监管"工作模式的公告》（公告〔2019〕9号）、《国境口岸食品卫生监督管理规定》（海关总署第240号令附件59）等规定办理相关业务。

企业申请办理业务中如有不明事宜，可致电12360咨询。

特此公告。

大连海关
2022年6月8日

中华人民共和国大连海关
公 告
2022 年 第 7 号

根据《国务院关于做好自由贸易试验区第四批改革试点经验复制推广工作的通知》（国发〔2018〕12号）要求，为深化"放管服"改革，促进生物医药产业发展，大连海关决定下放D级低风险特殊物品卫生检疫审批权限。

自2022年6月1日起，由大窑湾海关、金普海关、港湾海关、营口海关、盘锦海关、丹东海关负责辖区内企业的D级低风险特殊物品卫生检疫审批工作。具体办公时间、办公地点等详见《大连海关行政审批受理场所一览表》或拨打海关"12360"热线。

大连海关关区内其他企业办理D级低风险特殊物品卫生检疫审批，仍由大连海关负责。

特此公告。

大连海关
2022年5月30日

中华人民共和国大连海关

公　告

2022 年　第 8 号

为进一步引导进出口企业、单位（以下简称"企业"）自查自纠、守法自律，根据《海关总署关于处理主动披露涉税违规行为有关事项的公告》（以下简称"2022 年第 54 号公告"）和主动披露有关规定，特将关区企业主动披露相关事项公告如下：

一、企业主动披露申请方式

企业自查发现其进出口活动存在影响税款征收或其他违反海关监管规定的情形，在海关发现前可以通过"纸质"或"互联网＋海关"方式向注册地海关、货物报关地海关或者进出口地海关递交主动披露申请（企业主动披露报告表详见"2022 年第 54 号公告"）。

二、受理海关及联系方式

（略）

三、海关监管要求

对企业递交的主动披露申请，海关开展核实，企业应当主动配合；必要时，海关可以启动稽查作业程序。

本公告印发之日起生效，《大连海关关于公布接受主动披露涉税违规行为报告的部门和联系方式的公告》（大连海关公告〔2020〕1 号）同时废止。

特此公告。

大连海关

2022 年 12 月 20 日

中华人民共和国大连海关
公 告
2022 年 第 9 号

为积极支持外贸稳定增长，促进海关通关便利化，持续落实国务院关于做好自由贸易试验区改革试点经验复制推广工作相关要求，根据海关总署相关规定，大连海关进一步支持企业根据需要申请开展铁路舱单归并业务，现将有关事项公告如下：

一、铁路物流企业、进出境铁路列车负责人或货运代理企业应当按照《中华人民共和国进出境运输工具监管办法》（海关总署第196号令）、《中华人民共和国海关进出境运输工具舱单管理办法》（海关总署第172号令）及海关总署《关于调整进出境铁路列车及其所载货物、物品舱单电子数据申报传输有关事项的公告》（海关总署2020年第68号公告）等规定，办理有关铁路舱单归并业务。

二、企业在办理铁路舱单归并业务过程中如有不明事宜，可致电咨询，电话：（略）。

特此公告。

大连海关
2022 年 5 月 31 日

大连海关各部门、各直属事业单位的规范化简称

序号	名称	简称
	大连海关各部门	
1	办公室（党委办公室）	办公室
2	法规处	法规处
3	综合业务处	综合处
4	自贸区和特殊区域发展处	自贸处
5	关税处	关税处
6	卫生检疫处	卫检处
7	动植物检疫处	动植检处
8	进出口食品安全处	食安处
9	商品检验处	商检处
10	口岸监管处	监管处
11	统计分析处	统计处
12	企业管理和稽查处	稽查处
13	缉私局	缉私局
14	财务处	财务处
15	科技处	科技处
16	督察内审处	督审处
17	人事处（党委组织部）	人事处
18	教育处	教育处
19	机关党委（思想政治工作办公室、党委宣传部、巡察工作办公室）	机关党委（政工办）
20	监察室（党委纪检组）	监察室
21	离退休干部办公室	离退办
	大连海关党委巡察工作办公室	巡察办
	大连海关风险防控分局	风控分局

续表

序号	名称	简称
大连海关各直属事业单位		
1	大连海关后勤管理中心	后勤中心
2	大连海关技术中心	技术中心
3	大连国际旅行卫生保健中心（大连海关口岸门诊部）	保健中心
4	大连海关综合技术服务中心	综技中心
5	大连海关检测技术交流中心	交流中心
6	中国电子口岸数据中心大连分中心	数据分中心

续表

序号	名称	简称
大连海关各直属事业单位		
1	大连海关后勤管理中心	后勤中心
2	大连海关技术中心	技术中心
3	大连国际旅行卫生保健中心（大连海关口岸门诊部）	保健中心
4	大连海关综合技术服务中心	综技中心
5	大连海关检测技术交流中心	交流中心
6	中国电子口岸数据中心大连分中心	数据分中心

"中国海关史料丛书"编委会

主 任 委 员　胡　伟　许大纯

副 主 任 委 员　黄冠胜　赵增连　杨振庆

编 委 会 委 员　翟小元　张　红　吴瑞祥　刘书臣　龙夫春　李海勇
　　　　　　　　田　壮　詹庆华　陈福升　孙霞云

执　行　主　编　谢　放　詹庆华　郭志华

编　　　　　辑　房　季　王　虎　解　飞　范嘉蕾　李　多　刘金玲
　　　　　　　　贺　红　邓玉栋